Q. 544.
C+1.C.

54854

MÉLANGES
TIRÉS D'UNE GRANDE
BIBLIOTHEQUE.

A

BIBLIOTHEQUE
HISTORIQUE
A L'USAGE
DES DAMES.
Nouvelle Edition, corrigée.

A PARIS,

Chez MOUTARD, Imprimeur-Libraire de la REINE, de MADAME, & de Madame Comtesse D'ARTOIS, rue des Mathurins, Hôtel de Cluni.

M. DCC. LXXXV.
Avec Approbation, & Privilége du Roi.

AVERTISSEMENT DU LIBRAIRE.

Il y a déjà quelque temps que l'édition des deux premiers Volumes des Mélanges tirés d'une grande Bibliotheque, *est épuisée. En délivrant les derniers Exemplaires de ce qui a paru jusqu'à ce moment, je me suis engagé à fournir ces deux premiers Volumes aussi-tôt qu'ils seroient réimprimés. Le désir d'acquitter ma parole, m'a fait presser l'Auteur de consentir à cette réimpression; il s'y est prêté, & a voulu même saisir cette occasion de faire à ces premiers Volumes quelques changemens avantageux: on espere que, sans rendre la premiere édition inutile pour ceux qui l'ont déjà acquise, ils récompenseront, ceux qui les ont attendus pendant quelque temps.*

La Bibliotheque historique à l'usage des Dames, *compose ce premier Volume. En le réimprimant, l'on a cru devoir supprimer la Lettre qui servoit, pour ainsi dire, d'Introduction aux* Mélanges tirés d'une grande Bibliotheque, *le plan que l'Editeur s'étoit proposé n'ayant point été suivi. En effet, il n'y a que les trois premiers Volumes auxquels le titre de* Mélanges *puisse véritablement convenir. Dès le qua-*

trieme, l'Auteur a entrepris le grand Ouvrage de la Lecture des Livres François. Ceux écrits dans les treizieme & quatorzieme siecles, & imprimés au quinzieme, ont été bientôt parcourus, étant en petit nombre ; mais au seizieme siecle, les Livres François se sont si fort multipliés par l'impression, &, depuis cette époque, on a tant écrit en notre Langue sur toutes les matieres, qu'une Bibliotheque Françoise, même très-choisie & fort abrégée, est véritablement une longue entreprise. L'Auteur avoue qu'en commençant son Ouvrage il n'en avoit pas prévu toute l'étendue ; mais il s'est bientôt apperçu que les vingt-quatre Lettres de l'Alphabet ne pouvoient pas suffire à ses Volumes, & encore plus que le titre de Mélanges ne leur convenoit pas ; cependant on n'a pu se dispenser de continuer à copier de Volume en Volume le titre adopté, & de suivre l'ordre commencé. Ce grand Ouvrage se terminera enfin, sans qu'on puisse dire encore à quel moment ; mais les Lecteurs peuvent s'appercevoir que l'Auteur ne néglige rien pour leur faire attendre la fin, sinon sans impatience, au moins sans dégoût & sans ennui. On s'occupe du soin de faire des Tables des Matieres, que l'on sent bien être absolument nécessaires, & dont ce grand Ouvrage ne peut pas se passer.

A MADAME
LA MARQUISE DE ***.

MADAME,

Vous exigez de moi que je vous indique quels sont les Livres d'Histoire que vous pouvez lire, dans la vûe de vous instruire, encore plus que de vous amuser ; & vous me demandez dans quel ordre vous devez parcourir la carriere utile & intéressante de ces lectures. Malgré les difficultés inséparables de la tâche que vous m'imposez, je me fais un devoir de vous obéir.

En suivant de l'œil les nombreux rayons qui, dans une grande Bibliotheque, contiennent les Livres sur l'Histoire, ne vous persuadez pas, Madame, que vous deviez les lire tous, pour être suffisamment instruite de cette partie essentielle de nos connoissances. La lecture de beaucoup de Livres ne jette bien souvent que de la confusion dans nos idées : c'est le choix judicieux qu'on fait des sources dans lesquelles il convient de puiser, qui assure le fruit qu'on doit retirer de cette belle étude. Il s'agit d'en écarter les épines ; & l'on y parvient avec facilité, en choisissant, sur chaque partie de l'Histoire, les Auteurs qui en ont traité avec le plus de clarté & de précision. Je vais, par ordre, vous indiquer ces Ouvrages : je vous préparerai, par quelques remarques, au degré d'estime & de confiance que vous pouvez leur accorder, & je conviendrai avec vous des époques historiques, des regnes, des vies d'Hommes illustres, sur lesquels nous manquons de secours, ou qui auroient eu besoin d'être mieux traités. Je vous préviendrai de même sur les Livres qui, ayant le mérite d'être bons au fond, n'ont pas celui d'être bien écrits. Il faut bien s'accommoder de ce qu'on a sur chaque objet ; mais vous serez en état de distinguer les parties de l'Histoire sur lesquelles il ne nous reste rien à désirer, d'avec

LETTRE.

celles fur lefquelles nous pouvons encore efpérer de voir paroître de meilleurs Ouvrages.

Aucun des Livres compris dans le Catalogue raifonné que je vais vous préfenter, ne peut être regardé comme inutile : c'eft toujours (autant que j'ai pu le connoître) l'Ouvrage le plus exact pour le fond, & le mieux écrit en François fur chaque objet hiftorique. Mais il ne faut pas en conclure que vous deviez former votre Bibliotheque de tous ceux dont je vais parler ; elle feroit encore trop volumineufe pour une Dame. Il vous fera aifé, en examinant les jugemens que je porte de tous ces Livres, de diftinguer ceux qui vous feront néceffaires, de ceux dont vous pouvez vous paffer.

Peu de perfonnes fe forment une jufte idée de la maniere d'apprendre l'Hiftoire, & des fruits que l'on doit retirer de cette fcience. En général, les Gens du monde, & fur-tout les Dames, penfent qu'il ne s'agit que de lire, fuivant qu'ils fe trouvent fous leurs mains, les Livres d'Hiftoire qu'on leur dit être les mieux écrits, & fans avoir mis ni ordre ni méthode dans ces lectures. Elles s'imaginent pouvoir parler de la Géographie, de l'origine des Peuples, de la durée & de la décadence des Empires, de leurs guerres, de leurs forces, de leurs richeffes & de leurs mœurs,

& mériter, dans les sociétés, la réputation de personnes instruites. Mais eussent-elles beaucoup de mémoire, jamais elles ne sauront ainsi l'Histoire : elles n'auront accumulé dans leurs têtes que des faits & des traits saillans ; & elles ignoreront toujours les faits les plus importans & les dates les plus intéressantes. Savoir l'Histoire, c'est, 1°. l'avoir apprise de suite, & connoître la liaison de toutes ses parties : 2°. Avoir appris à connoître, par elle, les hommes, & à les juger ; c'est savoir démêler les motifs de leurs actions, & les différentes passions qui les ont fait agir ; c'est s'être mis à portée de se connoître soi-même dans les autres ; c'est enfin le fruit de l'étude méthodique & des réflexions. Voilà quel doit être le but de cette étude, si propre à former l'esprit & à régler le cœur. Pour cet effet, il faut lire beaucoup d'Histoires particulieres & de Mémoires sur les divers temps & les différens Peuples ; parce que les motifs ne peuvent être développés que dans les Histoires particulieres : mais il faut lier ces lectures par un fil qui en fasse connoître les rapports, & avec lequel on puisse suivre les progrès de l'esprit humain, & la marche de la politique, qui a tant varié, quoique le droit naturel ait toujours été le même.

De toutes les méthodes pour parvenir à la

connoissance de l'Histoire, celle de l'Abbé *Lenglet du Frenoi* me paroît la plus juste & la plus nette, & par conséquent celle que l'on doit adopter, si l'on veut faire quelques progrès dans cette science : mais comme l'Auteur a en vue, en l'exposant, de former des hommes savans dans toutes les parties de l'Histoire, ce qu'il exige d'étude est trop considérable pour les Dames & les Gens du monde ; il a indiqué des Livres écrits dans les Langues que ces sortes de personnes ignorent, ou qui ne leur sont pas familieres. L'Abbé *Lenglet* a voulu être utile, même aux plus érudits, pour qui il a multiplié les secours ; je pense que, sans trop s'écarter de ses principes, on peut réduire son plan, & n'en laisser subsister que ce qui doit faciliter aux Dames cette étude. Ce n'est point dans une immense quantité de volumes, en toutes sortes de Langues, parmi lesquels il y en a beaucoup qui sont suspects de mensonge, de mauvais goût & d'ignorance, que les Dames doivent puiser leurs connoissances sur l'Histoire; mais dans un petit nombre de Livres François bien choisis ; & ce sont ces Livres qu'il faut leur indiquer.

Il y a cent cinquante, ou même cent années, qu'il auroit fallu absolument avoir recours aux Livres Latins, pour approfondir la plupart des points historiques : mais depuis un siecle on a traduit, du Latin en François, les meilleurs Livres sur l'Histoire ; on a tiré des autres & transporté dans notre Langue ce qu'ils avoient de bon ; on en a fait autant des Livres d'Histoire étrangere, écrits dans la Langue du Pays dont ils traitent. Il y a eu des Dissertations Françoises sur toutes sortes de points d'éruditions historiques ; enfin, en ne possédant que notre seule Langue, nous pouvons apprendre l'Histoire de tous les Peuples.

Avant de connoître les hommes, il est nécessaire de connoître les Pays qu'ils ont habité & qu'ils habitent ; ainsi l'étude de la Géographie générale doit précéder l'étude de l'Histoire universelle ; mais il faut réserver l'étude de la Géographie particuliere, pour la joindre à l'Histoire de chaque Pays, & suivre les événemens de chacune de ces Histoires, la Carte à la main. Il faut ensuite s'arrêter quelque temps sur la Chronologie, science seche, pleine de difficultés & de conjectures, quand on veut sérieusement l'approfondir ; mais dont il ne faut que saisir le fil, pour fixer, autant qu'il est possible, les différentes époques de l'Histoire générale, dont, pour cet effet, on lira attentivement les meilleurs abrégés.

L'Histoire Sainte est la premiere Histoire particuliere qu'il faut apprendre. Les faits en font consacrés, & l'on doit aimer à remarquer sur quels fondemens le Souverain Maître a élevé l'édifice inébranlable de la vraie Religion.

L'Histoire Ecclésiastique commence à la naissance de Notre-Seigneur ; & l'on voit le divin Auteur de notre Religion, ses premiers Disciples, Martyrs de la Foi, l'étendre cependant ; l'Eglise persécutée pendant cinq siecles, & le Christianisme monter enfin sur le trône des Césars avec Constantin. L'Histoire de l'Eglise devient tout-à-fait liée avec l'Histoire profane moderne ; mais il est important de la suivre en particulier jusqu'à nos jours, puis revenir ensuite à l'Histoire profane ancienne des Egyptiens, des Perses, des Grecs & des Romains, puis à celles des Empires, des Royaumes & des Républiques qui composent l'Europe, partie du Monde la plus intéressante pour nous.

Un François ou une Françoise doit principalement s'attacher à l'Histoire de France, en commençant par parcourir celle des Celtes, Peuples anciens, Habitans de nos Gaules, originaires du Nord, qui ont dominé dans l'Asie, en Grece, en Italie, en Espagne & en Allemagne. Il seroit honteux d'avoir une connoissance parfaite de ce qui s'est passé chez plufieurs autres Peuples de l'antiquité, & d'ignorer l'ancienne Hiftoire de notre Pays, du moins ce que nous en pouvons démêler. Mais il fuffit d'apprendre quel eft le réfultat des recherches immenfes qui ont été faites fur ces anciennes origines ; car la difcuffion en eft auffi ennuyeufe que le réfultat en eft important : mais rien ne pourroit excufer la négligence de poffeder, même affez en détail, l'Hiftoire de France des derniers fiecles.

De cette étude, qui doit occuper pendant un temps affez confidérable, on paffera à celle des Nations voifines, avec lefquelles nous avons eu des guerres à foutenir, des intérêts à régler, un commerce à établir, & des Traités à faire obferver. Celle des différens Etats d'Italie doit fuivre celle de France, parce que c'eft dans l'Italie qu'a fini l'Empire d'Occident, occupé d'abord par les Succeffeurs de *Conftantin*, & partagé enfuite entre tant de diverfes Souverainetés, des débris defquelles fe font formées les Puiffances plus ou moins confidérables, qui foulent à préfent aux pieds les reftes du trône des Céfars.

L'Hiftoire de l'Empire d'Orient nous fait encore marcher fur les ruines des immenfes Domaines des héritiers de Conftantin, ufurpés d'abord par les Grecs, & enfin par les Ottomans.

Le titre impérial d'Occident a paffé en Allemagne; ainfi l'Hiftoire de la Germanie doit fuivre celles d'Italie & de Conftantinople. Cette Hiftoire Germanique eft obfcure, & il n'y a pas long-temps que nous pouvons nous flatter d'avoir en François quelques Livres fuffifamment inftructifs fur ce grand objet.

Le Nord tient de fi près à l'Allemagne, que fon Hiftoire doit immédiatement être étudiée après celle de l'Empire Germanique. Celle des Pays-Bas vous rapprochera du centre de l'Europe; & nous aurons achevé d'en faire le tour auffi-tôt que nous aurons connu celle des Monarchies d'Angleterre & d'Efpagne : vous vous tranfporterez enfin en Afie; vous étudierez l'Hiftoire des Perfans, celle des Empereurs Mogols, defcendans de *Gengiskan* & de *Tamerlan*. Vous trouvant dans les Indes, vous en parcourrez toutes les parties & leurs Hiftoires. Vous en ferez autant de celle des Chinois & des Japonois. L'Afrique vous offrira plus de détails de voyages que de vraies Hiftoires : il en fera de même de l'Amérique, qui vous ramenera à l'Europe, & au dernier état des Puiffances avec qui nous commerçons journellement, ou contre qui nous faifons la guerre.

Tel est le cercle historique que vous devez parcourir, & pour lequel je vais essayer de vous indiquer les Ouvrages les plus estimables, les plus clairs, les plus sûrs, & les plus agréables à lire en Langue Françoise.

Je suis avec respect,

MADAME, &c.

BIBLIOTHEQUE

HISTORIQUE

A L'USAGE DES DAMES FRANÇOISES,

OU

CATALOGUE RAISONNÉ

DES LIVRES NÉCESSAIRES

POUR L'ÉTUDE DE L'HISTOIRE.

IL faut nécessairement commencer l'étude de l'Histoire par lire une Méthode de Géographie générale, afin de se mettre dans la tête l'ordre des pays où les événemens se sont passés : pour l'ordinaire les Géographies élémentaires sont seches ; cependant il faut, même dès la premiere éducation, étudier ces Livres. Je vais indiquer les Ouvrages capables de rappeler cette premiere étude,

Tome I. A

à celles qui l'ont déjà faite, sans les exposer une seconde fois à l'ennui qu'elle aura pu occasionner alors. Ce sont des Géographies nourries de faits & de détails. Voici celles qui ont cet avantage par-dessus les autres.

Géographie moderne, précédée d'un petit Traité de la Sphere & du Globe, ornée de traits d'Histoire Naturelle & Politique, &c. par *l'Abbé NICOLE DE LA CROIX, derniere édition. Paris*, 1769, 2 *vol. in-*12. Cette Géographie est courte, sans être trop seche. Le petit Traité de la Sphere & du Globe, qui s'y trouve joint, suffit pour les Dames & les Gens du monde. Aussi cet Ouvrage a-t-il eu un très-grand succès ; depuis l'année 1748, qu'il a paru pour la premiere fois, jusqu'à présent, on en a fait cinq ou six éditions. L'Auteur est mort en 1760. Il y a un Atlas imprimé in-4°., fait précisément pour ce Livre.

Géographie Historique, Ecclésiastique & Civile, enrichie de Cartes, par *D. VAISSETTE, Bénédictin. Paris*, 1755, 4 *vol. in-*4°. Cette Géographie, beaucoup plus étendue & plus historique que la précédente, est accompagnée de Cartes qui dispensent d'en consulter d'autres ; elle est d'ailleurs purement écrite, & communément très-exacte, sur-tout pour la Géographie Ecclésiastique ; elle supplée à différentes parties qui n'ont pas encore été traitées, ou ne le sont pas avec une certaine exactitude dans l'Ouvrage suivant de M. Busching, & dont cependant l'étude est indispensable.

Nouveau Traité de la Géographie, traduit de l'allemand, de M. Busching. Strasbourg, 1758 & années suivantes, 14 vol. in-8°. Nous sommes persuadés qu'on peut aisément trouver cet Ouvrage à Paris : quand il sera entièrement achevé, ce sera la plus exacte & la plus détaillée de toutes les Géographies. Les quatorze volumes qui ont déjà paru, sont absolument nécessaires pour bien connoître l'Allemagne & les Royaumes du Nord. L'Auteur a voyagé dans ces parties de l'Europe, pour ainsi dire, le compas à la main : il a été à la tête d'une Société Cosmographique, établie d'abord à Copenhague, ensuite à Nuremberg, & qui depuis s'est fixée à Gottingue, ou elle continue de travailler utilement pour la Géographie. Cette Société publie aussi des Cartes, en même temps qu'elle fait imprimer cet Ouvrage-ci en allemand ;

A ij

mais on peut se passer de ces Cartes pour lire la Traduction Françoise que nous indiquons, & se servir de tout bon Atlas. L'Ouvrage Allemand n'a commencé à s'imprimer qu'en 1754, & la Traduction Françoise en 1768.

Les Dames ne doivent pas tout-à-fait négliger l'étude de la Géographie ancienne ; elle leur facilitera l'intelligence de la Traduction des anciens Historiens Grecs & Latins. Nous leur conseillons de lire tout entier, avec attention, l'Ouvrage intitulé : *Concorde de la Géographie des différens âges, par l'Abbé Pluche*, Auteur *du Spectacle de la Nature*. Cet Ouvrage utile ne forme qu'un volume *in*-12, orné de petites Cartes très-bien faites, & peut suppléer à de longues lectures que la plupart des Dames ne seroient pas en état de soutenir : il a été imprimé à Paris en 1764. L'Auteur étoit mort dès l'année 1761. Si l'on veut prendre des connoissances plus étendues, on doit avoir recours à la *Géographie ancienne abrégée de M. d'Anville*, qui étoit certainement le plus savant Géographe de notre siecle & de notre pays. Ce Livre a été imprimé en 1768, en trois volumes *in*-12 : comme les Cartes dont il est enrichi, & qui sont aussi exactes que belles & bien gravées, ne peuvent entrer que dans un volume *in-folio*, c'est dans ce format qu'il faut avoir l'Ouvrage, pour ne pas séparer les Cartes du texte. L'édition *in-folio* est de 1769. Il faudroit y joindre deux Ouvrages du même Auteur ; savoir, *les Etats formés après la chute de l'Empire Romain en Occident*, imprimés en 1771, *in-4°*. avec des Cartes, qui jettent un grand jour sur toute la Géographie & l'Histoire du moyen âge, & le *Traité des mesures itinéraires des Anciens*, qui a paru *in-12* en 1769. Il faut avouer que ces excellens Ouvrages n'ont aucun agrément ; mais dans beaucoup d'occasions, ils se trouveront de la plus grande utilité.

Le meilleur *Atlas général*, & le mieux gravé, est celui de *MM. Robert de Vaugondy*, qui contient cent huit Cartes, gravées à Paris en 1757. L'*Atlas méthodique & élémentaire de M. Buis de Mornas* (s'il ne régnoit pas quelque obscurité dans sa méthode), ne laisseroit rien à désirer : il est divisé par leçons, & a été publié en trois volumes *in-folio* en 1761 & années suivantes ; les Cartes en sont gravées avec beaucoup de soin.

Quant aux *Dictionnaires Géographiques*, le plus connu de tous eſt celui *de la Martiniere*, imprimé d'abord en Hollande ; & la meilleure Edition eſt celle de Paris, 1769, en ſix volumes *in-folio*. Ce grand Ouvrage ſe trouve dans toutes les grandes Bibliotheques, & ſouvent même dans celles des Dames & des Gens du monde. Ce font de ces Livres qu'on ne lit point, mais que l'on conſulte avec fruit dans les occaſions : le fond en eſt tout entier dans le Dictionnaire de Moreri ; & quoique ce ſoit avec moins de détail, je conſeille aux Dames pour ne point multiplier les *in-folio* dans leurs cabinets, de s'en tenir à ce dernier. Moreri eſt volumineux, mais il eſt eſſentiel. On peut s'en contenter, & y joindre les petits Répertoires dont je vais parler, non pour apprendre, car on n'apprend jamais rien dans les Dictionnaires, mais pour ſe rappeler ce qu'elles ont ſu, ou ce dont elles veulent ſe mettre au fait ſur le champ.

Il y a un *petit Dictionnaire Géographique*, imprimé ſous le nom de l'*Abbé Voſgien*, en 1747. On en a publié pluſieurs éditions, toutes en un volume *in*-8°. ; il est bien fait, & d'une utilité journalière, parce qu'il est portatif.

Nous avons eu, en différens temps, d'autres petits Dictionnaires, sous le titre de *Dictionnaire du Temps*, en un seul volume *in-*8°. ou *in-*12 ; ils contenoient des notions particulières sur les lieux où se trouvoit établi le théatre de la guerre, & qui fournissoient le plus de matiere aux Gazettes. Il seroit à souhaiter qu'au moins tous les dix ans il en parût de semblables, suivant les circonstances où se trouveroient les Puissances de l'Europe ; rien ne seroit plus utile pour l'intelligence des Gazettes & autres Papiers publics, qui traitent ou des événemens de la guerre, ou de l'intérêt des Cours, de leur état actuel, & du commerce.

Nous renvoyons à parler de la plupart des Voyages particuliers, en traitant de l'histoire de chaque pays ; mais il en est qui doivent trouver place immédiatement après les Livres de Géographie, puisqu'ils offrent des détails sur toutes les parties du Monde connu. Tel est le *Voyageur François*, de M. l'Abbé *de la Porte*, Ouvrage dont l'impression a commencé en 1765, & dont nous avons actuellement vingt-huit volumes *in-*12. Ce Voyage, fictif dans sa forme, mais composé tout entier de relations véritables, d'après les Voyageurs les plus estimés, donne des connoissances assez étendues sur tout ce que l'on appelle vulgairement l'*Ancien & le Nouveau Monde*; & quoiqu'il ne dispense pas tout-à-fait de lire les Originaux où l'Auteur a puisé, & qui fournissent des notions encore plus sûres, il peut du moins tenir lieu de ceux qui sont mal écrits; on prendra sûrement plaisir à la lecture du *Voyageur François*.

Je n'ose conseiller l'*Histoire générale des Voyages de l'Abbé Prevôt*, parce que ce qui est imprimé, tant de l'Abbé Prevôt que de son Continuateur, forme plus de trente volumes *in-*4°. ou quatre-vingts *in-*12. Mais M *de la Harpe* nous en a donné un *Abrégé* en vingt-un volumes *in-*12, qui, joint au *Voyageur François*, formera une Bibliotheque de Voyages très-complette & très-amusante.

La *Chronologie* est une Science encore plus seche que celle de la Géographie, mais elle est absolument nécessaire aux personnes qui veulent savoir l'Histoire à fond, & sur-tout à celles qui veulent l'écrire. Les discussions en sont ennuyeuses, & les Dames & les Gens du monde peuvent se les épargner, & s'en tenir aux résultats, c'est-à-dire, aux opinions les plus généralement reçues, sur toutes les époques qui forment l'Histoire Universelle. Nous nous en tiendrons donc à indiquer les meilleurs Répertoires de ces époques. Ce sont de ces Livres que l'on consulte dans les occasions, & qu'on ne lit jamais de suite ; le plus excellent de ce genre est sans contredit l'*Art de vérifier les dates*, Ouvrage des Bénédictins de l'abbaye de Saint-Germain-des-Prés, qui n'a été d'abord imprimé qu'en un volume *in*-4°. & qui, par les augmentations, est devenu, en 1770, *in-folio*, & se réimprime en plus gros volume encore.

On doit se faire bien expliquer la méthode de cet Ouvrage & la maniere d'y chercher, après quoi il n'y a aucune question sur la Chronologie qu'on ne puisse résoudre avec son secours.

Toutes les *Tablettes Chronologiques* servent au même usage. On a long-temps fait grand cas de celles d'un certain *M. Marcel*, Avocat ; la premiere édition est de 1669, & la derniere de 1724 : c'est un petit *in* 12 oblong, qui peut se placer dans un étui & dans la poche ; par conséquent ces Tablettes, qui passent d'ailleurs pour exactes, feroient d'une grande commodité, fi l'occafion fe préfentoit d'agiter des queftions chronologiques en fe promenant ; mais c'eft un cas bien rare, & j'aime mieux confeiller les *Tablettes Chronologiques de l'Abbé Lenglet*, qui font renfermées toutes entieres en deux gros volumes *in*-8°. La meilleure édition eft de l'année 1778, publiée par *M. Barbeau de la Bruyere*. Quand on fait bien chercher dans ce Livre, il y a peu de dates concernant l'Hiftoire même littéraire, qu'on n'y trouve.

A l'égard des Hiftoires Univerfelles, nous ne parlerons point de la *Méthode pour étudier l'Hiftoire de l'Abbé Lenglet* ; quoique ce foit un Ouvrage fort eftimable, il eft trop long & fatigant à lire ; le Catalogue de Livres d'Hiftoire qui y eft joint, eft fait pour ceux qui veulent étudier l'Hiftoire à fond, & nous ne voulons que confeiller une fuite de lectures utiles & agréables aux Dames & aux Gens du monde.

L'*Hiftoire Univerfelle de M. Boffuet*, eft la premiere & la meilleure de toutes : c'eft ce qu'on peut appeler un Livre d'or ; il faut plaindre le goût de quelques

Ecrivains modernes, qui ont prétendu altérer l'estime que ce Livre a méritée depuis si long-temps, & ont osé croire qu'ils pouvoient faire mieux : on doit seulement observer, 1°. que l'Ouvrage de M. Bossuet ne nous mene que jusqu'à l'époque de Charlemagne, & que les continuations qui en ont paru, lui sont infiniment inférieures : 2°. que ce n'est qu'un Discours sur l'Histoire Universelle; par conséquent tout au plus une Introduction à cette Histoire.

Le *Baron de Puffendorff* a saisi ce titre modeste d'*Introduction à l'Histoire Universelle*; cependant la sienne en est une réelle & très-bonne : il faut absolument l'avoir, & on ne peut en choisir une meilleure édition que celle commencée en 1753, & achevée en 1759. Elle est en huit volumes *in-*4°.; tous les Supplémens qui ont été faits à l'Ouvrage de Puffendorff, depuis sa mort, s'y trouvent traduits ou refondus.

L'*Histoire Universelle, Sacrée & Profane*, composée par feu *M. Hardion*, pour l'usage de Mesdames de France, est un Ouvrage sage, bien fait, & passablement écrit; mais il n'a rien de saillant : nous le croyons plus propre à instruire les jeunes Demoiselles, qu'à amuser les Dames & les Gens du monde : il est en vingt volumes *in*-12, dont les derniers sont de *M. Linguet.*

L'on connoissoit déjà depuis long-temps une *Histoire Universelle, traduite de l'anglois*, dont les premiers volumes ont été très-estimés ; elle étoit déjà portée à quarante trois volumes *in*-4°., & n'étoit pas encore achevée, lorsque de nouveaux Traducteurs ont entrepris (en 1779) d'en donner une édition complette *in* 8°., & il en a déjà paru soixante-dix volumes.

Mais il est bon d'apprendre à ceux qui voudroient se dispenser de les lire tous, que ceux qui renferment l'Histoire ancienne, tant dans la premiere édition que dans la nouvelle, sont les plus importans & les plus utiles ; c'est dans ceux-là qu'est parfaitement bien développée l'Histoire de plusieurs Peuples, qui n'ont point eu d'Historiens particuliers ; c'est un corps de recherches excellent : mais quand les Auteurs descendent à l'Histoire moderne, sur laquelle il y a tant de bons Livres, celui-ci entre dans l'ordre des Livres ordinaires, d'autant plus que, du moins dans l'ancienne édition, il est médiocrement écrit : la nouvelle est imprimée & se débite chez *Moutard*, rue des Mathurins.

Un des plus anciens Auteurs qui ait entrepris d'écrire l'Histoire Universelle, est *Diodore de Sicile*, Auteur Grec, dont feu M. *l'Abbé Terrasson* nous a donné une traduction, imprimée en 1737, en sept volumes *in*-12. Quelque bonne que soit cette traduction, & quelque utile que puisse être l'Ouvrage en lui-même, nous doutons que les Dames se soucient beaucoup de faire remonter leurs connoissances jusqu'à cette source. Diodore de Sicile écrivoit sans aucune méthode. Il est sec, excepté quand il raconte des Histoires peu vraisemblables, & qui prouvent sa crédulité, son peu de goût & de critique : tout ce qu'il y a de bon dans cet Auteur, est refondu dans l'*Histoire Ancienne* de M. *Rollin*, & le reste a été supprimé par lui, comme ne valant pas la peine d'être répété.

Nous en dirons autant de l'*Histoire de Justin*, Auteur Latin, qui en a abrégé un autre plus ancien que lui, nommé *Trogue Pompée*. Nous en avons une bonne traduction, imprimée en deux volumes en 1737; mais avec l'Histoire Ancienne de M. *Rollin*, on peut aussi très-bien se passer de cet Ouvrage. Cette excellente *Histoire Ancienne* doit se placer ici, puisqu'elle contient non seulement l'Histoire des Grecs, mais même celle des Egyptiens, des Medes, des Perses & des Carthaginois. Elle a été long-temps admirée, & méritera toujours de l'être, puisque c'est un résumé très-exact & très-bien fait, de tous les anciens Historiens : elle est en treize volumes *in*-12, ou en six *in*-4°. On a voulu la discréditer depuis quelque temps, sous prétexte que l'on y trouve trop de moralités & de réflexions, qui ont cependant toutes pour objet de former le cœur & l'esprit de la Jeunesse : nous sommes bien éloignés de croire ce reproche fondé, nous pensons même que la lecture n'en doit ennuyer à aucun âge.

On a opposé à l'Histoire de M. Rollin, *celle des Empires & des Républiques, depuis le déluge jusqu'à Jésus-Christ*, par M. l'*Abbé Guyon*, douze volumes *in*-12, imprimés en 1733 & années suivantes : elle peut être aussi exacte, & même plus méthodique que celle de M. Rollin ; mais le style en est moins pur & moins nourri de bonnes réflexions ; elle est infiniment moins attachante.

M. la Combe a fait un petit *Abrégé Chronologique de l'Histoire Ancienne* de *M. Rollin*, en un seul volume, dans le goût de l'Histoire de France, du Président Hénaut. Il a assez bien suivi son modele, & son Livre est un très-bon répertoire pour se rappeler l'ordre des faits ; mais ce n'est pas avec ces Abrégés seuls qu'on peut apprendre l'Histoire.

A la suite de l'Histoire Ancienne de M. Rollin, il faut lire celle de feu M. *l'Abbé de Marsy*, intitulée, *Histoire Moderne des Chinois, des Japonois, des Indiens, des Persans, des Turcs, des Russiens*, &c. Après la mort du premier Auteur, elle a été continuée par M. *Richer*, & elle est actuellement portée jusqu'à vingt-huit volumes *in*-12. Ce nombre paroîtra peut-être bien considérable aux Dames qui craignent les longues lectures ; mais on peut leur répondre que celle-ci ne les ennuyera pas, & qu'elle leur tiendra lieu de celle de beaucoup d'autres Livres moins bien écrits, & par conséquent plus fatigans.

Les volumes de l'*Abbé de Marsy*, sont les meilleurs.

L'*Essai sur l'Histoire Universelle*, par *Voltaire*, quoique peut-être le plus sec de ses Ouvrages, se fait cependant lire avec le charme que cet admirable Auteur sait inspirer ; mais il faut convenir que l'on trouve plus sûrement encore dans les Ouvrages historiques de ce grand Homme, l'amusement, que la solide instruction. On doit lire dans le même esprit, *les Impostures de l'Histoire & la Philosophie de l'Histoire*, publiées sous le nom de l'*Abbé Bazin*.

Il y a plusieurs autres Livres d'Histoire générale, qui peuvent se faire lire avec plaisir : telle est l'*Histoire des Conjurations*, par M. *du Port du Tertre* ; il y en a dix volumes *in*-12, imprimés depuis 1754 jusqu'en 1760. Les derniers sont de M. *Desormeaux* : il y a dans ce Livre une assez grande variété, & il est bien écrit.

L'*Essai sur les grands événemens par les petites causes*, de M. *Richer*, imprimé en 1758, avec un supplément de 1759, est amusant & court ; le sujet seul peut & doit intéresser.

L'*Europe Illustre*, de M. *Dreux du Radier*,

Radier, en six volumes *in*-4°., n'est qu'un Recueil d'images, accompagné de petites Vies assez bien faites ; les gravures n'en sont pas mauvaises, & l'on ne peut pas s'ennuyer à parcourir un pareil Ouvrage, sur-tout à la campagne.

L'*Abbé de Choisi*, Ecrivain du beau siecle de Louis XIV, dont tous les Ouvrages sont agréables à lire, a composé, entre autres, trois volumes *in*-12 ; le premier, imprimé en 1710 ; le second en 1711 ; & le troisieme peu après, dont nous connoissons une réimpression de 1729. Le premier est intitulé : *Histoires de Piété & de Morale* ; le second, *les plus beaux événemens de l'Histoire Sacrée & Profane, rapportés à la Morale* ; & le dernier, *Recueil d'Histoires Sacrées & Profanes, propres à former le cœur & l'esprit*. Nous pouvons répondre par notre propre expérience, qu'on lira ces Livres avec plaisir.

On place avec raison parmi les Ouvrages d'Histoire générale & universelle, l'*Histoire de son temps*, écrite en latin *par M. de Thou*, & traduite en françois par l'*Abbé des Fontaines*, ou du moins sous ses yeux. Elle contient celle de la plus grande partie du seizieme siecle. Il faut observer

Tome I. B

sur cette Traduction, que sa lecture est une grande entreprise, puisqu'elle est en seize volumes *in*-4°. Il y en a des abrégés ; mais ils sont secs : au fond, l'Ouvrage est très-intéressant du moins pour ce qui regarde la France à certaines époques; mais M. de Thou étoit presque toujours mal instruit de qui se passoit au dehors. Les Dames qui voudront tenter cette lecture, ne doivent la faire que lorsqu'en étudiant l'Histoire de France, elles seront parvenues aux regnes de Henri II & de ses enfans.

La Traduction des *Mémoires secrets*, & du *Mercure* de *Vittorio Siri*, écrits originairement en italien, n'est pas encore finie. Quoique l'Ouvrage original ait eu une grande réputation dans son temps, nous ne croyons pas devoir insister sur sa lecture : le titre en françois est : *Mémoires secrets pour servir à l'Histoire des Souverains de l'Europe* ; ils traitent des intrigues & des négociations politiques du dix-septieme siecle. On y trouve des anecdotes dont l'Auteur, qui étoit un Italien intrigant, a pu être instruit mieux qu'un autre : c'est ce qui a fait rechercher son Livre.

L'*Histoire du Traité de Westphalie*, par le Pere Bougeant, Jésuite, imprimée à Paris en trois volumes *in*-4°., ou en six volumes *in*-12, 1744 & 1766, est bien autrement intéressante. C'est un Livre bien fait, bien écrit, qui regarde particuliérement l'Histoire d'Allemagne, mais qui nous éclaire infiniment sur les intérêts de la France par rapport à l'Empire.

Les *Mémoires du Pere d'Avrigny*, aussi Jésuite, *sur l'Histoire profane du dix-septieme siecle*, sont très-bons & très-clairs. La derniere édition de 1757 est en cinq volumes *in*-12, augmentés par le Pere Griffet. Tout le monde convient du mérite de cet Ouvrage. L'Auteur a fait d'autres *Mémoires sur l'Histoire Ecclésiastique*, qui sont moins estimés, & qui passent pour partiaux.

A la suite de l'Histoire Universelle, ancienne & moderne, on place les Traités de Blason, les Histoires Généalogiques, les Ouvrages sur la Diplomatique, & les Dictionnaires Historiques.

Le *Traité historique & moral du Blason*, par M. *Dupuy d'Emportes*, imprimé en deux volumes *in*-12, en 1754, suffira pour donner une connoissance rai-

B ij

sonnable de cette Science, qu'on ne doit pas absolument ignorer, mais qu'il est bien inutile d'approfondir. On peut cependant, si l'on veut, ajouter à cette lecture, celle de l'*Origine des Armoiries & des Ornemens*, par *le Pere Ménestrier*, imprimée en 1679 & 1680, deux volumes *in*-12 ; & le *Traité des Tournois*, par le même, publié en 1669, un volume *in*-4°. Ces Ouvrages sont curieux, pleins de recherches, & capables d'instruire en amusant. Il faut y joindre l'excellent *Mémoire sur l'ancienne Chevalerie*, par M. de Sainte-Palaye.

Les Généalogies que les Dames doivent savoir, sont celles des Maisons Souveraines : & ce qu'il y auroit de meilleur sur cette matiere, se trouveroit dans une nouvelle édition bien faite du Livre intitulé, *les Souverains du Monde, contenant leur Généalogie*, qui n'a point été réimprimé depuis qu'il a paru en cinq volumes *in*-12. Paris, 1734. Cet Ouvrage, dont le fond est tiré des Tables généalogiques Allemandes de *Hubner*, est formé sur un excellent plan. Il y en a eu, par cette raison, plusieurs éditions ; mais la derniere ayant cinquante ans d'ancienneté, il faudroit qu'un Auteur exact nous en donnât une nouvelle, purgée des anciennes fautes, & qui offrît l'état actuel de ces illustres Maisons.

La Diplomatique, c'est-à-dire, l'art de connoître les titres & les anciennes écritures, si utile à ceux qui veulent remonter jusqu'aux sources de l'Histoire, est bien peu à l'usage des Dames : cependant, si quelqu'unes d'entre elles veulent approfondir différens faits qui peuvent les intéresser, elles doivent consulter le savant Ouvrage de Dom de Vaines, Bénédictin, en deux volumes *in*-8°., 1774, intitulé, *Dictionnaire raisonné de Diplomatique*, qui ne leur laissera rien à désirer sur cette matiere. Elles y trouveront des modeles de l'écriture de tous les siecles, & le moyen de distinguer l'âge des manuscrits, & de discerner les titres faux des véritables.

Nous avons beaucoup de grands *Dictionnaires*; mais nous ne conseillerons que la lecture de celui de *Moreri*, de la derniere édition de Paris, 1759, en dix volumes *in-folio*, qui, quoique considérablement augmentée d'articles nouveaux, n'en est pas plus volumineuse, par l'attention que les Editeurs ont eue de retrancher en même temps quantité d'ar-

B iij

ticles peu intéressans : c'est un excellent répertoire qu'on est à tout moment dans le cas de consulter. Les Dames qui ne se sentiront pas le courage de feuilleter de gros *in folio*, pourront avoir recours aux différens Dictionnaires historiques abrégés, mais qui n'y suppléent que bien imparfaitement.

Nous ne devons point parler ici du *Dictionnaire de Bayle*, quoiqu'il soit intitulé historique : il est proprement philosophique & d'érudition. On y chercheroit en vain des éclaircissemens sur la plupart des points d'Histoire. Il est rempli de discussions érudites & de critiques, qui paroîtroient ennuyeuses aux Dames : l'on y trouve des articles philosophiques beaucoup plus amusans, mais qui ne sont propres qu'à jeter des doutes dans l'esprit, sur des objets qu'il vaut mieux croire décidés.

La source des connoissances de l'Histoire Sacrée, est certainement l'Ecriture Sainte ; mais il faut mettre la Bible au nombre des Livres de Théologie, qui doivent être lus dans une vûe plus respectable encore que celle d'apprendre l'Histoire : ainsi nous proposons de commencer l'étude de l'Histoire Sacrée, par la premiere partie de l'*Histoire du Peuple de Dieu*, *du Pere Berruyer*, imprimée en sept volumes *in* 4°. (1728), ou en dix volumes *in*-12. Cette-Histoire, malgré la sévérité de ses critiques, a l'avantage d'être claire & écrite avec élégance. Il n'est pas vrai que les faits de l'Histoire Sainte y soient altérés ; & s'ils n'y sont pas exposés avec la majestueuse simplicité de la Bible, au moins y sont-ils présentés sous un jour agréable. Les reproches qu'on a faits au Pere Berruyer, tiennent peut-être plus à l'esprit de parti, qu'à l'amour de la bonne cause. Un style sec & rebutant ne fait pas tort, il est vrai, aux bons principes, mais il dégoûte de leur étude ; au lieu que celui qui attache, fait, à l'aide de sa douceur, passer ce que l'instruction a toujours de pénible. C'est ce qui nous détermine à conseiller aux Dames la lecture de ces sept ou dix volumes, en les avertissant qu'elles peuvent se dispenser de lire, du même Auteur, les volumes qui contiennent l'*Histoire du Peuple de Dieu*, *depuis la naissance du Messie*, *jusqu'à l'extinction de la Synagogue*, & *la Paraphrase sur les Actes & Épîtres des Apôtres*.

On doit faire suivre la lecture de

l'Ouvrage du Pere Berruyer, par *les Mœurs des Ifraélites*, de l'Abbé de Fleuri, en un volume *in-*12, morceau d'une fimplicité touchante, & de la plus grande clarté. C'eft le tableau le plus fidele de la vie des Patriarches de l'Ancien Teftament.

Les Antiquités Judaïques & *la Guerre des Juifs*, de Jofephe, traduites par Arnauld d'Andilly, en deux volumes *in-folio*, Paris, 1667 & 1668, & réimprimées plufieurs fois *in-*12, doivent être lues, quand ce ne feroit que par rapport à l'Hiftoire de la Guerre des Juifs, qui a fait placer Jofephe au rang des meilleurs Hiftoriens. La Traduction de M. d'Andilly eft élégante, comme tous les Ouvrages de cet Auteur que l'on fait avoir été un des excellens Ecrivains de Port-Royal. Nous avons une Traduction plus moderne de Jofephe, par un Pere Gillet, Génovéfain, en quatre volumes *in-*4°., qui eft, dit-on, plus exacte que la premiere ; mais elle eft certainement moins agréable à lire.

La lecture de *Jofephe* peut très-bien difpenfer de celle des *Hiftoires des Juifs*, par *Prideaux* & par *Bafnage* ; quoique d'ailleurs ce soient des Ouvrages très-savans, très-bien faits, & pleins de profondes recherches.

Les Mœurs des Chrétiens, en un volume *in-12*, de M. l'Abbé *Fleuri*, Ouvrage où brillent la vérité & la candeur, peuvent servir d'introduction à l'Histoire de l'Eglise. Cette premiere lecture est indispensable : les Dames qui se sentiroient assez de courage pour en entreprendre une plus considérable, liront la grande *Histoire de l'Eglise* du même Auteur, en vingt volumes *in-4°*. ou *in-12*, dont le premier a paru en 1691, & le dernier en 1719. Il seroit alors presque indispensable d'y joindre les seize volumes de la continuation du *Pere Fabre*; cependant, nous ne dissimulons pas que c'est une tâche accablante, à laquelle peu de personnes du monde pourront se soumettre. D'ailleurs, il est bon d'observer ici, que la continuation de ce grand Ouvrage est infiniment inférieure aux vingt volumes de l'Abbé *de Fleuri*. Pour se dédommager en quelque sorte de la perte que l'on fera en ne lisant pas cette excellente Histoire de l'Eglise, il faudra faire une étude particuliere des neuf ou dix *Discours* que l'Auteur a placés à la tête des principales époques de son Histoire. Ils sont écrits avec érudition, discernement & précision, & jettent les plus grandes lumieres sur l'accroissement de la Religion & les troubles qui ont affligé l'Eglise. On y trouve le résultat de ce qui s'est passé pendant un certain nombre de siecles, & des notions préliminaires pour ce qui doit se passer sous les yeux du Lecteur, durant les siecles suivans. Ces Discours sont imprimés à part. Le dernier n'est pas de M. de Fleuri, mais de l'Abbé *Goujet*.

La même raison qui nous fait croire qu'on peut se dispenser de lire la grande Histoire de l'Eglise de l'Abbé de Fleuri, nous fait rejeter celle des excellens *Mémoires pour servir à l'Histoire Ecclésiastique des six premiers siecles*, par *Tillemont*, commencés à imprimer en 1693 & 1695, en seize volumes *in-*4°., dont le dernier n'a paru qu'en 1712 ; quoiqu'ils soient très-estimés, tant pour l'exactitude que pour le style, nous nous en tiendrons à conseiller aux Dames de lire l'*Histoire de l'Eglise, par l'Abbé de Choisi*, en onze volumes *in-*12, publiée pour la premiere fois à Paris en 1707, & réimprimée en 1740. Quoique dénuée de discussions savantes & de recherches profondes, cette Histoire est écrite d'un style rapide, agréable, & qui attache sans fatiguer l'esprit ni lasser la mémoire; c'est plutôt l'Histoire du Monde Chrétien, que celle de l'Eglise : mais au moyen de la lecture de cet Ouvrage peu volumineux, les Dames sauront ce qu'elles doivent savoir de l'Histoire de l'Eglise. Si elles veulent quelquefois rassurer leur mémoire sur les dates & les faits, elles consulteront l'*Abrégé chronologique de l'Histoire Ecclésiastique*, par feu M. *Macquer*, Paris, 1761, en deux volumes *in-8°*. Les seuls Livres indiqués ci-dessus, suffiront pour compléter l'étude de l'Histoire de l'Eglise. Il en est un cependant dont nous serions tentés de conseiller la lecture, si l'on n'y découvroit pas quelques traces d'esprit de parti : c'est l'*Abrégé de l'Histoire Ecclésiastique, contenant les événemens considérables de chaque siecle, avec des Réflexions*, par l'Abbé *Racine*. Paris (sous le titre de Cologne), (1767), treize volumes *in-4°*. ou *in-12*. Cet Ouvrage, suspect de Jansénisme, est écrit avec beaucoup de clarté, mais bien moins agréablement que l'Histoire de l'Eglise de l'Abbé de Choisi : il n'a paru qu'après la mort de l'Auteur, arrivée en 1755, & est dû aux soins de M. *Rondet*.

L'Histoire des Conciles est comprise dans celle de l'Eglise ; mais il y en a quelques-uns dont les détails sont intéressans & assez curieux pour être lus à part : telles sont les *Histoires des Conciles de Constance, de Pise, & de Basle*, par *Jacques Lenfant*. Chacune de ces Histoires est en deux volumes *in*-4°. ; ainsi elles forment en tout six volumes, qui sont écrits avec une sorte d'élégance, & sur-tout avec une sagesse très-estimable de la part d'un Protestant. D'ailleurs les faits en sont si singuliers & si piquans, que nous osons hardiment en conseiller la lecture, même aux Dames.

L'*Histoire du Concile de Trente*, par *Fra Paolo Sarpi*, traduite en françois par le Pere *Courrayer*, Génovéfain, est un Livre intéressant, bien fait, & fort estimé. On peut se contenter de l'édition de 1736, en deux volumes *in*-4°. Celles plus récentes n'ont d'autre avantage sur les premieres, que de présenter des critiques & des justifications assez inutiles de cette Histoire, regardée avec raison comme très-satirique.

L'Histoire des Hérésies fait encore partie de l'Histoire de l'Eglise ; il en est quelques-unes en particulier, dont les détails importans doivent être lus séparément. Pour les bien connoître, ou se rappeler quels étoient les objets de ces hérésies, il faut lire l'Ouvrage en deux volumes *in*-8°. de M. l'Abbé *Pluquet*, intitulé, *Mémoires pour servir à l'Histoire des Egaremens de l'esprit humain, par rapport à la Religion Chrétienne*, ou *Dictionnaire des Hérésies*, &c. *avec un Discours préliminaire* : Paris, 1762, 2 volumes *in*-8°. Ce Livre est sur-tout utile pour connoître ces anciennes erreurs, qui rouloient presque toutes sur des questions très-obscures : elles y sont très-bien éclaircies ; mais ce n'est pas assez d'apprendre en quoi elles consistoient, il faut aussi savoir quels ont été les événemens, les guerres & les troubles qui les ont suivies ; & pour s'en instruire, il faut consulter les Ouvrages du Pere *Maimbourg*. Le style de cet Ecrivain ne plaira pas aujourd'hui à beaucoup de personnes ; cependant ce style est nombreux, il y a de l'éloquence & des morceaux supérieurement traités. Enfin, quelque mal que les Protestans aient dit des Ouvrages de Maimbourg, ce sont des Livres très-instructifs : ils sont imprimés *in-*4°. & *in-*12, & consistent dans l'Histoire de l'*Arianisme*; celle des *Iconoclastes ;* celle du *grand Schisme des Grecs ;* celle des *Croisades ;* celle du *grand Schisme d'Occident ;* du *Luthéranisme*, & du *Calvinisme*. Ce Pere Maimbourg, ou, si l'on aime mieux, ce M. Maimbourg, car il fut obligé de quitter les Jésuites au milieu de sa carriere littéraire, a encore fait quelques Ouvrages recherchés, tels que l'*Histoire de la Décadence de l'Empire d'Occident;* celle des *Pontificats de Saint Léon & de Saint Grégoire le Grand ;* & *le Traité historique de l'Etablissement & des Prérogatives de l'Eglise de Rome & de ses Evêques*. Cette suite forme un assez grand nombre de volumes, parmi lesquels il n'y en a aucuns qui ne contiennent des morceaux considérables, de la plus grande chaleur & du plus grand intérêt.

Nous avons plusieurs autres Histoires d'Hérésies, faites à l'imitation de celles du Pere Maimbourg ; telles sont celles de l'*Origénisme*, & du *Nestorianisme*, par le

Pere *Doucin*, bien inférieures à leurs modeles. Celle du *Vicléfianisme*, imprimée en 1682, en un seul volume, est beaucoup plus curieuse & plus agréable. Celle du *Manichéisme*, par M. *Bausobre*, Ministre Protestant, pourra paroître ennuyeuse à quelques personnes; mais dans le fond, c'est un Ouvrage curieux, & qui suppose une immense érudition.

L'*Histoire des Croisades contre les Albigeois*, par le Pere *Langlois*, Jésuite, imprimée en 1763, *in-*12, est encore un Livre fait à l'imitation de ceux du Pere *Maimbourg*.

L'Histoire du Fanatisme des Religions Protestantes, &c. du Pere *Catrou*, Jésuite, imprimée en 1733, en trois volumes *in-*12, est curieuse & intéressante: elle contient l'Histoire des Anabaptistes, celle des Quakers Anglois, & autres, &c.

L'Histoire de *la Guerre des Hussites* se trouvera jointe à celle du Concile de Basle, par M. *Lenfant*, que nous avons cité ci-dessus.

L'Histoire des *Variations des Eglises Protestantes*, par M. *Bossuet*, est un Livre de controverse, autant qu'historique;

mais il est écrit avec noblesse & élégance, les faits y sont présentés d'une maniere intéressante, & on doit le regarder comme un très-bon Ouvrage. Il faut lire ensuite l'Histoire du *Fanatisme* de notre temps, par M. *de Brueis*, avec la continuation, ou Histoire *des Cévennes*. Il y en a une nouvelle édition de 1737, en trois volumes *in*-12, qui contiennent tous les détails de cette derniere scene que le Calvinisme a jouée en France sur la fin du regne de Louis XIV.

A la suite des Histoires des Hérésies, il est nécessaire de prendre quelque connoissance du Tribunal de l'Inquisition; & je ne vois rien de mieux sur cet objet, que l'*Histoire de l'origine des Inquisitions*, par M. *Marsolier*, imprimée en 1693, en un seul volume *in*-12.

Il faut lire quelque chose sur les opinions modernes des *Quiétistes* & des *Jansénistes* ; mais, en vérité, on peut bien s'en tenir à n'avoir que de légeres idées de ces deux genres d'erreurs. Il y a une infinité de Livres qui ont été autrefois recherchés, pendant que ces matieres étoient vivement agitées, & dont aujourd'hui la lecture est absolument abandonnée.

donnée. Pour se former une idée de ces fameuses disputes, il faut lire l'*Histoire du Jansénisme*, par le Pere *Gerberon*, Bénédictin Janséniste. La derniere édition de 1700 est en trois volumes *in-*12: le style en est assez vif; mais l'Ouvrage en général ne respire que la partialité. La contre-partie se trouve dans l'*Histoire des cinq Propositions de Jansenius*, par un M. *Dumas*, Docteur de Sorbonne, qui néanmoins a été attribuée au Pere *le Tellier*, Jésuite. Ces deux Histoires ne nous menent que jusqu'en 1669; & pour suivre le fil de cette affaire, il faudroit y ajouter la lecture de l'*Histoire de la* (prétendue) *paix donnée* à l'Eglise par le Pape *Clément IX*, en 1668, & celle *au Formulaire* qui s'ensuivit. Ces deux Livres, qui sont du fameux Pere *Quesnel* & du Pere *Gerberon*, nous conduisent jusqu'en 1698, temps auquel ils ont été imprimés. Après la lecture de ces Ouvrages, on peut entreprendre celle de l'*Histoire de la Constitution Unigenitus*, par M. *Lafiteau*, Evêque de Sisteron, imprimée en 1737 & 1738, & qui conduit depuis le commencement du siecle jusqu'à cette époque. L'Auteur avoit été Jésuite; aussi ce Livre est-il

Tome I. C

absolument Anti-Janséniste ; mais il n'y a point d'Ouvrage impartial sur cette matiere.

Quant au *Quiétisme*, il suffit, pour le connoître, de lire *la Relation de l'Origine, du Progrès & de la Condamnation du Quiétisme en France :* Rouen, 1733, trois volumes ; & les *Vies* de Messieurs *Bossuet* & *Fénélon*, deux illustres Prélats qui jouerent un grand rôle dans cette affaire.

Je ne conseille ni aux Dames, ni aux Gens du monde, la lecture d'aucunes Légendes ou Vies de Saints générales. Les personnes dévotes trouveront dans leur *Année Chrétienne*, à chaque jour de l'année, une petite Vie des Saints du jour, avec des réflexions convenables, & des oraisons propres à ces Saints, dans quelque temps qu'ils aient vécu, & de quelque état qu'ils aient été. Ceux qui veulent considérer les Vies des Saints comme Histoire, ne doivent faire aucun cas des anciennes Légendes, parce qu'elles sont chargées de faits souvent apocryphes & presque toujours ridicules. Parmi les nouvelles Vies des Saints, il y en a peu d'intéressantes par les faits. Cependant, si l'on vouloit absolument lire des Vies générales, il faudroit préférer celles de M. *Baillet*; mais son Ouvrage a dix-huit ou vingt gros volumes *in*-8°. Ainsi l'on peut se réduire à lire quelques Vies particulieres de Saints : les plus intéressantes, & qui tiennent le plus à l'Histoire, sont celles de *Saint Athanase* & de *Saint Ambroise*, Peres de l'Eglise, écrites par M. *Hermant*; celle de *Saint Bernard*, par M. *Villefore*; de *Saint François de Sales*, par M. *Marsolier*; de *Saint François Xavier*, par le Pere *Bouhours*, & peut-être quelques autres.

Je ne parle point des *Vies des Peres du Désert*, par M. *d'Andilly* & par M. *de Villefore*. Il semble que ces Histoires attristent plus qu'elles n'intéressent : elles n'amusent que quand on y trouve quelques traits ridicules, & il faut plutôt éviter, que chercher les occasions de s'amuser ainsi sur quelque partie que ce soit de l'Histoire Ecclésiastique.

Il n'y a aucune Histoire générale des Papes, dont nous croyons devoir conseiller la lecture ; cette partie de l'Histoire n'ayant jamais encore été traitée aussi sagement qu'il seroit à désirer. Mais il y a des Vies particulieres de certains

C ij

Papes, qui sont très-intéressantes, & qu'on lira avec plaisir; telles sont celles de *Saint Léon* & de *Saint Grégoire*, dont nous avons parlé à l'occasion du Pere Maimbourg.

L'Anecdote de la Papesse *Jeanne* est trop singuliere, pour qu'on ne doive pas lire les Ouvrages où il en est question. Le meilleur Livre sur cette matiere, est celui de Messieurs *Lenfant* & *Vignolles*. La derniere édition est de 1736, deux volumes *in*-12. On peut se contenter de le parcourir, car il est rempli d'une érudition un peu pesante; mais les Dames même feront bien aises de savoir sur quel fondement est appuyée une fable aussi absurde.

La *Vie du Pape Alexandre VI* est un des morceaux de l'Histoire des Papes, les plus singuliers & les plus curieux, quoique peu édifiant. Nous avons une Vie de ce Pape, en deux volumes, traduite de l'anglois, de *Gordon*. La Traduction, & peut-être l'Original, sont d'un style pesant; ainsi je conseille plutôt de lire la Vie de ce Pape, par M. *de Burigny*, qui se trouve à la suite d'un Ouvrage de Jurisprudence très-intéressant, intitulé, *Histoire du Droit Public*

Ecclésiastique, François. C'est un Livre de Droit ; mais que les Gens du monde, & jusqu'aux Dames, peuvent lire avec fruit & plaisir.

La *Vie de Sixte V*, par *Grégoire Léti*, est encore très-agréable à lire, quoiqu'on y trouve des anecdotes fort suspectes. Elle est imprimée à Paris, 1685, deux volumes *in*-12. Je crois qu'il y en a des éditions plus modernes.

Enfin je conseille de lire la *Vie du Pape Clément XI*, par *Reboulet*. Elle est assez bien écrite : ce Pontificat est intéressant pour l'Histoire Ecclésiastique du commencement de ce siecle, pendant lequel l'Europe & l'Eglise ont été très-agitées. Le Pape *Clément XI* est l'Auteur de la *Bulle Unigenitus*.

La derniere partie de l'Histoire Ecclésiastique est celle des Ordres Monastiques ou Religieux, à la suite de laquelle on place celle des Ordres de Chevalerie, qui sont répandus par toute l'Europe Chrétienne, & ne sont particuliers à aucune Nation. Ceux qui voudront connoître les habillemens de tous ces Ordres, tant d'hommes que de femmes, les trouveront dans plusieurs Livres ornés de bonnes gravures, dont quelques-unes même sont enluminées ; tels font les Ouvrages de *Faletti*, Italien, celui imprimé en Hollande, dont les gravures font de *Schouneheck*, bon Deffinateur Flamand. Il y a auffi des figures dans les Hiftoires du Pere *Helliot*, du Pere *Bonanni*, Jéfuite Italien, & du Pere *Molinet*, Génovéfain, qui a fait graver les habillemens des Chanoines réguliers. Toutes ces gravures font utiles pour faire connoître les habillemens des Religieux ; mais le meilleur & le mieux écrit pour l'Hiftoire des Ordres, c'eft l'*Hiftoire des Ordres religieux & des Congrégations régulieres*, &c. par M. *Hermant*. Rouen, 1710, quatre volumes *in*-12 ; il n'y a point d'eftampes ; mais les autres Hiftoires où il y en a, font bien plus féches & plus mal écrites que celle-ci.

Si l'on veut prendre des connoiffances générales & curieufes de l'Hiftoire Monaftique, il faut fe procurer un Livre en fix parties, reliées ordinairement en trois ou quatre volumes, intitulé, *Ordres Monaftiques, Hiftoire extraite de tous les Auteurs*, &c. Le titre porte, Berlin, 1751 : l'avant-dernier volume eft prefque entiérement rempli par une Hiftoire des Jéfuites, dans laquelle on trouve l'extrait des accusations les plus singulieres qui aient été formées contre eux. On a attribué cet Ouvrage à un M. *Musson*, Docteur de Sorbonne, mort il y a vingt & quelques années. On peut joindre à cette Histoire générale, quelques Histoires particulieres d'Ordres religieux les plus intéressans, tel que l'*Essai de l'Histoire Monastique d'Orient*, imprimé en 1680, *in*-8°. L'Auteur est un M. *Bulteau*, qui a fait aussi l'*Abrégé de l'Histoire de l'Ordre de Saint Benoît*, imprimé en 1684, en deux volumes *in*-4°. C'est proprement l'Histoire du *Monachisme en Occident*, au moins jusqu'à une certaine époque. Ces deux Ouvrages de M. *Bulteau* sont très-bons & très-curieux, quoique médiocrement écrits.

La *Vie de l'Abbé de Rancé*, qui réforma l'abbaye de la Trappe, est un morceau de détail relatif aux Ordres de Saint Benoît & de Saint Bernard, très-intéressant, & écrit avec élégance, par M. *Marsolier*. La bonne édition de cette Vie est de l'année 1703, un volume *in*-4°. ou deux volumes *in*-12. On peut y joindre quelques *relations de la vie & de la mort de différens Religieux de la Trappe*, qui ont été imprimés vers le même temps en plusieurs volumes *in*-12.

Parmi les Histoires de Religieuses, il n'y en a certainement pas une qui soit meilleure & mieux écrite que celle de *Port-Royal*, par M. *Racine* (le Poëte tragique), en un petit volume *in*-12. Quoique composée dans le siecle dernier, elle n'a été imprimée que de nos jours. Si l'on trouve que cette petite histoire n'instruit pas assez sur *Port-Royal*, aussi fameux par les Solitaires, gens d'esprit & bons Ecrivains qui s'y étoient retirés, que par les Religieuses Janséniftes qui habitoient ce monastere, on peut lire *l'Histoire de l'abbaye de Port-Royal*, par l'Abbé *Besoigne*, imprimée en six volumes *in*-12, en 1752.

Il y a sur l'Ordre des Carmes & de Saint François, plusieurs Livres qui ne sont recherchés que pour leurs ridicules. Non seulement je n'invite pas à les lire, mais je conseille de s'en épargner l'ennui. Tout ce qu'il y a de singulier & de piquant sur cette matiere, est compris dans l'Histoire *des Ordres Monastiques*, de M. *Musson*, que j'ai cité plus haut. Sur les *Jésuites*, je ne conseille de lire autre chose que l'*Histoire impartiale* de cette Société, par M. *Linguet*, imprimée en 1774, deux volumes *in-*12. On sait quel talent a l'Auteur pour rendre agréable la lecture de ses Ouvrages.

Quant aux Histoires des Ordres Militaires & de Chevalerie, je ne crois devoir proposer que l'*Histoire des Chevaliers de Malte*, par l'Abbé de *Vertot*, imprimée en 1726, quatre volumes *in-*4°. ou en 1727, sept volumes *in-*12. Cet Ouvrage est très-bien écrit, comme tous ceux de son Auteur ; d'ailleurs il présente souvent des tableaux très-intéressans. Il y a une Vie de *Pierre d'Aubusson*, Grand-Maître de Rhodes, par le Pere *Bouhours*, Jésuite, imprimée en 1676, *in-*4°. & en 1677, *in-*12, qui a été autrefois très-estimée, & a passé pour très-bien écrite.

Venons à l'Histoire Ancienne, Grecque & Romaine. Nous avons déjà parlé de l'*Histoire Ancienne* de M. *Rollin*, qui donne bien de l'avance sur l'Histoire Grecque, & qui, à mon avis, dispense les Dames & les Gens du monde de lire tout autre Livre sur les Egyptiens & les Carthaginois ; mais quant aux Grecs, il faut les connoître davantage. Il y a quelques-uns de leurs anciens Historiens, dont il ne faut pas négliger de lire les Traductions. *Le Voyage de Grece*, par *Pausanias*, est du nombre de ces anciens Auteurs. Pausanias vivoit environ un siecle après Jésus-Christ. La Grece, dans laquelle il voyagea alors, se sentoit encore de sa gloire, qui étoit passée il n'y avoit pas long-temps. Les plus beaux monumens subsistoient presque tous en entier : à peine en retrouve-t-on aujourd'hui les traces. Pour comparer cet état de la Grece, telle qu'elle étoit il y a dix-sept cents ans, avec son état actuel, il faut lire immédiatement après la Traduction de *Pausanias*, de l'Abbé *Gédoin*, imprimée à Paris, 1731, en deux volumes *in-4°*. dans laquelle il y a de bonnes Cartes & quelques plans ; *les Ruines des plus beaux Monumens de la Grece*, par M. *Leroy*, de l'Académie des Belles-Lettres. Paris, 1770, deux volumes *in folio* ; ou encore mieux, la nouvelle *Description de la Grece*, ornée de superbes gravures, par M. le Comte *de Choiseul-Gouffier*, aussi *in-folio* : Paris, 1780. Ces beaux Ouvrages sont chers, mais ils valent assurément leur prix. Il faut y joindre la lecture du *Voyage littéraire de la Grece moderne*, par M. *Guys* de Marseille. La derniere édition est en quatre volumes *in*-8°. 1780. Afin de parvenir à une parfaite intelligence des Livres que nous venons de nommer, & des Auteurs que nous allons indiquer, il faut de plus lire les *Mœurs des Grecs*, par feu M. *Menard*, de l'Académie des Belles-Lettres, imprimées en 1743, *in*-12, & l'*Histoire de la Navigation & du Commerce des Anciens*, par M. *Huet*, dont la derniere Edition est de 1763, *in*-8°. Après cela, on se trouvera fort en état d'entendre les Traductions des anciens Auteurs Grecs, tels que

Herodote. C'est bien dommage que nous n'ayons pas encore de Traduction bien écrite en françois, de cet ancien Auteur, regardé comme le pere de l'Histoire Grecque. Quoiqu'il soit rempli de fables & de contes, il intéresseroit sûrement ; mais il vaut mieux attendre une meilleure Traduction, que de lire celles de *du Ryer* & de *Saliat*, qu'il y a plus de cent trente ans qui sont imprimées & mal écrites.

Thucydide. Le second de ces Auteurs se fait lire plus agréablement en françois, dans la Traduction de M. *Perrot*

d'Ablancourt, qui a eu, fous le Regne de Louis XIV, la réputation d'un excellent Traducteur. *Xénophon* a continué l'Hiftoire Grecque de *Thucydide*, & a eu le même Traducteur, tant pour cette continuation, que pour *la Retraite des dix mille*; Livre admiré & eftimé, fur-tout des Militaires, où l'on voit un illuftre Athénien, *Xénophon* même, faire, en qualité d'Hiftorien, le récit d'une expédition dans laquelle il commandoit comme Général.

Un troifieme Ouvrage de *Xénophon*, eft la *Cyropédie*, ou l'*Hiftoire de Cyrus*. Ce Livre appartient plus à l'Hiftoire de Perfe, qu'à celle de Grece; mais l'Auteur étoit Grec. La meilleure Traduction eft de M. *Charpentier*, de l'Académie Françoife. Il y a plus de cent ans qu'elle eft faite; mais elle eft toujours eftimée; les Dames la liront avec d'autant plus de plaifir, que c'eft un Roman hiftorique.

Nous leur confeillons auffi la lecture d'une Traduction des *Vies des Hommes illuftres Grecs & Romains*, par *Plutarque*; en quelque réputation que foit celle d'*Amyot*, peut-être la vieilleffe du ftyle rebutera-t-elle les Dames; dans ce cas, elles peuvent lire la Traduction de

M. *Dacier*, qui est simple, &, par cela même, très-intelligible; il y en a encore une Traduction plus moderne. On doit y joindre l'*Histoire d'Epaminondas*, par M. l'Abbé *Séran de la Tour*, & celle de *Pyrrhus*, par M. *Jourdan*, composées pour faire suite avec les Vies de Plutarque.

Arrien & *Quinte-Curce* ont écrit, l'un & l'autre, la *Vie d'Alexandre le Grand*. Le premier Auteur a été traduit par *Perrot d'Ablancourt*; le second par *Vaugelas*: il faut avoir ces deux Traductions, qui sont fort estimables, ainsi que les Originaux.

A la suite de ces anciens Historiens, on peut lire les Ouvrages de deux autres Auteurs, qui n'ont point raconté d'Histoires suivies, mais qui ont formé des Recueils de traits historiques, phylologiques & critiques, très-curieux; ce sont *Élien* & *Aulu Gelle*, également variés, intéressans & agréables. Il y en a deux Traductions récentes, dont les Auteurs sont vivans: celle d'*Élien* est de M. *Dacier*, Secrétaire perpétuel de l'Académie des Belles-Lettres; & celle d'*Aulu-Gelle*, de M. l'Abbé *de Verteuil*.

Quant aux Historiens modernes de la

Grece ancienne, on peut s'en tenir à M. Rollin; & pour se rappeler l'ordre & l'époque des faits de cette Histoire, lire l'*Abrégé chronologique de l'Histoire Grecque*, par M. *la Combe*, dans le goût de celui de l'Histoire de France, de M. le Président Hénault.

Le *Siecle d'Alexandre*, par M. *Linguet*, dont la derniere édition n'est que de 1769, est un Ouvrage qu'il faut lire: il présente un tableau très-éloquent & assez philosophique.

L'*Histoire des Amazones anciennes & modernes*, par M. l'Abbé *Guyon*, en deux volumes *in*-12, imprimée à Paris en 1741, est un Ouvrage curieux, qu'on ne peut placer qu'entre l'Histoire Grecque & la Romaine.

Passons à cette derniere. Il y en a trois ou quatre Abrégés, anciennement écrits en latin, & qui ont été traduits en françois: ce sont, 1°. l'Ouvrage de *Velleïus Paterculus*, traduit par M. *Doujat*, qui y a ajouté de bons supplémens: 2°. celui de *Florus*, qui n'est que le sommaire de *Tite-Live*; le Traducteur est M. *de la Mothe le Vayer*, qui avoit été Précepteur de Monsieur, frere de Louis XIV. 3°. *Eutrope* a été aussi traduit, ainsi qu'*Aurelius Victor*. Comme tous ces Abrégés d'Histoire Romaine sont fort courts, fort simples & fort exacts, on ne court aucun risque de les lire; mais il est aussi fort aisé de s'en passer. C'est une plus grande entreprise de lire la Traduction des principaux Auteur Latins, qui ont écrit au long l'Histoire Romaine presque entiere; tels que *Denys d'Halicarnasse*, *Appien*, *Dion-Cassius*, & même *Tite-Live*. Il y a de bonnes Traductions de tous ces Auteurs; mais les *Histoires Romaines* écrites en françois, que je citerai dans un moment, ayant été faites d'après elles, en rendent la lecture assez superflue.

Il faut du moins apprendre aux Dames ce que c'est que *Polybe*, qui a écrit en grec une partie de l'Histoire Romaine: cet Auteur a un caractere particulier; son pere & lui avoient été Généraux, Ministres & Chefs de la République des Achéens; on s'en apperçoit en lisant son Ouvrage, singuliérement estimé des Politiques & des Militaires. La Traduction que nous en avons en françois, est de D. *Thuillier*, Bénédictin de la Congrégation de Saint. Maur. Elle ne passe pas pour bien bonne; mais ce qui la fait rechercher, est le Commentaire qu'y a ajouté un Tacticien célebre, nommé le *Chevalier Folard*. Ce Commentaire a grossi la Traduction de *Polybe*, au point que ce Livre est en six volumes *in*-4°. quoiqu'il ne nous reste que cinq livres de quarante, que l'Auteur ancien avoit écrits. Il seroit à souhaiter que nous en eussions une Traduction meilleure & dégagée de ce Commentaire, qui n'est pas à l'usage de tout le monde, & sur-tout du beau Sexe; alors l'Histoire Romaine de Polybe pourroit être lue comme toute autre Histoire Romaine.

Salluste mérite d'être lu en entier : nous en avons un grand nombre de Traductions ; les dernieres sont sans doute préférables : celle de M. le Président *de Brosse*, mort depuis peu d'années, a l'avantage de contenir des Supplémens aux lacunes, qui se trouvent en grand nombre dans le Livre latin de cet Auteur, qui peint avec force les désordres des derniers temps de la République.

Il faut aussi lire en entier *les Commentaires de César*. Il n'y a rien de plus intéressant, que de voir un grand Général, & un homme qui a eu la hardiesse d'opérer une révolution dans le plus grand

grand des Etats du Monde, raconter lui-même ſes exploits. Il entre dans des détails précieux pour un Militaire ; auſſi a-t-on dit que ſes Commentaires étoient le bréviaire d'un homme de guerre. Mais on ne peut lire *Céſar* avec fruit, ſans avoir ſous les yeux les Cartes de l'ancienne Gaule & de l'ancienne Italie, & ſans lire avec une grande attention les Notes qui ſont jointes aux dernieres Editions de la Traduction de *Perrot d'Ablancourt*, qui, quoiqu'écrite dans le ſiecle dernier, & par un homme qui n'étoit pas Militaire, eſt cependant celle de toutes qu'on lit avec le plus de plaiſir.

Les meilleures Hiſtoires Romaines, du temps de la République, ſont, ſans contredit, celle de M. Rollin, qui va juſqu'à la bataille *d'Actium*, & que M. *Crevier* a continuée juſqu'au temps de Conſtantin. Cet Ouvrage entier forme huit volumes *in*-4°. ou ſeize *in*-12. On pourroit trouver cette lecture un peu longue ; & dans ce cas, il faut ſe contenter de lire celle traduite de l'anglois, de *Laurent Echard*, par l'Abbé *Desfontaines* & Compagnie. Elle s'étend juſqu'à Conſtantin, & n'eſt qu'en ſix volumes, imprimés aſſez gros :

Tome I. D

il y a une continuation en dix volumes, par l'Abbé *Guyon*, qui commence au regne de Constantin, & est continuée jusqu'à la prise de Constantinople, par *Mahomet II*, en 1453. C'est un assez bon extrait de l'Histoire Byzantine : nous n'en parlons ici que parce qu'elle fait suite à l'Histoire de Laurent Echard.

Pour se rappeler l'ordre des faits de l'*Histoire Romaine*, il faut avoir sous les yeux l'*Abrégé chronologique* de cette Histoire, par feu M. *Macquer*, écrit dans le goût de celui du Président *Hénaut* : les traits remarquables y sont bien placés, & l'on y trouve d'excellentes réflexions. Arrivé à cette époque de l'étude qu'on fait de l'Histoire Romaine, on doit lire l'*Histoire des Révolutions de la République Romaine*, par l'Abbé *de Vertot*, Livre bien écrit & très-intéressant, qui finit à la destruction de la République, & faire suivre cette lecture par celle de l'admirable Ouvrage du Président *de Montesquieu*, intitulé, *Considérations sur les causes de la grandeur des Romains & de leur décadence*, en un seul volume *in-8°*. & pour ne point perdre ce fil, lire tout de suite l'*Histoire de la décadence & de la chute de l'Empire Romain*, traduite de l'anglois de *Gibbons*, par M. *le Clerc de Sepichênes*.

Il est absolument nécessaire que les Dames lisent une *Vie de Cicéron*, pour avoir une idée de ce qui s'est passé à Rome de son temps, de son caractere, & de ses Ouvrages. Si elles n'ont pas le courage de lire celle traduite de l'anglois, de *Midleton*, par l'Abbé *Prevot*, en quatre volumes, elles ne doivent pas au moins négliger de lire celle de M. *Morabin*, en deux volumes *in-*12, qui est bien écrite.

Il faut lire ensuite l'*Histoire des deux Triumvirats*, depuis la mort de Catilina, jusqu'à celle d'Antoine, par *Citry de la Guette*. La derniere édition de cet Ouvrage est en quatre volumes, dont le dernier renferme l'Histoire d'Auguste, par Larrey. La premiere Histoire, sur-tout, est intéressante & bien écrite.

Avant que de passer à l'Histoire des Empereurs, on doit prendre une idée *des Mœurs & des Usages des Romains*, dans un Ouvrage de M. Lefevre de Morsans, qui porte ce titre : la derniere édition, en deux volumes *in-*12, est de 1744. C'est un Livre instructif & nullement

D ij

ennuyeux. *La Vie privée des Romains*, par M. *d'Arnay*, imprimée en un volume *in*-12 (1752), qui est assez bien écrite, peut aussi suppléer, sur cette matiere, à plusieurs autres Livres dont la prolixité pourroit fatiguer. Il ne faut pas négliger la lecture de l'*Histoire des Vestales*, par l'Abbé *Nadal*. C'est une suite des Mémoires lus par l'Auteur à l'Académie des Belles-Lettres; l'ensemble forme un morceau singulier & fort agréable.

Le premier & le plus illustre Historien des Empereurs Romains, est *Tacite*, Ecrivain profond, grand Politique, & qui porte même ces deux qualités à l'excès. Il a eu un grand nombre de Traducteurs en françois, en italien, en espagnol & en anglois, & même des Commentateurs politiques dans ces quatre langues. Nous commençons par écarter tous les Commentaires, qui, s'ils étoient utiles à quelqu'un, ne le seroient sûrement pas aux Dames & aux Gens du monde. Quant aux simples Traductions, on croyoit autrefois celle de Perrot d'Ablancourt bonne & suffisante; mais nous sommes à présent convaincus qu'elle est très-imparfaite. Plusieurs habiles Ecrivains se sont disputés la gloire de nous en donner une meilleure ; mais ils n'ont encore traduit qu'une partie de cet illustre Auteur ; & pour le connoître en entier, il faut lire la derniere Traduction du *Pere Dotteville*, de l'Oratoire, qui est une des plus récentes : elle est précédée d'une introduction aux Annales de Tacite, & de quelques Supplémens aux lacunes; mais nous sommes en droit, à cet égard, d'attendre encore quelque chose de plus parfait.

Suétone nous a donné la *Vie des douze premiers Césars*, écrite avec exactitude & simplicité ; & la derniere Traduction que nous en ayons, est de M. *de la Harpe*, de l'Académie Françoise. Après l'avoir lue, les Dames trouveront quelque plaisir à parcourir les *Vies des Femmes de ces douze Césars*, par M. *de Serviés*, édition de 1722, trois volumes *in-*12. L'Ouvrage est un peu romanesque, mais agréablement écrit.

L'*Histoire d'Hérodien*, qui contient la suite des Vies des Empereurs, depuis Commode jusqu'à Gordien, a été traduite par M. l'Abbé *Mongaut*, en un seul volume, imprimé en 1745 ; & cette Traduction passe pour la meilleure que nous ayons.

On peut placer *Valere-Maxime*, qui a publié en latin un Recueil de traits, tirés pour la plupart de l'Histoire Romaine, à la suite des anciens Historiens de Rome, comme nous avons parlé d'Elien & d'Aulu-Gelle à la suite des Historiens Grecs. Valere-Maxime est du même genre que ceux-ci, & son Recueil est aussi agréable à lire que les leurs. Nous en avons une assez bonne Traduction d'un M. *Tarboicher*, imprimée en deux volumes *in*-12 (1731).

Le meilleur Historien moderne des premiers Empereurs Romains, est, sans contredit, M. *de Tillemont*, dont l'Ouvrage est en six volumes *in*-4°., & s'étend depuis le regne d'Auguste jusqu'à celui d'Honorius, fils du grand Théodose. Rien de plus exact ni de mieux écrit que ces six volumes : mais peut-être paroîtront-ils devoir prendre trop de temps ; en ce cas, il faudra se contenter de lire la *suite de l'Histoire Romaine* de M. *Rollin*, par M. *Crevier*, ou celle de *Laurent Echard*, dont nous avons précédemment parlé. On ajoutera à ces lectures, celle des *Révolutions de l'Empire Romain*, par

M. *Linguet* (1766), deux volumes *in*-12. Il y a dans cet Ouvrage infiniment de feu & d'esprit : s'il est quelquefois paradoxal, il n'en est pas moins agréable & intéressant.

Les Vies particulieres des Empereurs, les meilleures à lire, après celles des douze Césars, sont celle d'*Antonin* & de *Marc-Aurel*, par M. *Gautier de Sibert*, imprimée en 1769. Elle a l'avantage de contenir un bon extrait des Pensées & des Maximes d'*Antonin* le Philosophe.

La *Vie de l'Empereur Julien, surnommé l'Apostat*, par feu M. l'Abbé *de la Bleterie*, passe pour un morceau curieux, excellent, utile & bien écrit. On y trouve aussi une idée des Ouvrages de cet Empereur Philosophe Anti-Chrétien, Prince peut-être le plus singulier qui ait régné.

L'Abbé *de la Bleterie* a aussi publié la *Vie de Jovien*, successeur de *Julien*. Elle est de même très-bien écrite, mais moins intéressante par le sujet dont elle fait la suite.

La *Vie de l'Empereur Théodose*, par M. *Fléchier*, a passé pour un chef-d'œuvre de style, de sagesse, & même d'éloquence, dans le siecle de Louis XIV,

& elle se fait encore lire aujourd'hui, avec un grand plaisir. Elle a été faite pour l'instruction du Dauphin, fils de Louis XIV. Théodose y est représenté comme le modele des Grands Princes. Ce fut à la mort de cet Empereur, que l'Empire Romain se partagea véritablement en deux. L'Empire d'Occident dura encore quelque temps ; mais il alla toujours en s'affoiblissant, & il s'éteignit tout-à-fait en la personne d'Augustule, & devint la proie des Barbares. Il se soutint plus long-temps en Orient, comme nous le dirons tout à l'heure.

Il nous reste à parler des Livres d'Antiquités, dont on a fait quelquefois une classe à part, à la suite de tous ceux d'Histoire ; mais je crois que leur véritable place doit être fixée immédiatement après l'Histoire Ancienne.

L'*Antiquité expliquée*, par le Pere *de Montfaucon*, Bénédictin, est un Ouvrage immense & cher : il est en quinze volumes *in-folio*, y compris cinq de Supplément. Chaque volume est rempli d'un grand nombre de gravures. Ce qui peut engager à le parcourir, quelque volumineux qu'il soit, c'est qu'il comprend l'explication de tout ce qui forme l'objet de l'étude des Antiquaires ; par conséquent il donne des notions & des idées très-utiles pour l'intelligence des anciens Auteurs, & facilite l'étude de l'Histoire & la connoissance des tableaux, des statues & des monumens antiques. Il y a quelques autres Livres d'images, qui représentent les anciens costumes, dont on peut s'amuser.

M. *de Montchablon* a formé un *petit Dictionnaire d'Antiquités*, en un volume *in*-8°., qu'il faut se procurer. C'est l'abrégé du grand Ouvrage de Montfaucon. Un M. l'Abbé *du Barail* a fait un pareil Dictionnaire, plus ample, en trois volumes *in*-8°. imprimés en 1766.

On peut lire avec assez de plaisir l'*Histoire des grands chemins des Romains*, par M. *Bergier* de Reims. La derniere édition est de 1736, deux volumes *in*-4°. l'objet est trop curieux, pour que ce Livre ennuie.

Les Dames doivent peu se soucier de connoître les médailles antiques, dont les légendes & inscriptions sont dans des Langues qu'elles n'entendent pas ; cependant si elles veulent avoir une idée de cet objet de curiosité & de cette science, qui est l'œil & la preuve de l'Histoire, elles peuvent lire le Livre en deux volumes *in*-12, intitulé *De l'Utilité des Voyages* (s'entend pour la connoissance des Antiquités), dont le fond est d'un M. *Baudelot*, qui étoit de l'Académie des Belles-Lettres. Je ne leur conseille pas d'aller jusqu'à lire la *Science des Médailles*, puisque cette science n'est pas à leur usage.

Passons à l'Histoire Byfantine, ou de l'Empire d'Orient, depuis *Théodose*. Elle forme en grec & en latin un corps si considérable, qu'il contient environ quarante volumes *in folio*. Les principaux ont été traduits en françois, le siecle dernier, par M. *Cousin*, & cette Traduction est en huit gros volumes *in*-4°. qu'il étoit, il n'y a guere que vingt ans, indispensable de lire pour connoître l'Histoire de l'Empire de Constantinople, jusqu'à sa destruction par les Turcs en 1462; mais depuis quelques années, M. *Lebeau*, de l'Académie des Belles-Lettres, nous a rendu le service de publier l'*Histoire du Bas-Empire*, assez en détail, & d'un style bien supérieur à celui de M. *Cousin*. Cette Histoire, qui malheureusement n'est point encore finie, quoiqu'il en ait déjà paru vingt-deux volumes, est ce qu'on peut lire de plus exact & de meilleur fur cette partie importante de l'Histoire. Elle aura au moins trente volumes, quand elle aura été achevée fur les Mémoires de feu M. Lebeau.

Si l'on veut lire quelque Livre fur le même objet, plus court & affez bon, il faut prendre les *Révolutions de Constantinople*, par M. *de Burigny*: Paris, 1749, trois volumes *in*-12; ou la fuite de l'Histoire Romaine de Laurent Echard, depuis Conftantin jufqu'à Mahomet II. Nous avons déjà dit que cette fuite formoit dix volumes *in*-12, & qu'elle étoit de l'Abbé *Guyon*.

Il y a encore deux morceaux particuliers, concernant l'Hiftoire de Conftantinople, que nous ne devons pas paffer fous filence; mais le premier eft fi peu à l'ufage des Dames, que nous ne leur confeillons pas de le lire: il faut cependant qu'elles fachent qu'ils exiftent; c'eft l'*Hiftoire de Conftantinople*, par *Geoffroi de Ville-Hardouin*, continuée en vers par *Philippe Mouskes*. Ce font les plus anciens Hiftoriens qui aient écrit en françois, du moins qui foient imprimés. L'on ne peut les entendre qu'à la faveur d'un Gloffaire, ou d'une Traduction, que l'on a joint au texte de ces Auteurs, qui vivoient au commencement du treizieme fiecle. Il y en a une très-belle édition, par M. *du Cange*, imprimée à l'Imprimerie Royale en 1657. Les Dames & les Gens du monde peuvent jeter les yeux fur ce beau Livre, & en lire quelques lignes, pour favoir comment on parloit françois dans ce temps-là; mais d'ailleurs elles trouveront dans les Hiftoires de MM. Lebeau & de Burigny, les mêmes faits, & il vaut autant les apprendre dans ces Livres, que dans le Gaulois du temps de Philippe-Augufte & de Saint Louis. Le fecond Ouvrage eft l'*Hiftoire de l'Impératrice Irène*, par M. l'Abbé *Mignot*, neveu de feu M. de Voltaire. L'Hiftoire de cette Impératrice, qui vivoit au huitieme fiecle, eft belle & intéreffante, & l'Ouvrage eft très-bien écrit.

On fait fort bien, après avoir vu quel a été le fort de l'Empire des Chrétiens en Orient, depuis le feptieme fiecle jufqu'au quinzieme, de lire tout de fuite l'Hiftoire de cet Empire Ottoman, qui a fuccédé en Orient à celui des Grecs, & qui fubfifte encore, quoique les fages Politiques prévoient qu'il eft menacé d'une ruine prochaine. Mais pour avoir l'intelligence de l'Histoire de cet Empire, dont la Capitale, *Constantinople*, est en Europe, il faut nécessairement repasser en Asie, pour y rechercher l'origine des Turcs, & celle de la Religion Mahométane qu'ils professent. Il faut lire une *Vie de Mahomet*, & peut-être que celle qui piquera le plus la curiosité, sera celle du Comte de *Boulainvilliers* ; non que ce soit la plus exacte, mais parce qu'elle contient des idées & des opinions singulieres, qui étoient propres à cet Auteur. Après cela, il faudra lire l'Histoire des Souverains & des Arabes, qui ont suivi la Religion de Mahomet, & sur les débris desquels s'est établi l'Empire des Turcs ; mais comme dans le fond, les grandes Histoires, ou traduites de l'anglois, ou écrites en françois, pourroient paroître seches & ennuyeuses aux Dames & aux Gens du monde, nous nous contentons de leur conseiller de se rappeler ce qu'ils auront lu dans les premiers volumes de l'*Histoire Moderne* de M. l'Abbé *de Marsy*, & de s'amuser avec les *Anecdotes Arabes & Musulmanes*, depuis Mahomet, l'an de Jésus-Christ 614, jusqu'à l'extinction du Califat en 1538. C'est un seul volume *in*-8°. imprimé à Paris en 1772. On peut lire ensuite les *Anecdotes Orientales*, en deux volumes *in*-8°. Paris, 1773. C'est, pour ainsi dire, une suite du précédent Ouvrage. Alors pour lire une bonne Histoire des Turcs, on doit se procurer celle de M. l'Abbé *Mignot*, intitulée, *Histoire de l'Empire Ottoman*, depuis son origine, jusqu'à la paix de Belgrade : Paris, 1771, un volume *in*-4°.

L'*Histoire de Scanderberg, Roi d'Albanie*, forme un morceau intéressant de cette Histoire. Il faut lire celle du Pere *du Poncet*, imprimée à Paris en 1709, *in*-12. C'est la meilleure : les autres sont ou ennuyeuses ou romanesques.

Il y a un Livre très-curieux sur la Religion, les Mœurs, les Loix & le Gouvernement des Turcs : ce sont des Observations traduites de l'anglois, de M. *Potter*, qui a été Ambassadeur d'Angleterre à Constantinople, & n'en est revenu qu'il y a douze ou quinze ans. Cet Ouvrage, dont la Traduction ne forme qu'un seul volume *in*-12, a été imprimé à Paris, sous le titre de Londres, en 1769.

Cette année 1784, il vient de paroître quatre petits volumes *in*-8°. sur les Turcs

& les Tartares, par M. le Baron *de Tott*; c'est ce qu'il y a eu encore de plus piquant sur cette matiere, & ce qui fait le mieux connoître l'état présent des choses.

Pour bien saisir la Géographie de l'Empire Turc, il faut lire, la Carte à la main, l'Ouvrage de M. *d'Anville*, en un seul volume *in*-8°. intitulé, *l'Empire Turc considéré dans son établissement & dans son accroissement*.

Repassant de l'Orient en Occident, pour y voir renaître l'Empire Romain en Italie, il faut commencer par lire l'Histoire des Goths, & des autres Peuples barbares qui avoient détruit cet Empire. Nous avons une bonne *Histoire des Goths*, traduite du latin de *Jornandès*, par M. *Drouet de Maupertuis* : Paris, 1703, *in*-12. Il faut la lire, & l'on ne se plaindra d'autre chose, sinon qu'elle est trop abrégée. Ensuite je conseille de lire l'*Histoire de la Guerre des Goths*, traduite du latin de *Léonard Arétin*, ancien Auteur, qui l'avoit presque entiérement tirée du grec de *Procope* ; comme elle contient une partie d'Histoire qui n'entre point dans celle de l'Empire d'Orient, ce n'est qu'ici que l'on peut placer cette lecture.

Après cela, je conseille de lire tout de suite l'Histoire générale d'Italie, même avant la description de l'Italie actuelle & moderne, parce qu'il ne faut pas perdre de vue les ruines de l'Empire Romain, sur lesquelles tous les Etats & les Villes d'Italie d'à présent se trouvent fondés & établis. Rien n'est si difficile à débrouiller que la façon dont se sont formés tous ces différens Etats. Il y a quelques années qu'il n'existoit pas un seul Livre, du moins en françois, qui présentât en entier un tableau si curieux & si intéressant : ce n'étoit qu'à force de réunir plusieurs grands Ouvrages, & de les lire tous, les uns après les autres, que l'on pouvoit parvenir à débrouiller ce chaos ; mais enfin il a paru, depuis 1770 jusqu'en 1775, un Ouvrage en huit volumes *in-12*, très-clair, très-instructif ; & qui remplit parfaitement, à mon avis, un objet aussi important. Ce sont les *Révolutions d'Italie*, traduites de l'italien de M. *de Nina*, par l'Abbé *Jardin*. L'Auteur remonte au temps des anciens Etrusques, par conséquent avant la fondation de Rome, & termine son Ouvrage à la paix de 1748 ; ainsi ces Révolutions d'Italie contiennent l'Histoire de plus de deux mille ans. Les fastes

faſtes de cette belle partie de l'Europe y ſont parcourus avec rapidité, mais auſſi avec une clarté qui rend l'Ouvrage le meilleur Abrégé que je connoiſſe. Il n'eſt point du tout fait ſur le modele de celui de M. le Préſident Hénault; & la preuve que l'Auteur a eu raiſon de ne point adopter cette méthode dans cette occaſion, c'eſt qu'un M. Lefevre de Saint-Marc, qui a voulu la ſuivre dans un Abrégé chronologique de l'Hiſtoire d'Italie, s'eſt embrouillé dans ſa matiere, & eſt mort à la peine.

L'*Hiſtoire de la décadence de l'Empire*, par le Pere *Maimbourg*, appartient à l'ancienne Hiſtoire de l'Italie moderne, puiſqu'elle s'étend juſqu'au quatorzieme ſiecle, & qu'il y eſt queſtion des différens que les Succeſſeurs de Charlemagne eurent avec les Papes au douzieme & au treizieme. On y conſidere ſur quel pied le nouvel Empire d'Occident a été établi en Italie, & comment les Papes ont uſurpé, ſur ces Empereurs, la Souveraineté de l'Italie. Ce Livre, par conſéquent très-curieux, a été imprimé en 1680, un ſeul volume *in*-4°. ou *in*-12.

Après avoir pris ainſi une idée de l'Hiſtoire d'Italie, & de l'origine de tous les

Etats qui la composent, il est bien nécessaire d'en connoître l'état actuel, en lisant les meilleurs Voyages & les meilleures Descriptions générales de ce pays-là, pour étudier ensuite les Histoires particulieres de chacune de ses parties. On faisoit cas autrefois du Voyage d'Italie de *Misson*, Auteur Anglois, parce qu'il parloit avec assez de liberté des Reliques & des Usages dévots d'Italie ; mais depuis que les Ecrivains, même Catholiques, se sont expliqués là-dessus avec impartialité, les mauvaises plaisanteries du Protestant *Misson* ont perdu leur sel, & ce sont d'autres Voyages qu'il faut lire. Les plus estimés sont la *Description historique & critique de l'Italie*, ou *Mémoire sur son état actuel*, &c. par M. l'Abbé *Richard* : Dijon, 1766, six vol. *in*-12; ou le *Voyage d'un François en Italie*, fait en 1765 & 1766, par M. *de Lalande*, de l'Académie des Sciences : Venise, 1769, huit volumes *in*-12, avec un volume de Cartes & de Planches.

Les Historiens particuliers des guerres d'Italie, les plus estimés, sont traduits en françois, & ce sont *Guichardin* & *Paul Jove*. Nous avons du premier une bonne Traduction françoise, qui a été imprimée en 1738, trois volumes *in-4°*. Les détails de ces guerres sont si singuliers, que la lecture doit en être agréable, étant assez bien transportés dans notre Langue. L'*Histoire de Paul Jove* n'a pas le même avantage : nous n'en avons qu'une vieille Traduction, qui a près de deux cents ans d'ancienneté ; ainsi je n'ose en conseiller la lecture, même à ceux ou à celles qui ne peuvent lire les Auteurs Italiens que traduits ; & quant à ceux qui entendent la Langue originale, ils trouveront beaucoup d'autres Auteurs bons à lire, dont nous ne parlons point dans ce Catalogue, qui n'est fait que pour les François.

Ce qui regarde la *Ville de Rome moderne*, & des Papes qui y dominent depuis près de mille ans, est sûrement la plus intéressante partie de l'Histoire d'Italie : la meilleure représentation & la mieux exécutée pour les gravures, que nous ayons de la Ville de Rome, est celle publiée par M. *Barbaut*, François établi à Rome : elle est divisée en deux grands volumes *in-folio*, dont l'un comprend les ruines de Rome ancienne, & l'autre les magnificences de Rome moderne.

Nous avons déjà parlé de l'Histoire des Papes, à l'occasion de l'Histoire de l'Eglise. Nous nous contenterons d'ajouter ici, que le meilleur Historien des Papes est *Platine*, mais que nous n'en avons point de bonne Traduction françoise.

Au quatorzieme siecle, il arriva à Rome un événement remarquable. Les Papes ayant été chassés de leur Siége, & obligés de se retirer à Avignon, il s'éleva pendant ce temps-là, dans la ville, de petits Tyrans. Le plus considérable s'appeloit *Nicolas Gabrini*, dit *Rienzi*, en 1347. Il prétendit réunir sur sa tête la dignité de Tribun du Peuple, & tout le pouvoir de l'ancien Sénat de Rome. Enfin cet espece de fou ou de fanatique d'une liberté mal entendue, après des événemens divers, mourut misérablement. Son Histoire a été écrite par le *Pere du Cerceau*, Jésuite, & publiée par le *Pere Brumoi*, son Confrere, en 1733. Elle est fort singuliere & très-curieuse.

Nous avons une *Vie de Dona Olympia Madalchini*, Princesse *Pamphili*, belle sœur du Pape Innocent X, & qui gouverna absolument Rome & l'Eglise, sou le Pontificat de son beau-frere. Il y a de ce Livre une nouvelle édition, où si l'on veut, une nouvelle Histoire sur ce sujet. Paris, 1770, deux volumes *in*-12. On y trouve des faits fort singuliers, & matière à faire des réflexions très-importantes.

Nous n'avons, du moins en françois, aucun bon Ouvrage sur quelques autres époques remarquables de l'Histoire de Rome moderne & des Papes, tel que le Pontificat de Grégoire VII, & l'Histoire de la fameuse Comtesse Mathilde, non plus que sur les regnes de Jules II, de Léon X, & de quelques autres. Ce n'est pas que l'on n'ait écrit en françois l'Histoire de ces différens temps mais jamais avec l'impartialité désirable.

L'Histoire du Royaume de Naples a été écrite en italien, par un grand nombre d'Auteurs ; mais il y a très-peu de Livres françois qui en traitent : *le Pere Buffier*, Jésuite, a donné, en 1701, *l'Histoire de l'origine des Royaumes de Sicile & de Naples, contenant les aventures des Princes Normands qui les ont conquis & établis.* C'est un seul volume *in*-12, dans lequel cette premiere époque de l'Histoire de Sicile est clairement exposée, & même assez bien détaillée. Un M. *Degly* nous a donné, en 1741, l'*His-*

toire *des Rois des Deux Siciles, de la Maison de France*, en quatre volumes *in*-12, qui est aussi fort bien faite. M. l'Abbé *Mignot* a publié en 1764, en un seul volume *in*-12, *la Vie de la Reine Jeanne I de Naples*. Cette Vie est aussi bien écrite qu'elle est intéressante. Mais l'Ouvrage le plus étendu & le meilleur que l'on puisse lire sur l'Histoire de Naples, est sans contredit *l'Histoire civile* de ce Royaume, par *Giannone*. L'original a été imprimé à Naples en 1723, en quatre volumes *in*-4°. On sait qu'il fit de furieuses affaires à son Auteur. La Traduction françoise est de la Haye, 1742, en un pareil nombre de volumes.

Il faut aussi lire un morceau singulier de l'Histoire de Naples ; ce sont les *Mémoires du Duc de Guise*, qui, vers 1648, voulut soutenir une révolte de la ville de Naples contre le Gouvernement Espagnol. Cette révolte avoit été commencée sous les auspices d'un malheureux Marchand de poisson, nommé *Masaniello*. Il y a des détails singuliers dans ces Mémoires, & dans la Relation qui en est la suite ; & ces deux morceaux sont infiniment supérieurs à la refonte qui en a été faite par *Mademoiselle de Lussan*, sous le titre de *Révolutions de Naples*, en 1647.

On trouvera dans les Voyages généraux d'Italie, des détails sur les antiquités des environs de Naples : nous avons quelques Livres en françois, sur le Véfuve, qu'il faut y joindre ; l'un est une Histoire de ce Volcan, par M. *Duperron de Castera*, imprimée à Paris en 1741 ; l'autre, *l'Histoire & les Phénomenes du Véfuve*, traduits de l'italien du *Pere la Torré* : Paris, 1760, *in*-12.

On doit lire aussi quelque chose sur les belles découvertes d'*Herculanum*, si l'on ne peut pas se procurer le grand Ouvrage sur cette matiere, en plusieurs volumes *in-folio*, rempli de figures, qui n'est, après tout, qu'un objet de curiosité. Ce que nous avons de meilleur en françois, c'est le Recueil de M. *Requier*, imprimé en 1754, & les Recherches de M. *Fougeroux*, imprimées en 1770, tous deux *in*-12.

Il n'y a point de pays sur lequel nous ayons moins de Livres françois & moins de connoissances, que sur la Sicile. Je ne peux en indiquer d'autre Description que celle contenue dans un Ouvrage qui a paru en 1775, en deux volumes *in*-8°. il est intitulé, *Voyage en Sicile & à Malte*, traduit de l'anglois de M. *Brydone*, par M. *de Meusnier* : il est agréable à lire. J'ai vu des Voyageurs, revenant de Sicile & de Malte, qui m'ont assuré que l'Auteur n'étoit pas toujours exact ; mais il l'est au moins en plus grande partie ; & c'est l'Ouvrage où l'on trouvera les meilleurs détails sur le Mont Gibel ou Etna, & sur les Antiquités de Syracuse. Nous n'avons d'ailleurs aucune bonne Histoire du Royame de Sicile, en françois, que celle de M. *de Burigny*, imprimée en 1745, deux volumes *in*-4°.

Nous avons en italien plusieurs Livres sur l'ancienne Etrurie & la Toscane, du temps de la fameuse Comtesse *Mathilde* ; ils sont très-curieux, mais ils ne sont point traduits en françois. Jusqu'à peu près au siecle où ont commencé à régner les *Médicis*, il faut se contenter de ce qu'on trouve dans les Révolutions d'Italie, de M. *de Nina*, & lire ensuite l'Histoire *de Florence*, par le fameux *Machiavel*. Il a écrit en italien, & la Traduction françoise de son Ouvrage a été imprimée en 1696, deux volumes *in*-12. Le tableau de la République de Florence, dont Machiavel étoit Secrétaire,

& dans laquelle les Médicis ne figuroient encore alors que comme des Particuliers, est très-curieux. Au reste, qu'on ne s'y trompe pas ; ce n'est point dans cet Ouvrage que Machiavel a établi ses maximes de politique les plus dangereuses ; c'est dans un autre de pure politique, intitulé *le Prince*, dans lequel il a cherché à imiter Tacite, & il a pris pour son Héros César Borgia, digne fils du mauvais Pape Alexandre VI. Nous avons une Traduction de ce Livre du *Prince*, accompagnée d'un commentaire bien ennuyeux, d'un certain M. *Amelot de la Houssaye*. On peut lire le texte, & laisser de côté le commentaire. Cette lecture fournira l'occasion de lire l'*Anti-Machiavel*, Ouvrage d'un grand Roi, dans lequel, avant même de monter sur le trône, il nous a donné sa profession de foi politique, & a dévoilé les principes d'équité d'après lesquels il vouloit se conduire pendant le cours de son regne.

Les Anecdotes de Florence, ou *l'Histoire secrete de la Maison des Médicis*, par *Varillas*, Paris, 1685, un volume *in-*12, doivent être lues après l'Ouvrage ci-dessus. Cet Historien passe pour n'être rien moins que fidele, sur-tout dans ce

Livre ; mais il eſt amuſant, & après tout, aucune de ces Anecdotes n'eſt vraiment de l'invention de *Varillas* : elles ſont toutes compoſées des paſſages les plus ſinguliers des Hiſtoriens Italiens & Florentins, paſſages qui ont été ſupprimés dans certaines éditions, & qui rendent rares & recherchées celles où ils ſe ſont conſervés. De ce nombre eſt l'*Hiſtoire Florentine*, écrite en italien par *Benedetto Varchi*, & qui a été traduite par M. *Requier* : Paris, 1765, trois volumes *in*-12.

On lira avec plaiſir la *Vie de Laurent de Médicis*, quoiqu'elle ſoit très-médiocrement écrite, par feu M. l'Abbé *Goujet* ; mais elle intéreſſe ſi fort les Lettres & les Arts, au rétabliſſement deſquels *Laurent de Médicis* a eu ſi grande part, que, n'étant pas d'ailleurs très-longue, il n'eſt pas poſſible qu'elle ennuie.

Il faut lire, ſur la République de *Veniſe*, l'*Hiſtoire de ſon Gouvernement*, par *Amelot de la Houſſaye*. La derniere édition eſt de 1740, trois volumes *in*-12 ; & *la fameuſe Hiſtoire de la conjuration des Eſpagnols contre la République de Veniſe*, en 1618, quoique cet Ouvrage bien écrit, par l'Abbé *de Saint-Réal*, ne puisse guere passer que pour un Roman ; mais il est charmant. Il n'y a rien de mieux sur l'Histoire de Venise, en françois, que l'*Histoire de cette République*, par l'Abbé *Laugier*, en douze volumes, imprimés depuis 1759 jusqu'en 1768. C'est un Extrait très-bien fait & très-bien écrit, de tout ce que contiennent les grandes Histoires de la République de Venise, qui sont en grand nombre. Celle de l'Abbé *Laugier* s'étend depuis l'origine de cette République, qui y est très-bien examinée, jusqu'à l'année 1750.

Quant *au Milanois*, nous n'avons point d'Histoire en françois de cette Province d'Italie : il faut se contenter de ce qu'on en trouve dans les Histoires générales.

Nous sommes forcés d'en dire autant sur les Duchés de *Mantoue*, *Parme*, *Plaisance* & *Modene*.

Quant à *Gênes*, on peut lire *la Relation de cet Etat*, par M. *le Noble*, imprimée dès 1685, en un seul volume *in*-12, qui se touve dans les Œuvres mêlées de cet Auteur : elle est agréable. On peut y joindre la *conjuration du Comte Jean-Louis de Fiefque*, contre sa République, Ouvrage de la jeuneſſe du Cardinal *de Retz*, qui prouva de bonne heure qu'il avoit les plus grandes diſpoſitions à devenir un conjuré : cette Relation, qui n'a été imprimée que long-temps après avoir été faite, doit ſe trouver à la ſuite des Mémoires de ce Cardinal ; mais un Ouvrage général ſur *Gênes*, qu'il ne faut pas négliger, ſont les *Révolutions* de cet Etat, depuis ſon établiſſement juſqu'à la paix de 1748. La derniere édition eſt de Paris, 1752, deux volumes *in*-12. L'Auteur eſt M. *de Brequigny*.

Nous avons ſur l'Iſle de *Corſe* une bonne Hiſtoire des *Révolutions* de ce petit Royaume, par M. l'Abbé *de Germanes*, trois volumes, dont le premier n'a paru qu'en 1771. En 1769, on nous avoit donné un *état de cette Iſle, ſous le gouvernement de Paoli*. C'étoit une Relation, traduite de l'anglois, d'un nommé *Boſwell*, qui avoit voyagé dans ce pays, peu avant l'impreſſion de cet Ouvrage. Ce Livre renferme des détails très-curieux.

On peut voir auſſi l'*Hiſtoire du prétendu Roi Théodore*, qui figura dans ce pays vers 1738. C'eſt une eſpece de petit

Roman, mais qui contient des Anecdotes hiſtoriques fort ſingulieres, en un ſeul petit volume *in*-12.

L'Hiſtoire de la République de *Lucques* ne nous préſente que *la Vie de Caſtruccio Caſtracani*, qui fut un Tyran de ce petit État. Le fond de cette Vie a été écrit par le fameux *Machiavel*, & traduite par un M. *Guyet*, dès 1771 : elle contient des aventures fort extraordinaires.

Nous avons aſſez de Livres en françois ſur la *Savoie*, mais les anciens ſont gothiques, & les modernes aſſez mal écrits. *La méthode facile pour apprendre l'Hiſtoire de Savoie*, avec la deſcription de ce Duché, & des recherches ſur l'origine de cette Maiſon, par *Chillat*, imprimées en un ſeul volume *in*-12. Paris, 1697, eſt peut-être ce qu'il y a de meilleur. Mais il s'eſt bien paſſé des événemens importans en Savoie & en Piémont, depuis la fin du ſiecle dernier ; & comme on ne les trouveroit pas dans ce Livre, il faut avoir recours à d'autres. *Victor Amédée*, Duc de Savoie, puis Roi, a joué un grand rôle dans la guerre pour la ſucceſſion d'Eſpagne. On trouvera ce qui regarde ce Prince, mêlé avec les faits historiques & militaires de cette guerre, dans les Histoires générales de ce temps-là, & dans celles particulieres de Louis XIV jusqu'en 1714. L'abdication de *Victor Amédée*, & les suites qu'elle eut, forment une époque singuliere & remarquable de l'Histoire de Savoie, sur laquelle il faut chercher à se procurer de sinceres Mémoires, & l'on peut en trouver. Enfin, la part que le Roi de Sardaigne a eue dans les guerres de 1733 & 1740, se trouve détaillée dans les *Mémoires politiques & militaires d'Italie*, écrits pendant le cours de ces deux guerres.

Quant à la Sardaigne, nous n'avons rien du tout sur cette Isle. Finissons cet article d'Italie par faire mention de deux Recueils de *Vie des Hommes & des Femmes illustres* de ce pays, qui ont été imprimés, en 1767, en deux volumes *in*-12, & des *Anecdotes Italiennes*, imprimées en un gros volume *in*-8°. Paris 1769. Ces Ouvrages fort incomplets, & très-imparfaits par eux-mêmes, contiennent cependant bien des traits singuliers intéressans, & même piquans.

Ces Anecdotes Italiennes, ainsi que les autres Livres sous le même titre d'Anecdotes de différens Pays, qui les ont précédées & suivies, peuvent être lues avec plaisir par les Dames & les Gens du monde ; mais ce n'est pas sur ces sortes de Livres qu'il faut compter pour s'instruire, parce que ce n'est, pour l'ordinaire, qu'un amas de traits, quelquefois piquans, mais entassés sans liaison. On ne doit s'amuser de ces compilations, qu'après avoir lu des Ouvrages plus méthodiques & plus suivis, sur les différentes Histoires.

On peut placer *l'Histoire de Geneve* à la suite de celle de Savoie, encore mieux qu'après celle de la Suisse, qui semble nécessairement liée à l'Histoire d'Allemagne. Nous n'avons sur cette République que deux Ouvrages ; l'un fort long, en deux gros volumes *in-*4°. sous le titre *d'Histoire de Geneve*, par M. *Spon*, Ouvrage trop chargé d'érudition pour plaire aux Dames ; & l'autre, qui est l'Abrégé du premier, sous le titre plus modeste *d'Abrégé de l'Histoire & du Gouvernement de Geneve*, par un Anglois. Celui-ci est très bien fait, & paroît exact ; on y trouve des notes & des observations très-curieuses, ce qui fait désirer qu'il fût mieux écrit.

Nous croyons qu'un François doit étudier l'Histoire de France avant celle d'Allemagne, non seulement parce que cette partie de l'Histoire doit l'intéresser davantage, étant celle de sa Patrie ; mais, parce que si l'on ne peut disputer à l'Italie d'avoir été le siége de l'ancien Empire Romain, & par conséquent à l'Histoire d'Italie d'être la suite de l'Histoire Romaine ; au moins peut-on bien disputer à l'Allemagne d'avoir donné les nouveaux Empereurs à l'Occident, puisque *Charlemagne*, en faveur de qui cet Empire a été renouvelé, étoit François & Roi de France.

Il y a beaucoup de Livres très-savans & très-curieux sur l'ancienne Gaule, & sur l'Histoire & la Religion des Gaulois, Peuple Celtique, le premier qui ait dominé sur la France : mais la plupart de ces Livres sont longs, & paroîtroient ennuyeux aux Dames & aux Gens du monde. Il faut pourtant avoir quelques notions de ces antiquités de notre Nation & de notre Pays ; & pour cet effet, après s'être rappelé ce qu'il y a sur l'ancienne Gaule, dans *la Géographie ancienne* de M. *d'Anville*, & avoir recherché les Cartes que cet excellent Géographe a données

données de cette partie de l'Europe, il faut lire *l'Histoire des Celtes*, de M. *Pelloutier*, de la derniere édition de 1771, deux volumes *in-*4°. Quoique cette Histoire ne soit que médiocrement écrite, elle doit faire plaisir à la lecture, parce qu'après tout la matiere est très-intéressante, & que c'est ce que nous avons de plus clair & de mieux exposé sur le plus ancien Peuple connu qui ait habité notre patrie.

Après avoir connu les Gaulois, leur origine, leurs mœurs & leur Religion, il faut connoître les Francs qui les vainquirent & assujettirent la Gaule. Ainsi l'on doit lire *l'Histoire critique de l'établissement de la Monarchie Françoise dans les Gaules*, par M. *l'Abbé Dubos*, dont la derniere édition est de 1742, quatre volumes *in-*4°. C'est un Livre un peu systématique, mais bien écrit, & fort intéressant : il feroit encore plus de plaisir à lire, s'il y avoit moins de discussions.

Un autre Ouvrage plus ancien & plus court sur cette matiere, & qui avec raison est très-estimé, c'est *l'Histoire des Gaules*, formant le premier volume de *l'Histoire de l'origine & du progrès de la Monarchie Françoise*, par *Guillaume Marcel*. Quoi-

Tome I.   F

que l'Ouvrage entier soit en quatre volumes, je conseille de ne lire que le premier, parce que c'est ce qu'il y a de plus clair & de mieux réduit sur l'Histoire des Gaulois & des Francs. Ce n'est pas le seul Ouvrage dont je propose de ne lire qu'une partie; je crois *l'Abrégé de Mézeray* dans le même cas : on doit lire le premier volume, qui comprend *l'Histoire des François avant Clovis* ; la lecture des autres n'est pas si nécessaire.

Avant que d'entamer les Histoires générales de France, il faut bien connoître la Géographie de la France actuelle, & pour cet effet en lire une bonne Description, & la suivre avec les meilleures Cartes. Il n'y en a pas encore de plus exacte que celle de *Piganiol de la Force*, qui a eu un grand nombre d'éditions. La derniere est de 1768, treize volumes *in-*12, y compris l'introduction de cette Description, par le même Auteur, & le *Nouveau Voyage de France* avec son itinéraire. Cette Description contient beaucoup de remarques curieuses & intéressantes ; mais il y en a d'autres minutieuses & peu capables d'intéresser : d'un autre côté, il y a des erreurs & des omissions: mais enfin on y trouve la description abrégée de toutes les Provinces, de tous les Dioceses & de tous les Tribunaux, & même quelques remarques de Physique & d'Histoire Naturelle, & jusqu'à des observations littéraires ; pour avoir une parfaite intelligence de ce Livre, il faut y joindre la *Carte historique & géographique* de la France, qui se vend chez *Desnos*, & contient plus de quatre-vingts Cartes, en un volume *in-*4°., ainsi que *l'Indicateur fidele des routes de France*, qui se vend chez le même Auteur, & qui est du même format.

La Description de la France, de *Piganiol de la Force*, ne dispense pas de lire *l'Etat de la France divisé par Généralités*, par M. *le Comte de Boulainvilliers*, dont la derniere édition est de 1737, en six volumes ; extrait très-intéressant des Mémoires sur toutes les Généralités du Royaume, que les Intendans de Provinces furent chargés de dresser au commencement de ce siecle, pour l'instruction de M. le *Duc de Bourgogne*, pere du feu Roi *Louis XV*. Malheureusement ce Livre est fautif de toute maniere ; 1°. parce que l'édition, faite en Hollande, est remplie de fautes d'impression, & que la moitié des noms est altérée & défigurée ; 2°. parce

F ij

que les Mémoires étant de différentes mains, il y en a d'excellens, & d'autres mal rédigés, & qu'il n'a pas été possible d'en tirer un bon extrait; 3°. parce que les choses ont bien changé dans la plupart des Provinces, depuis plus de quatre-vingts ans que ces Mémoires ont été composés. On regrette bien, en les lisant, que de nos jours l'on n'en ait pas fait de pareils, ou qu'on n'ait pas voulu les publier.

A la suite de la derniere édition de cet État de la France, de M. le Comte de *Boulainvilliers*, on trouve quelques Mémoires de cet homme de qualité, sur le *Gouvernement de la France*: disons à cette occasion qu'il faut rechercher tous ceux qu'il a composés *sur la Noblesse, sur les Parlemens, la Pairie, les États Généraux*, &c. Ce n'est pas tant dans l'espérance d'y trouver de bons principes ou de vraies découvertes, que pour juger de la façon de penser, souvent paradoxale, mais toujours très-ingénieuse, d'un Auteur qui étoit fort instruit, mais qui voyoit tout à sa maniere.

Avant que de quitter l'ancienne Histoire de France, il est besoin de jeter un coup-d'œil sur *les mœurs & les cou-*

tumes des François dans les différens temps de la Monarchie, par *l'Abbé Legendre*. Ce morceau se trouve à la tête de l'Histoire de France de cet Auteur; mais il est imprimé à part, & c'est ainsi qu'on doit l'acheter & le lire, pour s'épargner l'acquisition du reste de l'Ouvrage. On trouvera cet apperçu clair, instructif & bien écrit, mais trop abrégé & insuffisant; il ne dispense pas de lire un autre Ouvrage sur *les mœurs privées & les usages des François dans les différens temps de la Monarchie*, afin de connoître aussi bien la maniere dont nos ancêtres ont vécu, que les hauts faits des Rois qui nous ont gouvernés, & des Héros qui nous ont défendus.

Passons aux Histoires générales de la France. Quoiqu'il y ait d'excellentes choses dans celles de *Scipion Dupleix* & de *Girard du Haillan*, on ne les lit plus, parce qu'elles sont d'une longueur assommante, & que d'ailleurs le style de ces Ecrivains déplairoit aujourd'hui. Je ne conseillerai pas même au genre de Lecteurs pour lesquels j'écris, celle de M. *de Cordemoi*, quoiqu'il n'y en ait aucune dans laquelle la premiere Race de nos Rois soit aussi savamment traitée & aussi bien éclaircie.

Les Histoires modernes qui étoient les plus généralement connues il n'y a pas bien long-tems, étoient celles de *Mézeray* & de *Daniel*. On a beaucoup disputé pour déterminer laquelle des deux méritoit la préférence : à présent, on tranche la difficulté, en ne lisant ni l'une ni l'autre ; du moins la grande Histoire de *Mézeray* n'est-elle plus conservée dans les bibliotheques que par curiosité, & ce n'est que dans cet esprit, qu'on recherche l'édition de *Guillemot*, 1643, en trois vol. *in-fol*.

La grande Histoire de *Daniel* ne doit se placer dans une bibliotheque choisie, que de la derniere édition, revue par le Pere *Griffet* en 1756, qui est en dix-sept volumes *in*-4°. ; l'on peut même se dispenser de la lire entiere, & se contenter de la lecture des Dissertations du Pere *Griffet*, & de son Histoire de *Louis XIII*, qui est excellente. Pour se rappeler les faits par les noms des lieux & des personnes, on se sert très-utilement de la table de cet Ouvrage, qui est admirablement bien composée.

L'Abrégé de *Daniel* est encore moins lu que sa grande Histoire : mais il n'en est pas de même de l'Abrégé de *Mézeray* ; celui-ci se fait lire avec plaisir, quoiqu'il soit écrit d'un style dur & assez mauvais ; mais indépendamment de *l'Avant-Clovis*, dont nous avons parlé, les dernieres éditions de cet Abrégé contiennent bien des choses que l'on ne trouve point ailleurs ; entre autres un sommaire de l'Histoire Ecclésiastique de France, placé à la fin de chaque siecle, les Vies des Reines, &c. La continuation de cet Ouvrage, par *Limiers*, est généralement reconnue pour mauvaise.

L'*Histoire de France* dont on fait à présent le plus de cas, est celle commencée par M. *l'Abbé de Velly*; continuée après sa mort par M. *de Villaret*, & actuellement poursuivie par M. *l'Abbé Garnier*; il y en a déjà vingt-huit volumes, dont les derniers contiennent les regnes de *François II* & de *Henri II*. Cette Histoire, suivant le plan du premier Auteur, doit présenter non seulement l'Histoire des Rois de France, mais celle de la Nation Françoise.

Un *Abrégé de l'Histoire de France*, peut-être trop peu connu aujourd'hui, c'est celui imprimé en 1720, trois volumes *in*-12. L'Auteur est un *Pere Châlon* de l'Oratoire, qui le composa par l'ordre de M. le premier Président *de Harlay*, pour l'instruction du fils de ce Magistrat. On y trouve le Droit public du Royaume, & les libertés de l'Eglise Gallicane, appliqués aux principaux faits de notre Histoire. Feu M. le Président *Hénault*, Auteur de l'excellent Abrégé dont nous allons parler, faisoit grand cas de cette Histoire, & convenoit qu'elle lui avoit été très-utile.

On ne peut faire trop d'éloges de *l'Abrégé chronologique* de M. le Président *Hénault*, non qu'en lisant ce Livre seul on puisse apprendre *l'Histoire de France*, mais parce qu'il a le mérite d'en rappeler tous les faits, & de les placer en ordre dans les têtes où ils sont déjà accumulés sans suite & sans méthode : d'ailleurs les remarques que l'on trouve à la fin de chaque époque principale, & celles même qui sont dispersées dans le corps de l'Ouvrage, & qui naissent de quelques faits remarquables, sont toutes précieuses. On doit rapporter à M. le Président *Hénault* la gloire de plusieurs autres Abrégés chronologiques, très-bien faits, qui ont paru à la suite, & ont été composés à l'imitation du sien. Les Auteurs qui ont bien saisi le goût & l'esprit de son Ouvrage, en ont fait d'excellens en l'imitant.

Tels sont, sur l'Histoire générale de France, les Livres dont nous croyons la lecture utile, & même nécessaire aux Dames & aux Gens du monde; mais il y en a plusieurs autres que je vais indiquer, ou comme bons à confirmer, & même à éclaircir les notions puisées dans les premiers, ou comme agréables à parcourir, & capables d'apprendre encore quelque chose de neuf sur une matiere aussi intéressante. En voici les titres, pour ainsi dire, au hasard, & je vais caractériser le mérite de chacun d'eux par un mot.

L'Histoire de la Rivalité de la France & de l'Angleterre, par M. Gaillard, de l'Académie Françoise, & de celle des Belles-Lettres, dont la moitié a paru en 1771, & le reste en 1777, est reconnue généralement pour un bon Ouvrage, & bien écrit.

Les Anecdotes Françoises de M. l'Abbé Berthoud, en un volume *in*-8°.; *les Tablettes Historiques; & les Mémoires Historiques, Critiques & Anecdotiques des Reines & des Maîtresses des Rois*, par M. Dreux du Radier, font des Livres amusans; & l'on peut dire que s'ils ne sont pas tout-à-fait instructifs, étant trop décousus, du moins les morceaux en sont bons.

On en peut dire autant de *l'Honneur François*, par M. *de Sacy*, en douze volumes *in*-12, imprimés depuis 1769 jusqu'en 1784, & de *l'Histoire du Patriotisme François*, imprimée aussi en 1769, six volumes *in*-12.

Le Dictionnaire de la France, par M. *Robert de Hesseln*, en six volumes *in*-12, Paris, 1771, est un Abrégé du grand *Dictionnaire de la France*, par *l'Abbé d'Expilly*, qui n'est pas encore fini, quoiqu'il en ait déjà paru six volumes *in-fol.* (On doit bien regretter de n'avoir pas cet Ouvrage entier). M. *de Hesseln* a grossi son petit Dictionnaire en y ajoutant des détails étrangers à son objet ; mais quoiqu'imparfait, l'Ouvrage que je cite est utile, & il est des circonstances où l'on ne doit pas être fâché de l'avoir sous les yeux.

L'Histoire de la Milice Françoise, par le *Pere Daniel*, quoique l'Ouvrage d'un Jésuite, est utile aux Militaires, & curieuse pour tous les Lecteurs : elle est en deux gros volumes *in* 4º. bien imprimés, en 1721 ; mais il vaut mieux à présent lire l'Abrégé de cette Histoire, imprimé en 1777, deux volumes *in*-12, auquel on a ajouté une suite très-utile pour connoître les changemens qui sont arrivés dans le Militaire de France, depuis 1721 jusqu'à présent.

Il seroit à souhaiter que nous eussions une aussi bonne Histoire de la *Marine Françoise*, que de la Milice : celle comprise en trois volumes *in-*4°., imprimée depuis 1744 jusqu'en 1758, sous le titre d'*Histoire générale de la Marine*, exigeroit d'être abrégée, corrigée en beaucoup d'endroits, & continuée sur certains articles.

Les Dissertations sur différens sujets de l'Histoire de France, par M. *l'Abbé Bullet*, imprimées en 1759, contiennent des articles très-intéressans. Il y a bien d'autres Recueils de Dissertations sur notre Histoire, mais qui ne sont pas également à l'usage des Dames.

Les Monumens de la Monarchie Françoise, par *le Pere Montfaucon*, en cinq volumes *in-folio*, présentent une suite de gravures, qui nous apprennent, au moins autant qu'on peut le savoir, quels ont été les habillemens des Rois, des Reines, des grands Seigneurs & des Dames, depuis le commencement de la Monarchie jusqu'au temps de *Henri IV*; mais il seroit à désirer, 1°. que les explications de ces figures fuſſent moins ennuyeuſes ; 2°. que l'Hiſtoire des Modes Françoiſes fût continuée juſqu'à nos jours, & traitée d'un ſtyle plus agréable. En 1773, on a annoncé une *Hiſtoire des Modes Françoiſes*, mais il n'en a paru qu'un petit volume, qui ne nous apprend que fort peu de choſes ſur les perruques & la coiffure des hommes.

Sur tout ce qui regarde notre Commerce & nos Finances, nous avons peu de Livres amuſans ; néanmoins il ſeroit aiſé de raſſembler divers Mémoires qui ont été faits ſur le Commerce de la France, dans les différens temps de la Monarchie : ils ſont, la plupart, de M. *l'Abbé Carlier* & de M. *l'Abbé le Bœuf*, & ont mérité des Prix dans pluſieurs Académies. En les réuniſſant, on pourroit faire ſur le Commerce de la France, un volume inſtructif, & qu'on liroit ſans ennui. L'Hiſtoire de nos Finances ſe pourroit faire auſſi, au moyen d'une pareille Collection, en n'adoptant aucun ſyſtême, & ſe contentant d'indiquer les plans qui ont été ſuivis en différens temps, & en montrant, d'après les faits & l'expérience, le fruit que l'on en a tiré.

Il n'eſt pas poſſible de compoſer un

Livre agréable ni amusant, sur la véritable nature de notre Gouvernement, sur l'origine & l'étendue du pouvoir Monarchique en France, la juste mesure des droits que peuvent prétendre dans l'Etat les trois Ordres du Clergé, de la Noblesse, & les Corps Municipaux ou Tiers-Etat, dont la réunion forme les Etats Provinciaux, & formoit autrefois les Etats Généraux du Royaume; enfin sur les Parlemens & autres Tribunaux faits pour administrer la justice, ou pour veiller sur les finances. Ces matieres sont trop sérieuses, pour pouvoir être traitées légérement. Le meilleur Livre qui traite de ces grands objets, est peut-être *les Principes de Morale, de Politique & de Droit public de France*, par M. *Moreau*, composé d'après les ordres & sur les Mémoires de feu M. le Dauphin, Pere du Roi; mais ce n'est pas une lecture de Dames: les Livres du Comte de *Boulainvilliers*, dont nous avons déjà parlé, remplis d'idées extraordinaires sur l'ancien Gouvernement, la Noblesse, la Pairie, les Parlemens, &c. les amuseroient peut-être davantage; mais il faut bien se garder d'adopter ces idées, qui ne sont pas toujours justes. On doit penser de même de *l'Histoire du Parle-*

ment, par feu M. *de Voltaire*, dont on lira toujours les Ouvrages avec plaisir, pourvu qu'on soit en garde contre les erreurs historiques échappées à sa plume.

Les Dames peuvent s'épargner la peine de parcourir les Livres qui traitent des Monnoies & des Médailles de France, ainsi que ceux qui ont pour objet de nous faire connoître les Monnoies & les Médailles étrangeres.

Passons à l'Histoire particuliere de chaque Race & des différens Regnes de nos Rois. Par rapport à la premiere Race, on doit se contenter de ce qui se trouve dans les Histoires générales que nous venons de citer. Quant à la seconde Race, il n'y a qu'une seule Histoire intéressante, c'est celle de *Charlemagne*; on peut lire celle par feu M. *de la Bruere*, en deux volumes *in*-12, imprimée en 1744. La récolte est abondante, lorsqu'on est parvenu à la troisieme Race. Il faut lire *l'Héritiere de Guienne*, ou *l'Histoire d'Eléonore*, Femme de *Louis VII*, Roi de France, par M. *de Larrey*, Roterdam, 1691, un volume *in*-8°., aussi Roman qu'Histoire, mais Roman intéressant. La Vie de *Suger*, Abbé de St. Denis, Ministre & Régent du Royaume, sous *Louis le Jeune*, Paris,

1731, deux volumes *in-*12, par *Dom Gervaise*, ancien Abbé de la Trappe, est un morceau curieux & instructif.

L'Histoire de Philippe-Auguste, par *Baudot de Juilly*, est la meilleure que nous ayons ; elle est passablement écrite, & le sujet en est intéressant : on l'a imprimée en deux volumes, en 1702. L'Auteur n'est mort qu'en 1760.

Si les Dames pouvoient supporter la lecture d'un Livre, en vieux François, nous leur conseillerions de lire les *Mémoires de Joinville*, Sénéchal de Champagne, & Chambellan de *Saint Louis*, écrits du vivant même de ce Roi ; mais ce seroit peut-être trop exiger d'elles : en ce cas, qu'elles se bornent à s'en faire expliquer quelques passages, afin, au moins, d'avoir une idée du style original & naïf de cet Auteur ; mais pour se mettre au fait des affaires de ce beau regne, je leur conseille de lire la Vie de *Saint Louis*, par *l'Abbé de Choisy*, qui est agréablement écrite, plutôt que celle de M. *de la Chaise*, quoique cette derniere soit estimée.

L'Histoire du démêlé du Pape Boniface VIII avec Philippe le Bel, écrite par M. *Baillet*, est un morceau fort curieux. Le même sujet a été traité par M. *Dupuy*, dans un Ouvrage qui contient les Pieces justificatives de cette dispute ; mais elles sont extraites dans le Livre de M. *Baillet*, & c'est plus qu'il n'en faut pour le genre de Lecteurs que je cherche à instruire.

L'Histoire de Philippe de Valois & du Roi Jean, par M. l'Abbé *de Choisy*; celles de *Charles V & de Charles VI*, par le même, formant ensemble trois volumes *in*-4°, sont des lectures très-agréables. Il y a beaucoup d'autres Livres relatifs à l'Histoire de ces regnes, qui sont importans, mais ne plairont pas autant : telle est *l'Histoire des Templiers*, 1654, un vol. *in*-4°. par M. *Dupuy*. Les Histoires de *Charles V, Charles VI & Charles VII*, par MM. *le Laboureur* & *Godefroi*, contiennent des Pieces précieuses, mais Gauloises & mal écrites. Sous ces regnes se trouve aussi *l'Histoire du Maréchal de Boucicaut*, sujet qui demandoit d'être traité par une meilleure plume. La meilleure & la plus récente des Vies de *Bertrand du Guesclin*, est celle de M. *Guyard de Berville*, imprimée en 1767, deux volumes *in*-12 ; elle peut se lire avec plaisir, ainsi que *l'Histoire de la Pucelle d'Orléans*, laquélle nous n'avons pourtant rien qui soit également raisonnable & agréable.

Baudot de Juilly a publié, en 1753, sous le nom de Mademoiselle *de Lussan*, une *Histoire de Charles VI*, en huit volumes *in*-12, dont nous ne conseillons pas la lecture ; parce qu'elle plairoit moins aux Dames que *l'Histoire de Charles VII*, par le même Auteur, en deux volumes *in*-12, publiée d'abord en 1697, & depuis réimprimée en 1756.

Quoique les *Mémoires de Comines*, qui contiennent l'Histoire de France, sous les Regnes de *Louis XI* & de *Charles VIII*, soient écrits dès la fin du quinzieme siecle, on en peut supporter la lecture, & tout le monde sait que c'est un excellent Ouvrage, qui a été traduit dans toutes les Langues : on doit préférer la derniere édition, publiée en 1750, par *l'Abbé Lenglet*. La *Chronique Scandaleuse*, vieux Livre, du temps même de Louis XI, n'est pas à mépriser : c'est un Journal de ce qui s'est passé à Paris, depuis 1461 jusqu'en 1483. Quant aux Histoires modernes & intéressantes du Regne de Louis XI, il n'en faut point chercher d'autres que celle de feu M. *Duclos*, quel que soit le mal que l'on ait dit de l'Ouvrage & de l'Auteur.

Tome I.

La meilleure *Histoire de Louis XII* est celle de l'Abbé *Tailhé*, imprimée e[n] 1757, trois volumes *in*-12. C'est sous c[e] Regne que gouverna le Cardinal *George[s] d'Amboise*, dont la Vie est très-curieuse mais écrite avec trop de prolixité, par M[.] *l'Abbé le Gendre*. A cette époque, on n[e] peut se dispenser de lire *l'Histoire de l[a] Ligue de Cambrai*, faite en 1508, cont[re] *les Vénitiens*, par M. *l'Abbé Dubos*, im[-] primée à Paris en 1709, deux volume[s] *in*-12. Cet Ouvrage, bien fait & très-bie[n] écrit, fut composé, dit-on, dans des vûe[s] politiques, & pour faire concevoir, p[ar] l'exemple de la République de Venise, q[ui] fut alors très-abaissée, combien il import[e] aux Gouvernemens Républicains de n[e] point se mettre en tête la manie des co[n]quêtes.

L'Histoire de François I, par M. *Gai[l]lard*, en huit volumes *in*-12, dont le pre[-] mier a été imprimé en 1769, est ce qu[e] nous avons de plus étendu & de mieu[x] écrit sur le Regne de ce Prince, que nou[s] reconnoissons pour le Restaurateur de[s] Lettres en France. Cet Ouvrage peut di[s-] penser d'en lire d'autres, même les *M[é]moires du temps*, excepté *l'Histoire d[u] Chevalier Bayard*, par M. *Guyard de Be[r]ville*, volume *in*-12, imprimé en 176[0]

Quoique l'Histoire de son temps, écrite en latin par M. *de Thou*, & dont nous avons parlé plus haut, soit fort volumineuse, l'intérêt qu'elle inspire doit engager à en lire la Traduction, ainsi que celle de *l'Histoire des guerres civiles de France*, de l'Italien *Caterin d'Avila*, en trois volumes *in*-4°.

Les Mémoires de Condé, ceux de la Ligue, & ceux de Castelnau, quoique fameux, estimés & recherchés dans les bibliotheques, par rapport à la grande quantité des Pieces originales & précieuses qui s'y trouvent, sont des lectures que les Dames peuvent négliger. Les *Mémoires de Montluc*, que Henri IV appeloit la *Bible des Soldats*, ne sont précieux que pour les Militaires de profession.

On peut ajouter à ces derniers Mémoires ceux de *Brantome*, particuliérement *l'Histoire des Femmes galantes de son temps, celle des grands Capitaines & des Hommes illustres*, que cet homme de qualité a écrit avec un ton de vérité qui ne peut manquer de plaire.

Tout ce qui s'est passé du temps de la Ligue, c'est-à-dire, sous le Regne de Henri III, & pendant une partie de celui de Henri IV, se trouve renfermé dans un

G ij

Livre moderne, très-bien fait, intitulé *l'Esprit de la Ligue*, par M. *Anqueuil*, Génovéfain, en trois volumes *in*-12, qui ont paru en 1767. L'Auteur, pour ne rien laisser à désirer sur tout ce qui peut éclaircir l'Histoire de ces temps malheureux, remonte jusqu'à l'époque où la Religion Protestante a commencé à occasionner des troubles dans l'Etat, & conduit son Ouvrage, non seulement jusqu'à la publication du fameux Edit de Nantes, mais il le pousse jusqu'à la révocation de cet Edit, sous Louis XIV. Ce Livre, qui dispense d'en lire beaucoup d'autres, ne nous empêche pas cependant de conseiller la lecture du *Journal de Henri III*, par *Pierre de l'Etoile*, dont la derniere édition est de 1744, cinq volumes *in*-8°. Ce Journal contient des détails si curieux & des Anecdotes écrites avec tant de clarté & de simplicité, que nous sommes persuadés qu'il occupera utilement & agréablement les Lecteurs.

Nous en disons autant de *la Satire Ménippée*, qui passe pour le modele des Satires historiques. C'est dans la derniere édition, en trois volumes, de Rouen ou de Bruxelles, sous le titre de Ratisbonne, qu'on doit la lire. On trouvera plusieurs

autres morceaux dans ces dernieres éditions; mais c'eſt *la Satire Ménippée*, proprement dite, qu'il y faut chercher, &
qui doit ſur-tout piquer la curioſité.

La même raiſon qui nous a fait con-
ſeiller le *Journal de Henri III*, nous engage à recommander *celui de Henri IV*,
par le même *Pierre de l'Etoile*, en quatre
volumes *in-8°*, imprimé en 1741.

La meilleure Vie que nous ayons de
Henri IV, eſt celle de M. *Péréfixe*, Evêque de Rhodès, mort Archevêque de
Paris, & qui fut Précepteur de Louis
XIV. Le Héros de cette Hiſtoire, qui
n'eſt qu'en un ſeul volume *in-12*, y paroît
également grand & intéreſſant. La derniere édition eſt de 1681. Le Libraire
Prault fils a publié, en 1777, l'Eſprit
de Henri IV, en un petit volume *in-12*,
qui devient amuſant par le grand nombre
d'Anecdotes qu'il renferme.

Les Mémoires de Sully appartiennent
au Regne de Henri IV, & je penſe que,
ſans attendre l'édition refondue que nous
promet M. *l'Abbé Beaudeau*, on doit lire
celle publiée par M. *l'Abbé de l'Ecluſe*,
1745, trois volumes *in-4°*. Au reſte,
depuis quelques années, nommer *Sully*,
ſuffit pour exciter l'enthouſiaſme; ceux &

G iij

celles qui n'oferoient entreprendre la lecture entiere des Mémoires de ce Miniftre doivent au moins lire fon Eloge, qui a été couronné par l'Académie Françoife.

Louife-Marguerite de Lorraine, Princeffe de Conti, nous a donné une petite *Hiftoire des Amours de Henri IV*, avec un Recueil de fes belles Paroles, & de quelques-unes de fes Lettres à fes Maîtreffes. Rien n'eft plus curieux & plus piquant que cet Ouvrage, dont nous avons une jolie édition des *Elzévirs*, de l'année 1667; & c'eft celle-là qu'il faut tâcher de fe procurer.

On faifoit autrefois un très-grand cas de *l'Hiftoire de Louis XIII*, par *le Vaffor*, qui étoit en vingt-cinq petites parties, qu'on relioit fouvent en dix ou douze volumes *in-*12. C'eft la méchanceté qui régnoit dans cette Hiftoire, qui engageoit à la rechercher; car d'ailleurs elle eft fort médiocrement écrite. On a enfin reconnu la fauffeté de tous les traits fatiriques que l'Auteur, Apoftat des Peres de l'Oratoire, & réfugié en Hollande, a malignement & très-mal-adroitement femés dans fon Ouvrage; & l'on convient aujourd'hui que la meilleure, & même la feule bonne Hiftoire de *Louis XIII*, eft celle que le

Pere *Griffet*, Jésuite, a faite pour servir de suite à l'Histoire de France, du Pere *Daniel*, dont elle remplit le treizieme, le quatorzieme & le quinzieme volume *in*-4°. Ce qu'il y a de mieux dans toutes les autres Histoires & les Mémoires de ce Regne, se trouve ici rassemblé avec beaucoup d'ordre.

Cette Vie ne dispense cependant pas de lire en entier *l'Histoire de la Mere & du Fils*, qui est celle de *Marie de Médicis & de son Fils Louis XIII*. Le style en est assez mauvais, mais les détails en sont curieux. On a long-temps attribué ce morceau à la plume de *Mézeray*, & ce n'est que depuis quelques années qu'on a les plus fortes présomptions qu'il est tiré des Mémoires du Cardinal *de Richelieu* même, ce qui ajoute certainement au mérite de l'Ouvrage.

Dans le grand nombre de Mémoires relatifs au Regne de *Louis XIII*, il ne faut choisir que les plus intéressans & les mieux écrits, & principalement s'attacher à ce qui concerne sur-tout le fameux Cardinal *de Richelieu*. La meilleure Histoire de ce grand Ministre est celle publiée en Hollande par un M. *le Clerc*, Ministre Calviniste : elle n'est qu'en deux volumes *in*-12, dont la derniere édition est de 1714. On doit lire encore le *Testamen[t] politique de Richelieu*. Que cette Piece soit véritable ou fausse, elle mérite certainement l'attention des personnes qu[i] veulent s'instruire, & peut servir de mo[-]dele à une infinité d'autres bons Ouvrage[s] dans le même genre. Il seroit à souhaite[r] que nous eussions des Testamens politique[s] de tous les principaux Ministres qui on[t] succédé au Cardinal *de Richelieu* jusqu'[à] nos jours, fussent-ils tous supposés, mai[s] fondés seulement sur ce qu'on leur a v[u] faire : on y découvriroit quels ont été le[s] principes d'après lesquels ils se sont gou[-]vernés ; quels en ont été les avantages o[u] les inconvéniens, & cette suite d'expé[-]riences conduiroit enfin à reconnoîtr[e] quelles sont les meilleures maximes.

La question de savoir si le *Testamen[t] politique du Cardinal de Richelieu* est d[e] lui, ou n'en est pas, est bien moins im[-]portante, à mon avis, que celle-ci : *L[e] Cardinal de Richelieu a-t-il gouverné l[a] France, conformément aux véritables inté[-]rêts de cette Monarchie ?*

Au reste, les Mémoires les plus curieu[x] du Regne de Louis XIII, sont ceux d[e] *Bassompierre* ; du *Duc de Rohan*, utile[s] sur-tout aux Militaires ; ceux du Maréchal d'*Estrées*, sur la Régence de *Marie de Médicis* ; ceux de *Deageant* ; de *Montrésor* ; d'un Favori de *Gaston*, Duc d'Orléans, frere de Louis XIII ; & enfin ceux de Madame de *Motteville*, qui s'étendent jusque sous le Regne de *Louis XIV*, à la mort de la Reine *Anne d'Autriche*, mais qui commencent sous Louis XIII. Les Mémoires qui ont paru sous les noms de *Rochefort* & de *Montbrun*, sont de vrais Romans historiques, qui ont été composés par un nommé *Gatien des Courtils* : presque toutes les prétendues Anecdotes qu'ils renferment sont fausses ; mais quoique médiocrement écrits, ce sont des contes amusans.

Enfin nous arrivons au Regne si brillant & si long de *Louis XIV*. Que d'objets de lecture & de curiosité il présente ! On n'est embarrassé que sur le choix. Il faut d'abord lire une Vie de ce grand Roi, & écartant celles de *Limiers*, *de Larrey* & de plusieurs autres, on doit s'en tenir à celle de *Réboulet*, qui a été imprimée à Avignon en trois volumes *in*-4°. ou neuf tomes *in*-12. Il s'en faut bien qu'elle soit parfaite ; mais c'est celle qu'on lit avec le plus de plaisir.

Les premiers Mémoires qui se présentent entre ceux qui traitent des affaires de ce Regne, sont un second Ouvrage de M. *Anquetil*, intitulé, *Intrigue du Cabinet sous Henri IV & Louis XIII, terminée par la Fronde*, Paris, 1780, quatre volumes *in*-12; & *l'Esprit de la Fronde, ou Histoire Politique & Militaire des troubles de France*, par M. *Mailly*, imprimé en 1774, cinq volumes *in*-12. Il est fait à l'imitation de *l'Esprit de la Ligue*, dont nous avons parlé plus haut. Quoique ce second Ouvrage ne soit pas aussi bon que le premier, il se fait lire avec plaisir, & peut épargner la lecture d'une partie des Mémoires de ce temps. Il en est néanmoins deux ou trois, qui, par le ton de noblesse & de vérité avec lequel ils sont écrits, méritent d'être lus, quand même ils n'apprendroient que peu de choses; tels sont les *Mémoires de la minorité de Louis XIV*, par le Duc de la *Rochefoucault*, dont il y a une derniere édition de 1754, en deux volumes *in*-12. On prétend que cet Ouvrage est écrit avec le style énergique & ingénieux de *Tacite*, & l'on n'en peut faire un plus grand éloge. On trouve ordinairement, à la suite des Mémoires de la *Rochefoucault*, ceux de la *Châtre*, qui ne valent pas les premiers.

Les Mémoires du Cardinal de Retz n'ont été imprimés que bien long-temps après fa mort, & ils n'ont jamais paru que tronqués. On en a retranché les aventures galantes de cet Ecclésiastique, qui n'avoit, en aucune maniere, l'esprit de son état. Son caractere inquiet & brouillon se montre à chaque page de son Livre, qui n'en est ni moins intéressant, ni moins piquant. La derniere édition de ces Mémoires est de 1751, quatre volumes *in*-12. Dans la même année, on a réimprimé les Mémoires de Joly, Secrétaire du Cardinal *de Retz*, & cependant son Critique, en trois volumes aussi *in*-12, qu'on ne doit pas négliger de lire.

Les Mémoires de Mademoiselle de Montpensier, quoique remplis de minuties, sont écrits avec une sorte de naïveté noble, qui en rend la lecture agréable; mais si ce n'est que dans l'idée d'étudier l'Histoire qu'on les ouvre, il faut passer un grand nombre de morceaux hors d'œuvre, qui ont été ajoutés dans la derniere édition *in*-12.

Je mets au nombre des Mémoires dont on peut se passer, au moyen de *l'Esprit de la Fronde*, ceux de la Duchesse *de*

Nemours, *de Lainés*, & même ceux de *Brienne*, *de Bouillon*, *de Talon* & de *Montglat*, quoiqu'ils contiennent des particularités très-intéressantes, mais parce qu'ils sont écrits d'un style moins agréable que ceux dont nous avons précédemment fait mention.

Ce seroit ici le moment de lire une bonne Vie du Cardinal *Mazarin*, si nous en avions une; mais nous ne possédons que celle publiée par *Louis Auberi*, en 1685, deux volumes *in*-12, & elle n'est pas plus estimée que celle que cet Auteur a faite du Cardinal *de Richelieu*. Pour juger le Cardinal *de Mazarin*, il faut lire l'Histoire de son Ministere, traduite de l'Italien du *Comte Gualdo Priorato*, dont la derniere édition est de 1681, en deux volumes. Ce n'est pas par le style que cet Ouvrage est en droit de plaire, mais parce qu'il peint admirablement le caractere de ce Ministre, & sa profonde politique dans le *Traité des Pyrénées*.

Sur ce qui regarde la suite du Regne de Louis XIV, il faut s'instruire dans les *Mémoires de la Fare*, dont la derniere édition est de 1716, un volume *in*-12, & sur-tout dans ceux de l'illustre Madame *de la Fayette*, aussi en un volume, pour les années 1688 & 1689. Nous avons encore de cette Dame la Vie d'*Henriette d'Angleterre*, Duchesse d'Orléans, qui n'est pas moins digne que ses Mémoires, de la plume de l'Auteur de la *Princesse de Cleves*.

Ceux de l'Abbé *de Choisy*, imprimés en 1727, sont très-agréables & fort intéressans; mais nous n'en avons qu'une partie d'imprimée, le reste est en manuscrit dans une grande bibliotheque.

Les Vies de Turenne & de Condé doivent être lues à cette époque. Celle du premier de ces Héros, qui fait le plus de plaisir, est de M. *de Ramsai*, en deux volumes *in-4°*; mais les Militaires attendent quelque chose de mieux sur les Campagnes de ce grand Général. *La Vie du grand Condé* a été écrite par M. *Desormeaux* & par M. *Turpin*: il me semble qu'on doit préférer la premiere; mais ni l'une ni l'autre ne dispensent de lire deux petits volumes relatifs à la Vie militaire de ce grand Prince. L'un est la *Relation des Campagnes de Rocroi & de Fribourg*, en 1643 & 1644, écrite par un M. *de la Chapelle-Milon*; elle passe pour un chef-d'œuvre de clarté & de style. Le second est la *Relation du Siége de Dunkerque*, par M. *le Prince de Condé*. L'Auteur est *Sarasin*, de l'Académie Françoise.

Un morceau bien écrit, qu'on ne doit pas laisser en oubli dans ce cours d'Histoire, c'est celui des *Démêlés de la Cour de France avec celle de Rome*, en 1661. L'Auteur de cette Histoire est l'Abbé *Regnier Desmarets*, Secrétaire perpétuel de l'Académie Françoise, qui n'est mort qu'en 1713, dans un âge fort avancé.

Les Mémoires de Bussi Rabutin, depuis 1634 jusqu'en 1666, ne peuvent pas être négligés, & il est nécessaire de les avoir de l'édition de 1754, où l'on a rétabli ce qui avoit été retranché dans les autres. C'est ici l'occasion de parler de *l'Histoire amoureuse des Gaules*, de cet Auteur, si l'on se croit assez de force dans l'esprit pour lire cette Satire sans être scandalisé. La meilleure édition de cet Ouvrage est la derniere, imprimée sans nom de Ville, &, je crois, sans date. On y a ajouté une infinité de Pieces satiriques, du même genre, sur les intrigues galantes de la Cour de Louis XIV. Le premier morceau est le meilleur ; mais dans le grand nombre des autres, il y en a de fort singuliers.

Les Lettres historiques de Pélisson, qui

roulent principalement fur la conquête de la *Franche-Comté*, faite par Louis XIV, font curieufes & bien écrites. Elles ont été refondues dans une prétendue *Hiftoire de Louis XIV*, par le même *Péliffon*, dont l'intérêt fe borne à ce qui fait l'objet de ces Lettres.

Il y a une Hiftoire des *Négociations du Traité de Nimegue*, qui a été affez bien rédigée par un Monfieur de *St. Didier*, en 1686 ; mais cette Hiftoire, auffi-bien que celle des Négociations des Traités de *Vervins*, des *Pyrénées*, de *Rifwick* & d'*Utrecht*, ne font guere faites que pour ceux qui fe deftinent à la politique. Nous croyons en devoir dire autant des autres Livres, qui n'ont pour but que de nous inftruire de la marche des différentes négociations. Les Lettres du Cardinal d'*Offat*, celles du Comte d'*Eftrades*, font excellentes, mais ne me paroiffent pas plus à l'ufage des Dames, que les *Mémoires de Feuquieres* & ceux de *Montécuculi*, dont les feuls Militaires doivent faire leurs délices. Ces derniers fixeront leur attention fur les *Campagnes du Maréchal de Luxembourg* en Flandre, qui ont été publiées avec beaucoup de magnificence, & des Cartes & des Plans gravés, tandis que les Dames se borneront à lire la Vie de ce grand Maréchal dans les deux derniers volumes de *l'Histoire* de la Maison de *Montmorency*, par M. *Déformeaux*. L'Ouvrage en entier, & ce morceau surtout, doit faire le plus grand plaisir.

Les *Mémoires de Gourville* appartiennent encore au Regne de Louis XIV. Ils ne sont pas bien écrits, mais ils contiennent des particularités fort singulieres, sur-tout en ce qui concerne le grand Condé, auquel *Gourville* avoit été attaché.

Les *Mémoires d'Artagnan* passent pour romanesques, mais du moins ils sont fort amusans. Ceux du Comte *de Forbin*, qui mourut Chef d'Escadre, ont été rédigés par *Réboulet*. Ils sont passablement écrits: il y a des détails singuliers sur le Royaume de Siam, & beaucoup de faits relatifs à la Marine, mais moins que dans ceux du Maréchal *de Tourville*, Vice-Amiral, qui n'ont été imprimés qu'en 1742, trois volumes *in*-12. Les Officiers de mer trouveront les détails les plus intéressans pour leur métier dans les *Mémoires de Duguay Trouin*, dont nous avons une belle édition, en un seul volume *in*-4°., & une autre, deux volumes *in*-12. Paris, 1740.

Enfin, les derniers *Mémoires* les plus sûr

sûrs & les plus inſtructifs du Regne de *Louis XIV*, ſont ceux de M. *le Marquis de Torci*, pour ſervir à l'Hiſtoire des Négociations, depuis le Traité de Riſwick juſqu'à la paix d'Utrecht. Ils ont paru en 1756, trois volumes *in*-12 : le ſtyle en eſt noble, pur & clair ; l'Auteur, dont ils ſont inconteſtablement, étoit ſi reſpectable & ſi eſtimable, & les circonſtances où ſe trouvoit alors la France, étoient ſi critiques & ſi intéreſſantes, que l'on doit regarder cet Ouvrage comme un morceau bien précieux.

Avant que de paſſer au Regne ſuivant, il faut lire *le Siecle de Louis XIV*, par *Voltaire*, Ouvrage charmant, mais qu'on doit lire avec précaution. Il a été beaucoup loué & beaucoup critiqué, & preſque toujours avec juſtice. Si quelqu'un vouloit apprendre l'Hiſtoire dans les Livres de *Voltaire*, il ne devroit pas parcourir un ſeul Chapitre de ſes Ouvrages hiſtoriques ſans avoir à côté de lui les critiques les plus ſages & les plus juſtes qui en ont été faites. Mais comme cette façon de lire ces Ouvrages ſuffiroit pour en rendre la lecture ennuyeuſe, il vaut mieux ſe livrer librement à tout le plaiſir qu'ils procurent, mais les regarder comme des Ecrits deſtinés plutôt à faire briller les talens d'un Auteur, qu'à prouver la justesse & la profondeur de son érudition.

Les Lettres & Mémoires de Madame de Maintenon regardent encore le Regne de *Louis XIV*, & forment quinze volumes *in*-12, dont la derniere édition est de 1757 & 1758. L'on sait que M. *de la Baumelle* est l'Editeur de cet Ouvrage, qui a eu, avec raison, un grand succès, quoiqu'il eût pu être beaucoup mieux fait. Les Mémoires sont écrits avec force & hardiesse, mais avec trop d'inégalité : les Anecdotes en sont piquantes, mais souvent fausses. Parmi les Lettres, il y en a de vraies & de supposées, d'intéressantes, de minutieuses & d'inutiles. *Les Souvenirs de Madame de Caylus*, qui ont été publiés long-temps après les *Mémoires de Madame de Maintenon*, y appartiennent en quelque sorte, cette Dame ayant été son amie. Ils sont assez curieux.

Nous n'avons point, & nous n'aurons de long-temps une bonne Histoire complette du Regne de *Louis XV*, ni une Vie impartiale de ce Monarque : à peine avons-nous des détails exacts sur la Régence, qui a fini il y a soixante ans. Ce qu'il y a de meilleur sur cette époque, sont les *Mémoires de la Régence*, dont la derniere édition est d'Amsterdam, 1749, cinq volumes *in-*12. Elle est due aux soins de *l'Abbé Lenglet*, Editeur & Compilateur infatigable, qui écrivoit avec hardiesse, & intriguoit même en sous-ordre dès le temps de M. le Régent.

Il y a une *Vie de Philippe d'Orléans*, petit-fils de France, Régent du Royaume, imprimée à Londres, en 1736, deux volumes *in-*12, qui a été recherchée, parce qu'au milieu de quelques faits exacts & curieux, on y trouve beaucoup de mensonges & de traits hardis. L'Auteur étoit un Jésuite nommé *la Mothe*, qui, ayant été chassé de France pour avoir prêché des Sermons séditieux, se retira en Hollande, où il écrivit sous le nom de *la Hode*.

Ce qu'il y a de plus curieux dans les *Mémoires de Madame de Staal* (morte en 1750), qui ont paru en 1755, trois volumes *in-*12, regarde aussi la Régence: d'ailleurs, ces Mémoires se font lire avec plaisir. L'Auteur étoit une femme de beaucoup d'esprit, attachée à Madame la Duchesse *du Maine*. La naïveté avec laquelle elle raconte les progrès de sa fortune & de sa faveur auprès de sa Princesse, est vraiment délicieuse.

Les Mémoires de Laſſay regardent, à peu près, le même temps : ils ont fait beaucoup de bruit, & ont été fort recherchés avant qu'ils fuſſent communs ; car M. *le Marquis de Laſſay* les avoit d'abord imprimés dans ſon Château, lui-même & pour lui ſeul ; mais lorſqu'ils ont été publiés en quatre volumes *in*-8°., dans l'année 1756, ils ont paru aſſez médiocres : il eſt vrai qu'alors on en a retranché quelques articles des plus piquans.

On rencontre, dans les *Mémoires de l'Abbé de Montgon*, quelques particularités d'intrigues aſſez curieuſes, du temps du miniſtere de M. le Duc *de Bourbon*; mais il n'y a que les premiers volumes de cet Ouvrage, imprimé depuis 1747 juſqu'à 1753, qui ſoient intéreſſans ; les autres languiſſent, & nous ne croyons pas qu'on pût ſoutenir juſqu'à la fin la lecture des huit énormes tomes *in*-12 qui le compoſent.

Nous avons des Mémoires du Maréchal *de Villars* & du Maréchal *de Berwick*. Les premiers devroient être les plus intéreſſans, mais ils ne ſont qu'une compilation de Gazettes ; & les Relations qu'on nous a données de ſes Campagnes, ſont plus faites pour les Militaires que pour les Dames. Les Mémoires du Maréchal de *Berwick* n'étoient pas meilleurs ; en 1778 il a paru une *Vie de ce Maréchal*, qui vaut beaucoup mieux ; & l'année dernière une *du Maréchal de Villars*, par M. *Anquetil*, qui se fait lire avec autant d'intérêt que de plaisir.

La Guerre de 1733, terminée par le Traité de 1737, n'a eu pour Historien qu'un M. *Massuet*, qui a extrait des Gazettes de quoi faire cinq volumes, qu'il a chargés de cartes fautives & de mauvais plans. Nous n'avons rien de complet sur la Guerre de 1740, terminée en 1748, par le Traité d'Aix-la-Chapelle. C'est dans le cours de cette Guerre que se signala principalement le Maréchal *de Saxe*. Si l'on veut bien connoître la Vie de ce grand homme, il faut lire *l'Histoire de Maurice, Comte de Saxe*, imprimée en 1773, deux volumes *in*-12, par le Baron *d'Espagnac*, qui avoit vécu familièrement avec son Héros.

Les derniers Mémoires authentiques du Regne de *Louis XV*, qui aient été imprimés, sont ceux du Maréchal Duc *de Noailles*, mort en 1766, âgé de 92 ans. Ils sont en six volumes *in*-12, & n'ont paru qu'en 1777. Certainement les matériaux, qui ont été fournis au Rédacteur de ces Mémoires, font d'un prix infini ; mais malheureusement ce Rédacteur les a assez mal employés.

Ce qu'on a publié jusqu'ici sur la Guerre de 1756 à 1764, n'est qu'une compilation de Gazettes, & l'on ne peut parler de la Vie Politique & Militaire de M. le Maréchal *de Belle-Isle*, de son Testament politique & de son Codicile (trois Ouvrages attribués au sieur *Chevrier*, & tous trois imprimés en 1762), que pour regretter de ce qu'un si beau sujet n'a point été traité par un Auteur mieux instruit. Ce n'est pas cependant que les Ouvrages dont nous parlons soient mal écrits.

Enfin, il a paru en Hollande, dans l'année 1765, deux volumes *in-12*, intitulés, *Mémoires de Madame la Marquise de Pompadour*, (prétendus) *écrits par elle-même, où l'on découvre tout ce qui s'est passé de remarquable à la Cour de France, pendant vingt années, du Regne de* Louis XV..... Si ces Mémoires étoient fideles, qu'ils seroient curieux & intéressans !

Il est d'usage, dans les Catalogues des grandes Bibliotheques, où les Histoires de France sont en grand nombre, de placer à la suite de celles de tous les Regnes, une certaine quantité de Livres qui forment de petites classes particulieres, mais toujours relatives à l'Histoire de France. Telles sont les Vies des Hommes illustres de France, l'Histoire des Charges & Dignités du Royaume, des Ordres de Chevalerie de France, & enfin celles des Villes & Provinces principales de la Monarchie. Nous allons jeter un coup-d'œil rapide sur les Ouvrages qui entrent dans ces subdivisions, pour examiner s'il ne s'en trouve pas quelques-uns qui puissent instruire les Dames en les amusant.

Un M. *de Castre d'Auvigny*, éleve & ami de *l'Abbé Desfontaines*, avoit commencé, en 1739, des *Vies des Hommes illustres de France*, qui étoient bien faites & bien écrites. Il en publia d'abord six volumes, contenant les Vies des plus célebres Ministres de la Monarchie; & celles-ci sont d'autant plus agréables à lire, qu'elles ne sont pas longues; mais le même Auteur, qui étoit Chevau-Léger de la Garde, ayant été tué en 1743, à la bataille *d'Ettingen*, les Vies des grands Capitaines, qu'il avoit commencées, eurent pour Continuateur *l'Abbé Perau*, qui a considérablement étendu le plan de son Prédécesseur, & a porté cet Ouvrage jusqu'à vingt-trois volumes, qui contiennent des Vies de différens Généraux François. M. *Turpin*, second Continuateur, a encore ajouté trois volumes à cette collection, qui seroit devenue immense, si, suivant le premier plan, on eût ensuite donné les Vies des principaux Magistrats. Au reste, ceux qui possedent la totalité de cet Ouvrage, peuvent n'en lire que les articles qui leur paroîtront dignes de leur attention.

Nous avons parlé des Vies de *du Guesclin & de Bayard*. Le Chancelier *de l'Hôpital* devant être considéré comme un sage Magistrat, autant que comme un homme de Lettres & un bon Poëte Latin, sa Vie peut être lue avec plaisir. M. *de Pouilly*, frere de M. *de Burigny*, nous l'a donnée en 1764, en un volume *in*-12.

Il y a une Vie du brave *Crillon*, par Mademoiselle *de Lussan*, imprimée en 1757, deux volumes *in*-12, qui est fort agréable à lire. Les Vies des François, qui ne sont illustres que par les Sciences & les Lettres, font partie de l'Histoire littéraire, objet étranger à ce Mémoire.

Les Livres écrits sur les droits de la Pairie, les Offices, les Dignités, & les

Ordres de Chevalerie de France, ne peuvent pas être bien amusans. Il n'y a que la seule Histoire de l'Ordre du St. Esprit, par feu M. *de Saint-Foix*, dont il a paru deux volumes, qui peut être regardée comme un Livre agréable.

Quant aux Généalogies, je crois devoir conseiller aux Dames & aux Gens du monde de ne point trop se livrer à l'étude de cette science, qui peut occasionner plus de tracasseries qu'elle ne peut faire honneur à ceux qui la possedent à fond. Il suffit de connoître en gros les grands noms de la Nation, afin de se les rappeler, quand on rencontre dans la société des gens qui les portent ; mais il ne faut pas trop examiner s'ils leur appartiennent à bon droit. Contentons-nous de donner un seul avis sur les Livres de Généalogies. Il n'y en a pas de meilleur que *l'Histoire généalogique de la Maison de France, des Ducs & Pairs, des grands Officiers de la Couronne, des Chevaliers de l'Ordre du Saint-Esprit*, par le *Pere Anselme*, en neuf volumes *in-folio*. Si l'Histoire de toutes les grandes Maisons, actuellement existantes, ne se trouve pas dans cet Ouvrage, ou qu'il y ait quelques omissions, au moins est-il sûr que l'on n'y rencontre rien qui ne soit appuyé sur des preuves, dont la valeu[r] peut être appréciée, car elles sont exac[-]tement énoncées.

Disons un mot des Histoires parti[-]culieres des Provinces & des Villes d[e] France. J'ai cru pouvoir lire, ou plu[-]tôt parcourir *l'Abrégé chronologique de[s] grands Fiefs de la Couronne de France*, dont le sujet annonce un Ouvrage qu[i] apprend, ou rappelle, en peu de mots, dans quel temps chaque Province a ét[é] réunie à la Couronne, soit à titre d[e] conquête ou d'achat, soit comme réunio[n] d'apanage. J'ai cru que ce Livre, fait dan[s] le goût de celui du Président *Hénault* avoit le même genre d'utilité ; mais [à] l'épreuve j'ai trouvé qu'il fourmilloit d'er[-]reurs grossieres ; c'est un Ouvrage à refair[e] sur le même plan.

Descendant ensuite dans quelques dé[-]tails de Villes & de Provinces, commen[-]çant par *Paris*, il faut lire *la description* de cette Capitale, par *Piganiol de la Force*, toujours de l'édition la plus récente ; ca[r] cette description en a eu & en aura sans cesse de nouvelles, à proportion de[s] agrandissemens & des changemens qui s'operent dans la ville de Paris. Au reste, cette espece d'Ouvrage est plus agréable à consulter, suivant les occasions, qu'à lire de suite. Il en est de même des descriptions des environs de Paris, des Maisons Royales, &c. toujours susceptibles de réformes ou d'augmentations.

La meilleure *Histoire de la ville de Paris*, est celle des Peres *Felibien & Lobineau*, imprimée en 1724, cinq volumes *in-folio*, dont deux de Preuves & Pieces justificatives. *Les Antiquités de Paris*, par le Pere *Jacques Dubreuil*, Bénédictin; *l'Histoire & Recherches sur Paris*, par *Sauval*, sont refondues dans ce grand Ouvrage : on peut, vu sa longueur, se dispenser de le lire, & se contenter de l'Abrégé que l'Abbé *des Fontaines*, ou plutôt M. *d'Auvigny* en a fait, en cinq volumes *in-*12, dont les trois premiers sont fort agréables.

Les Essais historiques sur Paris, de M. *de Saint-Foix*, n'ont, à la vérité, ni ordre, ni suite, ni méthode ; mais tout décousus qu'en sont les morceaux, ils n'en paroîtront pas moins amusans aux Lecteurs.

Pour achever de faire connoître la classe des Histoires particulieres de nos Provinces, il me reste peu d'Ouvrages à citer. On peut cependant jeter les yeux fur *l'Hiſtoire des Ducs de Bretagne*, par *l'Abbé Desfontaines*. Paris, 1739, ſix volumes *in-*12, mais paſſer quelques détails peu amuſans. Nous avons, ſur le même ſujet, *l'Hiſtoire de la réunion de la Bretagne à la France*, par l'Abbé *Irail*; Paris, 1764, deux volumes *in-*12

L'Hiſtoire abrégée des Dauphins de Viennois, par M. *le Quien de la Neuville*; Paris, 1760, deux volumes *in-*12,

L'Abrégé de l'Hiſtoire de Languedoc, de *Dom Vaiſſette*, en cinq volumes *in-*12. La grande Hiſtoire eſt en cinq volumes *in-folio*.

Enfin, *l'Abrégé chronologique de l'Hiſtoire de Lorraine* (1775), 2 volumes *in-*8°.

La deſcription de la France, par *Piganiol de la Force*, & *l'état de la France*, dont j'ai, avec raiſon, fait l'éloge, ſuppléeront à toutes les autres Hiſtoires particulieres des Provinces de France Quelques-unes ſont fort ſavantes, mais mal écrites, & déſagréables à lire.

J'ai renvoyé à parler de l'Hiſtoire d'Allemagne après celle de France. Quant à la deſcription des Etats qui composent cet Empire, j'ai dit qu'on ne pouvoit rien lire de mieux sur cet objet, que la traduction de la *Géographie* Allemande de M. *Busching.* Je conseille encore de relire sérieusement les volumes qui traitent de l'Allemagne, pour s'en rappeler les principaux détails. A l'égard des Cartes de ce Pays, la Carte générale la plus estimée, est celle d'un Auteur Allemand, nommé *Eisenschmidt*, Strasbourgeois, de la Société Cosmographique de *Nuremberg.* Les meilleures Cartes de détail sont celles gravées par les Héritiers de *Homan*, qui demeurent aussi à *Nuremberg.* Ils ont publié les plans de la plupart des Villes d'Allemagne, & leur Atlas est très-volumineux; mais fort curieux pour qui peut l'avoir complet. Je ne prétends pas que les Dames doivent acquérir & consulter ce grand Ouvrage, non plus que les belles Cartes de *Saxe*, de *Boheme* & de *Silésie*, qui sont si estimées des Militaires ; une bonne Carte générale d'Allemagne leur suffit pour l'intelligence de tous les Livres d'Histoires que je vais leur offrir. Celles qui désireront quelque chose de plus pour leur instruction, peuvent se procurer *l'Atlas élémentaire, où l'on voit* l'état actuel & politique de l'Empire d'Allemagne, par M. l'Abbé Courtalon. Paris, 1774, petit volume in-4.°, dont les Cartes sont enluminées par possessions ; ce qui les rend très-utiles.

Il n'y a rien de mieux sur les Mœurs des anciens Germains, que la description de ces Mœurs mêmes, par *Tacite*. M. l'*Abbé de la Bletterie* a traduit à part ce morceau curieux de cet ancien Auteur. Ce que l'on doit encore nécessairement savoir sur l'ancienne Germanie & ses Habitans, se rencontre dans l'*Histoire des Celtes*, de *Pelourier*, dans la *Géographie ancienne* de M. *Danville* (Auteurs que nous avons déjà cités), & dans les commencemens du peu d'Histoires d'Allemagne que nous ayons en françois, & dont je vais parler.

Je ne crois pas nécessaire que les Dames & les Gens du monde lisent d'autres Livres, pour se mettre au fait de la constitution de l'Empire & du Droit public d'Allemagne, que l'*Abrégé chronologique* de M. *Pfeffel*, qui est un Ouvrage excellent. L'Auteur a suivi la méthode du Président *Hénault* ; mais il n'a pas copié servilement son modele, & en cela il a eu raison ; car, s'il l'eût fait, il ne seroit jamais venu à bout de son Ouvrage, l'Histoire d'Allemagne étant bien autrement compliquée que celle de France.

Aucun Ouvrage en françois sur l'Allemagne n'est comparable à cet *Abrégé chronologique* de M. *Pfeffel*, dont la derniere édition est de 1777, deux gros vol. *in*-8°. On y voit le Droit public d'Allemagne se former en même temps que l'Empire même, & le territoire & les Loix de l'Empire étendre ensemble leurs limites, ou perdre du terrein, suivant les circonstances : c'est un des plus beaux plans d'Ouvrage qui ait été conçu, & il est admirablement exécuté. Si l'on veut cependant avoir quelques connoissances plus détaillées sur l'état de l'Empire, on peut lire la Traduction du Livre que *Puffendorff* a écrit en latin sur cette matiere : il y a pris le nom de *Mozambano*. Cet Auteur est assez favorable à l'autorité de l'Empereur dans l'Empire : mais un autre fameux Publiciste Allemand, qui a aussi écrit en latin, sous le nom *d'Hypolite de la Pierre*, & dont nous avons aussi la traduction, est absolument contraire à ce sentiment, & soutient que l'Empire est une vraie République, dont l'Empereur n'est que le premier Magistrat.

Si l'on veut d'ailleurs des détails sur la vacance du Trône Impérial, sur l'élection & le couronnement de l'Empereur, on les trouvera dans différens petits Livres qui ont été imprimés lors du couronnement de *Charles VII*, de *François I*, & de l'élection du Roi des Romains, Joseph II, actuellement Empereur.

Quoique les matériaux, tant en latin qu'en allemand, soient très-abondans, nous sommes obligés de l'avouer, nous n'avons aucune bonne Histoire de l'Allemagne en françois.

L'Histoire de l'Empire, par *Heiss*, en dix volumes *in*-12, est fautive & assez mal écrite. Celle du Pere *Barre*, en onze volumes *in*-4.°, n'a eu aucun succès. Il faut donc s'en tenir, sur l'Allemagne, à ce que l'on trouve dans l'Histoire universelle moderne de *Puffendorff* & ses supplémens (dont j'ai fait mention aux Histoires universelles modernes). Après l'avoir bien médité, ainsi que l'Abrégé chronologique de M. *Pfeffel*, auquel on doit s'en rapporter par préférence, on peut parcourir, pour s'amuser, *les Annales politiques de l'Empire*, par M. *de Voltaire*, & même *les Anecdotes Germaniques*, par M. *Contant Dorville*.

Venant

Venant aux Histoires particulieres de différentes époques des Empereurs, nous voudrions que les Dames eussent le courage de lire le Recueil traduit par M. le Président *Cousin*, sous le titre d'*Histoire de l'Empire d'Occident*, deux volumes *in*-12, 1683, & qui contient la Traduction de l'Histoire de *Charlemagne*, par *Eginard*, & de plusieurs autres Auteurs & Historiens contemporains de cet Empereur & de ses descendans; elles y trouveroient des détails extrêmement curieux; mais nous les avertissons que le style du Traducteur n'est pas agréable.

On doit lire ensuite l'*Essai critique sur l'Etablissement & la Translation de l'Empire d'Occident en Allemagne, & les causes singulieres pour lesquelles les François l'ont perdu*, par M. *l'Abbé Guyon*. Cet Ouvrage, imprimé en 1753, est fait avec soin.

L'Histoire de la décadence de l'Empire, par le Pere *Maimbourg*, tient encore, à cette époque, de l'Histoire des Empereurs.

Nous ne trouvons plus rien ensuite de particulier jusqu'au regne de *Charles-Quint*; & sur ce regne il n'y a d'autre Livre à lire que la Vie de *Charles-*

Quint, traduite de l'anglois de *Robertson*, par M. *Suard* : Paris, 1771, deux vol. *in*-4°. ou six volumes *in*-12. Cette Vie est si belle, qu'elle doit faire oublier toutes les autres.

* La lecture de *l'Histoire du Traité de Westphalie*, par le Pere *Bougeant*, peut être encore placée à cette époque, puisque les Traités de *Westphalie* ont changé la face de l'Allemagne.

L'Empereur *Léopold* commença à régner peu de temps après ces Traités, & son regne a été si long & si rempli d'événemens, que sa vie est une des plus intéressantes de celles des Empereurs d'Allemagne ; mais, malheureusement, nous n'en avons en françois qu'une très-imparfaite, & qui n'est qu'un extrait de Gazettes. On dit qu'il y en a une bonne en allemand, en quatre volumes.

A ce Regne, doivent se rapporter différens Mémoires écrits en françois, dont deux sont très-amusans, mais tout-à-fait romanesques. Le premier est intitulé, *Mémoires du Comte de Vordac* ; Paris, 1730, deux volumes *in*-12. Le premier tome, qui est de 1702, est de *Gatien Descourtils* ; c'est le plus agréable. Le second Ouvrage porte le titre de *Mémoires du*

Marquis de Langallerie; c'étoit un Officier François, qui paſſa au ſervice de l'Empereur, & mourut en 1717. Ses Aventures, & ſur-tout ſa fin, furent tout-à-fait extraordinaires.

Les Mémoires de la Colonie ſont très-eſtimés; ils contiennent les événemens de la guerre, depuis 1692 juſqu'à la bataille de Belgrade.

Il nous reſte quelques Mémoires plus ſérieux, & tout-à-fait militaires à indiquer; ce ſont ceux de *Montécuculi,* qui mourut Général de l'Empereur en 1680, & la *Vie du Prince Eugene de Savoie,* dont il y a de grandes & belles éditions *in-folio;* mais ſi l'on veut s'épargner la dépenſe de ce dernier Livre, il ſuffira d'acquérir *la Vie de ce Prince,* par *Maſſuet,* imprimée à Amſterdam en 1756, ſix volumes *in-*12.

Conſidérant *Charles VI* comme Empereur, on doit placer ici ſa Vie. Il y en a une en ſix volumes, qui n'eſt qu'un extrait diffus & informe des Gazettes: ainſi, nous conſeillons plutôt celle imprimée à Amſterdam, en 1741, en deux volumes *in-*12, à laquelle ſe trouve jointe une *petite Hiſtoire des Révolutions de l'Empire, & des cauſes des différens de la Reine de Hon-*

grie avec le Roi de Prusse. On peut lire sur cette guerre, qu'occasionna la succession de *Charles VI*, *l'Histoire de la grande crise de l'Europe, après la mort de l'Empereur Charles VI,* Ouvrage traduit de l'anglois; Londres, 1743, un volume *in-8°*; & *l'Histoire de la derniere Guerre de Boheme,* 1745 & 1747, trois volumes *in-8°*. Ces deux morceaux sont assez instructifs & passablement écrits.

En passant de l'Histoire des Empereurs à celle des différentes Provinces & Etats particuliers de l'Allemagne, nous trouverons la Maison d'Autriche comme possédant les plus considérables de ces Etats.

Les discussions & les dissertations sur l'origine de cette auguste Maison ne pourroient paroître que fort ennuyeuses aux Dames; mais elles seront satisfaites de *l'Histoire de Marie de Bourgogne, fille de Charles le Téméraire, & femme de Maximilien d'Autriche, depuis Empereur,* par M. *Gaillard,* actuellement de l'Académie Françoise. C'est un des premiers Ouvrages de cet Ecrivain : il a paru en 1757, en deux volumes *in-12*.

Nous ne pouvons conseiller les *Mémoires historiques de la Maison d'Autri-*

che, par M. *Du Bosc de Montendrey*. C'est pourtant le seul Ouvrage françois, un peu étendu, que nous ayons sur cette auguste Maison. Il a été imprimé en 1670, deux volumes *in*-12; mais il est mauvais, quoique tiré de bonnes sources.

L'Ouvrage de *Varillas*, intitulé, *Politique de la Maison d'Autriche*, est fort satirique; mais, en n'adoptant pas aveuglément tout ce que l'Auteur avance, on peut le lire avec fruit, & même avec une sorte de plaisir. Il a été imprimé dès l'année 1688. Au reste, les accusations d'ambition & de projet sur la Monarchie universelle ne sont jamais formées que quand les circonstances y donnent lieu, & ces accusations tombent quand ces circonstances cessent. Aucun de nos Rois n'a plus essuyé ce reproche que *Louis XIV*; au contraire, son successeur *Louis XV* a eu pour principe de politique de l'éviter.

Il est fâcheux que nous n'ayons, jusqu'à présent, aucune bonne Histoire en françois du Royaume de Boheme, soumis à la Maison d'Autriche, depuis près de deux cents ans, & que nous soyons forcés à en apprendre les faits les plus intéressans dans les autres Histoires, ou dans quelques morceaux détachés. Telle est l'*Histoire des Hussites*, qui fait partie de *l'Histoire du Concile de Constance*, que nous avons placée à l'Histoire Ecclésiastique.

Ziska, ou *le redoutable Aveugle*, avec *l'Histoire des Guerres de Religion en Boheme*, par M. *de Rocoles*; Paris, 1685, deux volumes *in*-12, est une espece de Roman historique, fort singulier; quoique ce soit le meilleur Ouvrage de l'Auteur, il est à peine passable. *La Conjuration de Walstein*, par *Sarrasin*, qui tient essentiellement à l'Histoire de Boheme, doit au contraire faire grand plaisir à la lecture. Ce morceau passe pour un chef-d'œuvre.

La Hongrie est aussi, quoique plus récemment, soumise à la Maison d'Autriche; ainsi, nous n'en devons pas séparer l'Histoire de celle des Etats de cette Maison, situés en Allemagne. Ce n'est que depuis quelques mois que nous avons une assez bonne Histoire de Hongrie, depuis la premiere invasion des *Huns* jusqu'à nos jours; elle est de M. *de Sacy*, en deux volumes *in* 12. Mais, pour avoir des détails plus particuliers sur les troubles qui ont agité ce Royaume pendant le siecle dernier, on doit se procurer l'*His-*

toire des *Révolutions de Hongrie*, avec les *Mémoires du Prince Rakoczi* & du *Comte Betlem Niklos*, imprimés en six volumes *in*-12, ou en deux *in* 4°, avec des Portraits & des Cartes. C'est un morceau d'Histoire curieux & intéressant. Si l'on vouloit connoître l'origine des Hongrois, & même apprendre par quelle chaîne d'événemens les *Huns* (Peuple qui a donné son nom à la Hongrie) sont arrivés du fond de l'Asie pour faire des conquêtes en Europe ; ceux, dis-je, qui veulent savoir à fond toutes ces choses, doivent lire la grande *Histoire des Huns*, par M. *de Guignes* ; mais elle est en six gros volumes *in*-4°, & quelque curieuse qu'elle soit, par les recherches & par les conjectures dont elle est remplie, il n'est pas possible d'en conseiller la lecture aux Dames.

Passons aux Pays & aux Maisons des Electeurs & de quelques autres Princes de l'Empire. Nous n'avons aucuns bons Livres françois sur les Electorats Ecclésiastiques ; nous n'avons pas même une passable Histoire de la *Saxe*, & de la Maison qui possede cet Electorat ; mais il y a des relations très curieuses de la Cour de Saxe, telle qu'elle étoit sous le regne de l'Electeur, Roi de Pologne, *Auguste II*. Il faut lire entre autres une espece de petit Roman, intitulé *la Saxe galante*, imprimé vers 1730. On y trouve des détails tout-à-fait amusans sur cette Cour; & ceux qui y ont vécu, même assez long-temps après les événemens dont il est parlé dans ce volume, savent que la plupart de ces détails sont vrais.

L'Histoire de la *Baviere* & de la *Maison Palatine*, qui a possédé long-temps & possede encore cet Electorat, est très-intéressante, sur-tout dans les circonstances présentes. Nous n'avons sur cet objet que deux ou trois Livres françois, encore assez médiocres : l'un est l'*Histoire de la Baviere*, par M. *le Blanc*; Paris, 1680, quatre volumes *in*-12; le second, l'*Histoire abrégée de la Maison Palatine*, extraite d'un grand Ouvrage allemand, de M. *l'Abbé Schannat*; Paris, 1680, 1 v. *in*-12; & enfin, le *Précis de l'Histoire du Palatinat*, par M. *Colini*, Secrétaire de l'Electeur Palatin; Francfort, 1763, un volume *in*-8°.

Nous avions sur le *Brandebourg* aussi peu de bonnes Histoires en françois que sur les autres Electorats & Principautés d'Allemagne, lorsqu'en 1750, le Souve-

...in de ce Pays n'a pas dédaigné d'écrire l'Histoire de sa Maison & de ses Etats, en publiant *les Mémoires pour servir à l'Histoire de Brandebourg.* Il faut avoir la derniere édition de ce précieux Ouvrage, imprimé sous le titre de Londres, 1767, trois volumes *in*-12.

Il y a une *Relation des Cours de Prusse & d'Hanovre*, imprimée en 1706, trois volumes *in*-12, traduite de l'anglois du fameux *Charles Toland*, connu par plusieurs Livres impies. Cette Relation est l'Ouvrage d'un homme d'esprit, & elle est fort amusante.

Plusieurs Ouvrages concernant la personne, les actions & la vie de l'illustre Auteur des *Mémoires de la Maison de Brandebourg*, sont dignes de la curiosité des Dames & des autres Lecteurs François. Telle est la *Chronique de Frédéric, Roi de Prusse*, dans le goût Oriental, imprimée à Dusseldorf, 1745, deux parties, en un volume *in*-8°. *Le Spectateur en Prusse*, 1767, un volume *in*-12. *Les Faits mémorables de Frédéric le Grand*; Londres, 1757, deux volumes *in*-8°. *Les Mémoires pour servir à l'Histoire de Frédéric le Grand*; Amsterdam, 1760 & 1761, deux volumes *in*-12. *Les Campa-*

gnes du Roi de Pruſſe, avec des Réflexi*[ons]*
ſur les événemens, &c. 1762, deux part*[ies]*
en un volume *in*-12. *Recueil de Lett[res]*
de Sa Majeſté Pruſſienne, pour ſervir *[à]*
l'Hiſtoire de la derniere Guerre; Leipſic*[,]*
1772, deux parties en un vol. *in*-12.

La Maiſon de *Brunſwick*, qui poſſe*[de]*
l'Electorat de *Hanovre*, a ſon Hiſtoire *[à]*
part, & c'eſt une des plus belles & des pl*[us]*
intéreſſantes de toutes celles de l'Allem*[a]*gne. Le fameux *Leibnitz* s'en eſt ſoigneu*[ſe]*ment occupé. Il l'a écrite en latin, & *[a]*
prouvé que cette illuſtre Maiſon avoit *[la]*
même origine que celle *d'Eſt*, de laquel*[le]*
ſont deſcendus les Ducs de *Ferrare* & *[de]*
Modene en *Italie*; mais nous n'avons rie*[n]*
en françois ſur cette matiere, ſi ce n'e*[ſt]*
l'*Hiſtoire de la Maiſon de Brunſwick*, p*[ar]*
M. *Mallet*, dont le premier volume *[a]*
paru en 1767 à *Geneve*, & dont no*[us]*
attendons toujours la ſuite.

Le même M. *Mallet* a publié l'*Hiſtoi[re]*
de la Maiſon de Heſſe, dont il a dé*[ja]*
donné quatre volumes; le premier, e*[n]*
1767, & les autres ſucceſſivement, *in*-8*[º.]*
ils ſont aſſez bien écrits, mais ne s'éter*[n]*dent pas juſqu'à nos jours.

On trouve dans les Bibliotheques un*[e]*
Vie piquante & fort ſinguliere d'un Evê*[que]*

que de *Munster*, nommé *Christophe-Bernard de Galen*. Ce Prélat militaire a joué un grand personnage dans la guerre de 1672, & est mort en 1678. Sa Vie a été imprimée *in-*12 en 1681.

Il ne nous reste plus à parler que de la Suisse. Ce qu'on peut lire de mieux sur ce Pays, c'est l'*état & les délices de la Suisse*, refondus ensemble, & imprimés à Amsterdam en 1730, en quatre gros v. *in-*12, ornés de quelques cartes & gravures. On y trouve non seulement la description du physique de ce Pays, mais aussi l'Histoire abrégée & le Gouvernement de chaque Canton, & Pays allié de la Suisse. Cet Ouvrage ne peut cependant pas tenir lieu d'une bonne & agréable Histoire Helvétique, qui nous manque, quoique parmi celles que nous possédons il y en ait de savantes, d'instructives & d'exactes. Telles sont la *Traduction de l'Histoire Latine de la Suisse*, par *Plantin*, que nous a donnée M. de *Watteville* ; l'*Histoire militaire des Suisses au service de France*, par M. le Baron de *Zurlauben*, en huit volumes *in-*12 ; & l'*Histoire militaire des Suisses, dans les différens services de l'Europe*, par M. de *Romainmoutier* ; Berne, 1772, deux volumes *in-*8°.

Il y a une *Histoire* assez curieuse des *Comtes Souverains de Neufchâtel*, imprimée en 1707, en un seul volume *in*-12; elle finit justement à l'époque où cette Souveraineté, étant devenue vacante par la mort de Madame la Duchesse de *Nemours*, fut disputée entre tant de Concurrens. L'on sait que le Roi de Prusse l'emporta sur ses Compétiteurs, les circonstances lui ayant été favorables. On voit clairement établi dans ce petit Livre l'origine des prétentions de tous ceux qui ont cru & croient peut-être encore avoir des droits sur cette Souveraineté.

Après avoir étudié l'Histoire d'Allemagne autant qu'il est possible, en ne sachant que le françois, on passe à la connoissance de celle des Royaumes du Nord, & l'on commence par le *Danemarck*.

Il faut encore, pour l'Histoire ancienne de ces Pays Septentrionaux, avoir recours à la Géographie ancienne de M. *Danville*, & lire, avec les Cartes de l'ancienne *Scandinavie* à la main, *l'Introduction à l'Histoire du Danemarck*, par M. *Mallet*, Copenhague, 1755, un volume *in*-4°; & les *Monumens de la Mythologie & de la Poésie des Celtes*, par le même Auteur, aussi en un volume *in*-4°; Copenhague,

1756. Ces deux Ouvrages sont très-curieux. On doit en faire suivre la lecture par celle de l'*Etat du Royaume de Danemarck*, tel qu'il étoit en 1692, par M. *Molesworth*, 1697, *in-*12. Les Danois se sont beaucoup récrié sur le contenu de cette Relation : ils ont pris parti pour leur Gouvernement, contre l'Auteur Anglois qui en dit beaucoup de mal ; mais ce sont ces discussions auquel l'Ouvrage a donné lieu, qui le rendent très-piquant.

Nous avons une Relation du Danemarck, beaucoup plus récente, & peut-être plus fidelle que celle dont nous venons de parler ; elle est intitulée, *Etat présent du Danemarck* ; Paris, 1732, un volume *in-*12 ; il ne faut pas la négliger ; & comme M. *Mallet* n'a pas poussé fort loin son *Histoire du Danemarck*, nous devons avoir recours à celle de M. *Desroches*, en neuf volumes *in-*12, imprimée en 1732, & continuée jusqu'à cette date.

M. *Pontoppidan*, Evêque Luthérien Danois, nous a donné un très-bon Voyage de Norwege, qui a d'abord été traduit en anglois, & dont nous avons un extrait en françois ; mais il roule presque en entier sur l'Histoire Naturelle.

L'*Islande* a plusieurs bonnes Histoires ; la derniere, sans doute à laquelle il paroît qu'on doit s'attacher, est celle traduite de l'allemand de M. *Hornbow*; Paris, 1764, deux volumes *in-12*; mais elle ne dispense pas de lire, par curiosité, la *Relation de l'Islande*, par *la Peyrere*, Auteur singulier & fanatique; Paris, 1663, un volume *in-8°*, & *la Relation du Groenland*, par le même; Paris, 1647, un vol. *in-8°*.

L'Histoire de *Suede* n'est pas moins intéressante, que celle de *Danemarck*. L'Histoire ancienne de ces deux Royaumes est la même, puisque les *Scandinaves* les ont également habités. Ainsi, l'*Introduction à l'Histoire de Danemarck*, par M. *Mallet* peut servir à celle de *Suede*; mais ensuite ces deux Histoires se séparent. Il faut lire celle de *Suede*, *traduite du Baron de Pufendorff*, & continuée jusqu'à l'an 1730 (la derniere édition est d'Amsterdam 1743, trois volumes *in-12*) & faire suivre cette lecture par celle de la charmante *Histoire des Révolutions de Suede*, par l'Abbé *de Vertot*; Paris, deux volumes *in-12*, dont nous avons un grand nombre d'éditions.

L'*Histoire de Gustave-Adolphe* a aussi été écrite par *Puffendorff*; mais qui voudroit entreprendre de lire deux gros volumes *in-folio !* Il faut donc se contenter de ce qu'on trouve sur le regne de ce Roi dans l'Histoire de Suede, du même Auteur, & dans son Essai sur l'Histoire Universelle.

Il ne faut pas négliger l'*Histoire de la Reine Christine*, sur la Vie de laquelle plusieurs Auteurs ont exercé leur plume: on nous a donné des Lettres secretes de cette Reine; mais le seul Ouvrage que je conseille sur cet objet, est celui de M. *Lacombe*; Paris, 1762, en un seul volume in-12.

Viennent ensuite les *Histoires de Charles XII*. Celle de M. *de Voltaire* n'est peut-être pas la plus exacte; mais c'est la plus agréable, & celle qu'on doit lire de préférence. Il y en a un grand nombre d'éditions, & elle est comprise dans les Œuvres de cet excellent Écrivain, qui a toujours travaillé pour le plaisir de ses Lecteurs, autant (au moins) que pour leur instruction.

Pour connoître les différens Etats par lesquels la *Suede* a passé, depuis le regne

de *Charles XII* jusqu'à présent, il f[.]
parcourir les *Anecdotes de Suede, ou H[i]-*
toire secrete des changemens arrivés d[a]
ce Royaume sous Charles XI ; La Hay[e]
1716, un volume *in-*8°, & tout de suit[e,]
l'Etat présent de la Suede, imprimé [en]
1718 &. 1720, aussi en un vol. *in-*1[2,]
les *Mémoires pour servir à l'état d[es]*
affaires en Suede, jusqu'à la fin de 171[5,]
volume *in-*4°, imprimé en 1716, [&]
l'Histoire abrégée de l'état présent de [la]
Suede ; Londres, 1748, deux parties [en]
un volume *in-*12. On reconnoîtra, p[ar]
ces Livres, les changemens qui se so[nt]
faits dans ce Royaume, après la mort [de]
Charles XII, & la forme qu'il a pri[se]
sous le Landgrave de Hesse, son su[c]-
cesseur. Il a subi de nouvelles secou[s]-
ses, lorsqu'un Prince de Holstein a suc[-]
cédé à celui de Hesse. Enfin l'état d[e]
choses a encore changé sous le R[oi]
actuellement régnant. Les deux dernie[rs]
Ouvrages, cités plus haut, nous instru[i]-
ront d'une partie de ces faits ; on doit [&]
les procurer, aussi bien que les *Lettres d[u]*
Comte de Tessin au Prince Royal, aujou[r]
d'hui Roi de *Suede*. C'est un excellen[t]
Ouvrage, auquel se trouve jointe l'in[s]-
tructio[n]

A L'USAGE DES DAMES. 145

truction donnée par les Etats du Royaume au respectable Sénateur, destiné à instruire leur futur Monarque.

L'*Histoire de la Laponie* est liée à celle de *Suede*; il faut la lire dans la Traduction du latin de *Scheffer*, par *le Pere Lubin*, Augustin, assez fameux Géographe; Paris, 1678, *in-4°*.

Les Relations que la France a eues depuis quelque temps avec la Pologne, nous ont procuré plusieurs Livres françois sur ce Royaume électif. Le plus grand nombre de ces Livres est agréablement écrit; cependant il y a un choix à faire entre eux, & je pense que, quant à l'Histoire de ce Pays, il suffit de lire celle intitulée, *Révolutions de la Pologne*; Amsterdam, 1735, deux volumes. Ce Livre est de *l'Abbé Desfontaines* & Compagnie: il est bien fait & bien écrit, & il finit à la seconde élection du Roi *Stanislas*. L'*Histoire de Pologne*, du Chevalier *de Solignac*, seroit utile, si cet Auteur n'étoit pas mort avant que de l'avoir achevée.

La Relation du Voyage de Pologne, de Madame la Maréchale Douairiere de *Guesbriant*, qui, en qualité d'Ambassadrice extraordinaire de France, en 1646,

Tome I. K

conduisit dans ce Royaume *Marie de Gonzague*, qui alloit épouser le Roi *Ladislas IV*, n'est pas à dédaigner. Cet Ouvrage, de *Jean le Laboureur*, a été imprimé *in* 4°. en 1648.

Nous avons deux morceaux bien écrits, qui ont paru sous le nom d'un M. *de la Bizardiere*, & dont on a prétendu que le véritable Auteur étoit *l'Abbé de Polignac*, depuis Cardinal, & qui étoit Ambassadeur de France en Pologne, lors de la mort de *Jean Sobieski*.

Le premier de ces Ouvrages est intitulé, *Histoire des Dietes de Pologne pour l'élection de ses Rois*, depuis la mort de *Sigismond*, en 1572, jusqu'à la mort de *Jean Sobieski*; Paris, 1697. Le second *Histoire de la Division arrivée en Pologne, en 1697, pour l'élection d'un Roi, après la mort de Jean Sobieski*; Paris, 1699, *in*-12.

L'*Histoire du Roi Jean Sobieski*, par *l'Abbé Coyer*, est intéressante pour le fond, & singuliérement écrite pour le style. Elle a paru en 1761, en trois volumes *in*-12.

Celle du Roi *Stanislas*, beau-pere de *Louis XV*, est de M. *l'Abbé Aubert* qui l'a fait paroître en 1769, en un volume *in*-12. Elle n'est pas moins intéressante que l'Histoire de *Sobieski*.

Pour achever de prendre une idée nette de la Pologne & du nouvel état où se trouve le Gouvernement de ce Pays, on doit lire *l'Etat de la Pologne, avec un Abrégé de son Droit public & de ses nouvelles Constitutions*, par M. *Pfeffel*; Paris, 1770, un volume *in*-12. Tout ce qui sort de cette plume est clair & exact.

Passons à la Russie. Il est bon de connoître l'ancien état de cet Empire, pour mieux juger des grands changemens qui y sont arrivés depuis moins d'un siecle. Ainsi nous conseillons de lire l'ancienne *Relation de l'Etat & Empire de Russie*, par le Capitaine *Margeret*, imprimée en 1607, & réimprimée en 1669; puis, la *Description de l'Empire de Russie*, traduite de l'allemand du Baron *de Stralemberg*, dont la derniere édition est de Paris, 1757, en deux volumes *in*-12; les *Lettres du Comte Algarotti sur la Russie*, imprimées en italien dès 1760, mais qui n'ont été traduites dans notre Langue qu'en 1769, en un volume *in*-12: enfin, *l'Histoire des Révolutions de l'Empire de Russie*, par M. *Lacombe*, Avocat,

& depuis Libraire ; Paris, 1760, un vol *in*-8°. On y trouve un extrait clair, abrégé, mais juste, de l'Histoire des Empereurs de Russie, avant *Pierre le Grand* il n'y a, auparavant ce regne, qu'u[n] seul article bon à connoître avec un[e] forte d'étendue ; c'est une Anecdo[te] unique, peut-être, dans l'Histoire d[e] l'Europe ; celle du faux Czar *Demetriu*[s]. Elle a fait la matiere d'un Roman hi[s]torique, qu'il faut lire, pour prend[re] une idée de ce fait extraordinaire. A[u] reste, on le trouvera détaillé dans l'Hi[s]toire de Russie, faisant partie de l'Hi[s]toire moderne de l'Abbé *de Marsy*, q[ue] nous avons placée parmi les Histoir[es] Universelles.

Les Mémoires pour servir à l'Histo[ire] *de l'Empire de Russie*, imprimés en 172[5], deux volumes *in*-12, & dont nous avo[ns] une seconde édition de 1729, passe[nt] pour être fort curieux. Le Procès q[ue] *Pierre le Grand* fit faire à son fils [le] *Czarowitz*, n'est pas la piece la moi[ns] importante de ces Mémoires. On doit ajo[u]ter à cette lecture celle des *Anecdo*[tes] *du regne de Pierre le Grand*, imprim[ées] en 1745, un volume *in*-12.: elles co[n]tiennent l'Histoire d'*Eudoxie Fédérown*[a] de *Menzikoff*, & plusieurs autres également curieuses.

M. *Rousset*, qui nous a donné, en un volume *in*-12, Amsterdam, 1728, une *Histoire de l'Impératrice Catherine*, femme de *Pierre le Grand*, auquel elle a succédé, auroit pu tirer un meilleur parti de cette Vie, dont tous les détails méritent d'être connus.

On saura tout ce qu'un François peut apprendre sur la Russie, lorsqu'on aura lu *l'Histoire de l'Empire de Russie, sous Pierre le Grand*, par *Voltaire*, dont le premier volume a paru en 1759, & le second en 1763; *les Mémoires historiques & politiques de Russie*, depuis 1727 jusqu'en 1744, par le Général *Manstein*, imprimés en un volume *in*-8°. (1771): enfin, les deux Histoires de Russie, l'une de M. *Levêque*, l'autre de M. *le Clerc*, qui ont été imprimées à Paris en 1782 & 1783.

Nous terminons ce que nous avons à dire sur les Royaumes du Nord, en indiquant *l'Abrégé chronologique de l'Histoire du Nord ou des Etats de Danemarck, de Russie, de Suede, de Pologne, de Prusse, de Curlande, &c.* par M. *Lacombe*; Paris, 1762, deux volumes *in*-8°.

Cet Abrégé est dans le goût de celui du Président *Hénault*; on y trouve de bonnes remarques particulieres sur les mœurs & les usages de ces Peuples, les productions & le commerce de ces Pays, &c., dont les *Anecdotes du Nord*, rassemblées par MM. *D. L. P.*, *de la Croix* & *Hornot*, en un volume *in-8°.*, 1769, acheveront de donner une connoissance suffisante.

Après l'Histoire du Nord, il convient de lire celle des Pays-Bas. Le meilleur détail que nous ayons de ces Pays, est intitulé *Délices des Pays-Bas, ou Description de ses dix-sept Provinces, & de ses principales Villes, avec des Cartes & des Plans*. La derniere édition de cet Ouvrage instructif est en quatre gros volumes *in-8°.*

Depuis environ cent cinquante ans que les sept Provinces-Unies Protestantes se sont séparées des dix autres, qui sont restées Catholiques, leurs Histoires sont aussi distinctes. Il y a de très-bons Livres sur celle des Pays-Bas Catholiques, mais ils sont en latin, ou dans un françois qui les rend peu agréables à la lecture; & nous ne croyons pas devoir en conseiller d'autres que l'*Histoire des Guerres de Flandre*, par le Cardinal *Bentivoglio*. L'Ouvrage original est écrit en italien, avec tant de clarté & d'un langage si pur, que c'est ordinairement la premiere lecture que l'on fait faire aux Dames qui veulent apprendre la Langue Italienne. La traduction françoise est de M. *l'Abbé Loiseau*; Paris, 1769, quatre volumes *in*-12: elle est assez bien écrite. *Strada*, autre Ecrivain fameux & Catholique des *Guerres de Flandre*, n'a pas eu le même bonheur, & n'a pas trouvé un Traducteur François que l'on puisse lire.

C'est dommage que nous n'ayons pas des Vies mieux écrites de *Don Juan d'Autriche*, du fameux Général *Spinola*, d'*Alexandre Farnèse*, Prince de Parme & Gouverneur de Flandre pour *Philippe II*, & de quelques autres grands Hommes d'Etat & de Guerre, qui ont été employés ou ont combattu pour l'Espagne dans les Pays-Bas.

Nous sommes un peu mieux en Livres françois sur les Provinces-Unies. Il faut lire l'*Etat présent* de cette République, par M. *Janisson*, qui a été imprimé à la Haye en 1731, quatre volumes *in*-12: il contient de grandes & bonnes notions sur le Gouvernement, les richesses & le commerce des Provinces-Unies.

Les *Lettres sur la Hollande*, par le sieur *de la Barre de Beaumarchais*, plaisent & intéressent.

Les Mémoires du Chevalier Guillaume Temple, Anglois, qui étoit employé en Hollande, lors de la guerre de 1672, contiennent des particularités curieuses sur l'état où étoit ce Pays il y a cent ans.

Ceux d'*Auberi du Maurier*, dont le pere avoit été Ambassadeur de France auprès de cette même République, passent pour très-curieux ; ils ont été imprimés dès 1682, & il y en a une édition de 1754 avec des notes.

Un Ouvrage assez critique sur les Hollandois, & dont ces Républicains n'ont pas été plus contens que des deux précédens, est intitulé, *la Religion des Hollandois*, par un ancien Officier Suisse, au service de France, nommé *Stoupe*. Cet Ouvrage fut imprimé en 1673, *in*-12 : on y accuse hautement les Hollandois de la plus grande indifférence en matiere de Religion. C'est un reproche qu'on leur a souvent fait, mais qu'ils ne méritent pas tout-à-fait.

Il y a plusieurs Histoires des Provinces-

'nies en françois ; mais elles font fort oluminéufes ; telle eft *l'Hiftoire des Pays-as*, par *Jean le Clerc*, imprimée en 1713, trois vol. *in-folio*; *les Annales de ces Provinces, depuis la Paix de Munfter*, par *Bafnage*, imprimées en 1719, deux vol. *in-folio* ; & la grande *Hiftoire des Provinces-Unies*, nouvellement achevée par MM. *du Jardin & Sellius*, en huit volumes *in-*4°, imprimée depuis 1757 jufqu'en 1770.

Je confeille de préférer à tous ces grands Ouvrages *l'Hiftoire de la République de Hollande*, par M. *le Noble*, imprimée en 1689, deux volumes *in-*12, & qui fe trouve dans les Œuvres mêlées de cet Auteur. C'eft un extrait très-bien fait de l'Hiftoire de ce Pays, écrite en très beau latin, par *Grotius* ; elle finit à l'année 1609 ; mais nous avons, pour y fuppléer, une *petite Hiftoire des Provinces-Unies*, en quatre volumes *in-*12, qui a été pouffée jufqu'en 1705, & a été imprimée en 1707.

Le volume le plus agréable & le mieux écrit, au gout de bien des gens, que nous avons en françois fur la Hollande, eft *l'Hiftoire du Stadhoudérat*, par M. *l'Abbé*

Raynal : la derniere édition est de Paris 1750, deux volumes *in*-12.

Parmi les Stadhouders que la Maison de Nassau a fournis à la République de Hollande, il y en a qui ont été de grands Hommes d'Etat & d'excellens Militaires, tel que *Frédéric-Henri, Prince d'Orange*; nous avons sa Vie en un volume *in*-4°, mais elle n'est pas écrite de maniere à faire lire avec plaisir.

Il nous manque aussi une bonne Vie de *Barnevelt*, le plus grand ennemi des Stadhouders, & qui fut la victime de l'ambition des Princes d'*Orange*. Cette Vie n'est écrite qu'en hollandois ; mais nous en avons une autre, du même genre, en françois : c'est *celle des deux freres de Witt*, qui suivirent les traces de *Barnevelt*, & qui périrent aussi misérablement sur un échafaud. Elle est imprimée à Utrecht en 1709, deux petits volumes *in*-12.

Venons à l'Histoire d'Angleterre : c'est une de celles qui intéressent davantage les François, puisque nous ne sommes jamais indifférens à l'égard de cette Nation. Nous avons été, la plupart du temps, ses ennemis, ses rivaux, ses

A L'USAGE DES DAMES. 155

jaloux même, si l'on veut, & dans d'autres momens nous nous sommes surpris dans l'admiration, & même dans des accès d'enthousiasme pour le génie de ces Peuples & les principes de leur Gouvernement. Nous les avons imités jusque dans leurs goûts pour les moindres choses. Nous n'avons pas même voulu conserver sur eux l'avantage de leur fournir des modes : nous avons adopté les leurs. Mais quelles que soient nos idées sur les Anglois, l'Histoire d'Angleterre mérite, plus que toute autre étrangere, de fixer notre attention.

Commençons par indiquer les meilleures descriptions de ce Pays. Il faut d'abord examiner dans l'ancienne Géographie, ce qui s'y trouve sur la Grande-Bretagne ancienne, & faire ensuite une étude sérieuse de l'*Essai géographique sur les Isles Britanniques*, par M. *Bellin*; Paris, 1757, *in*-4°; & des Cartes de cet Auteur, qui sont très-exactes, & font bien connoître, tant les côtes que les routes intérieures de ces Isles. On peut ensuite s'amuser à parcourir les *Délices de la Grande-Bretagne*, de la derniere édition, qui, je crois, n'est que du commencement de ce siecle, en neuf volumes *in*-12. Ce n'est, à la vérité, ainsi que les autres Livres intitulés *Délices* (de l'Italie, des Pays-Bas, de la Suisse, de l'Espagne) qu'un *ramassis* d'extraits, avec un mot sur l'Histoire de chaque Province & de chaque Ville ; mais en suivant un pareil Ouvrage la Carte à la main, on connoît le Pays à quelques articles près, qui peuvent avoir changé depuis l'impression du Livre. Si les gravures insérées dans cet Ouvrage paroissent misérables aux curieux, ils peuvent s'en procurer de magnifiques sur l'Angleterre, qui satisferont leur goût en ce genre, mais qui sont extrêmement cheres.

On doit joindre à ces Délices, l'*Etat présent de l'Angleterre, contenant des détails sur le Parlement, les Charges & Dignités, les Tribunaux & les Universités, l'Administration intérieure*, &c. Il y a un grand nombre d'éditions, en françois, de ce Livre utile ; mais il faut préférer la plus récente, comme se rapprochant le plus du moment présent. Je crois que la derniere est celle de 1728, la Haye, trois volumes *in* - 8°, sous le titre d'*Etat présent de la Grande-Bretagne & de l'Irlande, sous le Regne de George II, traduit de l'anglois*.

Les Livres les plus curieux & les plus estimés, écrits en françois, sur l'Angleterre, les mœurs & les coutumes de ce Pays, sont, les *Lettres d'un François sur les Anglois*, par *l'Abbé le Blanc*, trois volumes *in-*12, derniere édition de 1758, elles joignent l'instruction à l'amusement; *Londres*, par M. *Grosley* : Ouvrage qui contient des Observations intéressantes, & la Relation d'un Voyage, assez court, que l'Auteur fit dans la Capitale de l'Angleterre, trois vol. *in-*12; la derniere édition est de l'année 1775. Au reste, nombre de bons Livres anglois, sur l'Histoire naturelle du Pays, & sur les Antiquités de ses Provinces, ne sont pas encore traduits dans notre Langue.

Les Dames ne sont pas obligées de se jeter dans de grandes discussions sur la véritable forme du Gouvernement Anglois; mais il est nécessaire qu'elles en aient quelque idée, pour l'intelligence de l'Histoire d'Angleterre. Elles pourront acquérir ces lumieres en lisant le *Traité du pouvoir des Rois de la Grande-Bretagne*, imprimé à Amsterdam, 1714, un volume *in*-8ᵘ ; *l'Histoire succincte de la Succession de la Grande Bretagne*, aussi 1714, un volume *in-*12 ; & *l'Histoire* *du Parlement d'Angleterre*, par M. *l'Abbé Raynal*. Ce dernier Ouvrage, en un volume *in-*12 (1748), est peut-être écrit avec trop de prétention à l'esprit ; mais il est bien intéressant. Lorsque l'Auteur le fit paroître, aussi bien que l'Histoire du *Stadhoudérat*, qu'il publia la même année, il n'avoit pas encore réglé son style d'après celui des meilleurs Historiens. Il aimoit trop les antithèses, accumuloit trop les épithetes, & cadroit trop ses périodes ; cela n'empêche pas que ses Ouvrages, de ce temps-là, n'aient été regardés comme les productions d'un homme de beaucoup d'esprit. Le style de ceux qu'il a mis au jour en dernier lieu, est plus régulier, sans que les idées & les opinions en soient moins vives.

Passons à l'Histoire générale d'Angleterre. L'Histoire ancienne de ce Pays n'est nulle autre part mieux développée, d'après les anciens Historiens & les vieilles Chroniques, que dans les premiers volumes de l'*Histoire d'Angleterre de Rapin Thoiras* ; mais cette premiere époque passée, il faut suivre d'autres guides que cet Auteur, François réfugié, & devenu même tout-à-fait ennemi de sa Patrie. On peut lire encore, sur les premiers siecles de l'Histoire d'Angleterre, l'*Introduction* à cette Histoire, *depuis son origine jusqu'au regne des Normands*, par le Chevalier *Guillaume Temple*, traduite de l'anglois, 1695, un volume *in*-12.

Après cela, j'ose conseiller les *Révolutions d'Angleterre*, par le Pere *d'Orléans*, Jésuite, trois volumes *in* 4°, ou *in*-12. C'est un Livre bien écrit, bien fait, & qui a été autrefois généralement estimé. S'il est aujourd'hui un peu décrié, cela ne viendroit-il pas de ce qu'on a pris le change, d'après les Anglois mêmes, sur l'ancienne constitution de leur Gouvernement ?

Il y a plusieurs bons Abrégés de l'Histoire d'Angleterre, tel que celui de *Rapin Thoyras*, imprimé en 1730, dix v. *in*-12. Celui d'*Higgons*, traduit en françois, & imprimé en un seul volume *in*-8°, en 1729 ; le Traducteur est le Chevalier *de Redmond*, mort en 1778, Lieutenant-Général des Armées du Roi.

Nous ne parlons pas de l'*Histoire d'Angleterre de Larrey*, ni de quelques autres encore moins bonnes ; mais nous devons certainement faire mention de l'*Abrégé chronologique de l'Histoire d'Angleterre*, en trois volumes *in*-12, par M. *Dupo[nt] du Tertre*, imprimé en 1751. C'est u[n] Ouvrage très-bien fait : l'Auteur s'éten[d] avec beaucoup de raison & d'adresse f[ur] les points les plus intéressans de l'Histoi[re] qu'il présente à ses Lecteurs.

On peut lire aussi les Anecdotes A[n]gloises par M. *de la Croix*, en un vo[l.] *in*-8°; Paris, 1768.

Pour revenir aux grandes Histoires générales, celle de M. *Hume* passe pour la mei[l]leure; elle a été traduite en françois par différentes plumes, toutes bonnes & exacte[s.] Ces Traductions ont paru successivement, mais il faut, suivant l'ordre des temps, d'abord, lire l'*Histoire des Rois d'Angleterre, de la Race des Plantagenets Comtes d'Anjou*. Ils ont commencé à régne[r] peu après *Guillaume le Conquérant*, & ont occupé ce trône jusqu'à la fin de[s] troubles, occasionnés par les faction[s] connues sous le nom de *Rose-rouge* & de *Rose-blanche*. Aux Rois de cette Maison ont succédé les *Tudors*, c'est-à-dire, *Henri VII, Henri VIII, Edouard VI*, & les deux filles de *Henri VIII, Marie & Elisabeth*. Leur Histoire fait la matiere de la seconde partie de l'Histoire d'Angleterre d'Angleterre de M. *Hume*. Enfin, les *Stuards* sont montés sur le trône, & leurs regnes forment la troisieme partie de cette Histoire. On peut compter la durée de leur puissance jusqu'à la fin du regne de la Reine *Anne Stuard*, après la mort de laquelle la Maison de *Brunswick-Hanover* a monté sur le trône d'Angleterre; mais M. *Hume* n'a poussé son travail que jusqu'au détrônement de *Jacques II*.

Comme il manque environ quatre-vingt-dix ans pour arriver au moment où nous nous trouvons, il est besoin d'y suppléer par une autre Histoire d'Angleterre, & nous ne pouvons trouver cette ressource que dans *la continuation de Rapin Thoyras*, traduite en françois par M. *le Févre de Saint-Marc*, en 1749, ou, encore mieux, dans l'*Histoire d'Angleterre*, traduite de l'anglois de M. *Smolett*, par M. *Targe*. Cette Histoire, qui est en dix-neuf volumes *in-12*, & auxquels on en a ajouté cinq de supplément, s'étend depuis l'invasion de *Jules-César* dans la Grande-Bretagne, jusqu'au Traité de Paris, 1763. Il suffit de la lire depuis l'expulsion de Jacques II, époque où elle devient plus étendue, plus intéressante, &, pour ainsi dire, unique. C'est cependant

Tome I. L

une Histoire très-partiale, & même un vrai Livre de parti.

Un Ouvrage assez mal écrit, mais très-intéressant, est l'*Histoire navale d'Angleterre*, depuis la conquête des Normands, l'an 1066, jusqu'à la fin de 1734, traduite de l'anglois de *Lédiart*, par M. *de Puisieux*, Avocat ; Paris, 1751, trois volumes *in*-4°.

Passant aux Vies particulieres des Rois, il faut lire celle de *Guillaume le Conquérant* ; Paris, 1742, deux volumes *in*-12.

Les Mémoires d'Angleterre, contenant *l'Histoire des Guerres civiles des deux Roses* ; Paris, 1726, un volume, appartiennent plus aux Romans qu'à l'Histoire.

Celle de *Henri VII*, par M. *Marsolier*, est le meilleur Ouvrage de cet Auteur, qui a eu de la réputation ; elle a été imprimée en 1727, deux vol. *in*-12. Elle est tirée en partie de celle de ce même Monarque, par le Chancelier *Bacon*, qui est écrite en fort beau latin, mais d'un style boursoufflé, & dont une Traduction littérale ne feroit pas fortune aujourd'hui.

L'on peut passer les Histoires d'*Henri VIII* & de la Reine *Marie*, pour arriver à celle d'*Elisabeth*. Il y a une Vie de cette

Reine, traduite de l'italien de *Gregorio Leti*; Paris, 1694, deux volumes *in*-12, qui est très-amusante. On a sur ce regne des Mémoires plus exacts, mais qui sont bien moins agréables.

Nous pensons qu'il est possible de ne s'instruire de l'*Histoire de Jacques I*, & de celle de *Charles I*, son fils, que dans l'Ouvrage de M. *Hume*; mais cette lecture ne doit pas dispenser de lire sur les *guerres civiles d'Angleterre*, l'Ouvrage du Lord *Clarendon*, qui a été grand Chancelier de ce Royaume, & a joué un rôle considérable dans le temps de ces guerres mêmes. La Traduction de ces *Mémoires*, en françois, est imprimée en 1704 & 1709, six volumes *in*-12.

Gregorio Leti a écrit la Vie de Cromrel, aussi bien que celle d'*Elisabeth*. Elle est traduite en françois; Paris, 1694, deux volumes *in* 8°. Elle est également amusante à lire; mais on doit faire sur cette Histoire les mêmes observations que sur celle d'*Elisabeth*.

Concernant le regne de *Charles II*, il faut lire les *nouveaux Mémoires du Chevalier Temple*; La Haye, 1729, un vol. 8°. On y a joint la Vie de l'Auteur.

Si l'on peut placer parmi les Livres

d'Histoire, les charmans *Mémoires du Comte de Grammont*, par *Hamilton*, & ceux de la Duchesse *de Mazarin*, par *St Evremont*, c'est ici le lieu d'en parler. Ils peignent bien l'esprit de galanterie, ou plutôt de libertinage, qui régnoit à la Cour de *Charles II*.

Nous ne parlons point des Mémoires de *Burnet*, sous le regne de *Jacques II*, la lecture en paroîtroit ennuyeuse.

Les *Histoires du Roi Guillaume II* & de la *Reine Anne* ne sont que des compilations de Gazettes, assez mal écrites, sans en excepter la *Vie de la Reine Anne*, qui porte en tête le nom du Docteur *Swift*; mais on doit lire les Dissertations de *Rapin Thoyras*, sur les *Wighs & les Toris*, imprimées en 1717 un volume *in-12*; l'*Histoire du Wighisme & du Torisme*, imprimée à Amsterdam en 1718, aussi un volume *in-8°*, & sur tout les Mémoires secrets de *Milord Bolinbroke*, sur les affaires d'Angleterre, depuis 1710 jusqu'à 1716; traduits de l'anglois, par M. *Favier*; Londres (Paris) 1754, un volume *in-8°*. Il y a une *Histoire de Georges I, Roi d'Angleterre*, imprimée en 1729, cinq volumes *in-12*; c'est encore une mauvaise compilation de Gazettes

Une autre, du ministere de M. *Wallpole*, est beaucoup plus intéressante, quoique très-médiocrement écrite. Nous avons sur le regne de *George II*, sur celui du Roi régnant, & sur les circonstances dans lesquelles s'est trouvée l'Angleterre pendant les deux dernieres guerres, beaucoup d'Ecrits intéressans, mais que nous ne croyons pas à l'usage des Dames ; enfin, une petite Histoire du *Prétendant*, & une Relation de son expédition en Ecosse, dans l'année 1745.

On ne peut rien lire de mieux sur l'*Ecosse*, que l'*Histoire de ce Royaume*, traduite de l'anglois de *Guillaume Robertson*, imprimée à Londres, 1764, deux volumes *in*-4º, ou trois volumes *in*-12. Cet Ouvrage est généralement estimé.

L'*Histoire d'Ecosse*, par *Georges Buchanam*, passe pour être parfaitement écrite en latin ; elle est très-satirique contre *Marie Stuard* : nous n'en avons que de mauvaises Traductions françoises ; & pour s'instruire sur les infortunes de cette Reine, il faut lire sa *Vie*, par l'*Abbé de Marsy*, imprimée en 1742, deux vol. *in*-12 ; elle est écrite d'un style coulant ; d'ailleurs le sujet est intéressant & curieux.

On n'a publié en françois qu'un seul bon morceau sur l'*Irlande* ; il porte le titre d'*Histoire de l'Irlande ancienne & moderne*, par M. *Mac-Geoghegan* ; Paris, 1758, trois volumes *in-*4°. On trouve dans cet Ouvrage des recherches excellentes sur les anciens Habitans de l'*Irlande*, & sur l'établissement de la Religion Chrétienne dans cette Isle. L'Auteur, Irlandois Catholique, s'est peut-être trop étendu sur la partie ecclésiastique de son Histoire, & sur-tout sur *Saint Patrice* : quoiqu'il paroisse grand ennemi des Anglois, son Histoire n'en est pas moins instructive.

Les meilleures descriptions que nous ayons de l'*Espagne*, sont les *Délices de ce Royaume & du Portugal*, imprimées en 1715, avec figures, six volumes *in-*12. Quoique ces figures soient mauvaises, les détails que ce Livre contient sont fort clairs & très-bien faits.

Il y faut joindre *l'état de l'Espagne*, par *l'Abbé de Vayrac* ; Paris, 1718, quatre volumes *in-*12. C'est un Ouvrage qui, à quelques fautes près, est bien fait, & a obtenu quelque estime dans son temps. Nous avons encore les Lettres de la Marquise *de Villars*, mere du Maréchal de ce nom, qui avoit été Ambassadrice de France à Madrid, pendant que *Marie-Louise d'Orléans*, niece de *Louis XIV*, y régnoit avec *Charles II*, dernier Roi de la Maison d'Autriche; & à peu près du même temps, les Mémoires de Madame *Daunoy*, sur la Cour d'Espagne, qui ont été imprimés en 1681 & 1698 : deux Ouvrages agréables & amusans.

Mais les deux Ouvrages que nous venons de citer, ne nous font connoître que l'Espagne d'il y a soixante ans. Pour en juger mieux, il faudroit en avoir des descriptions plus modernes, & nous n'en avons point d'un certain mérite. Un Pere de *Livoy*, Barnabite, a fait imprimer, il y a peu d'années, un *Voyage d'Espagne* assez curieux ; mais ce Pere ne parle que d'une partie de ce Pays, qu'il a parcourue.

L'Espagne & le Portugal font partie des Pays qu'avoit visités feu M. *Silhouette*, qui a été depuis Contrôleur-Général. Ses Voyages ont été imprimés en 1770, en quatre vol. *in-8°*. Mais c'est l'état actuel de ces Royaumes qu'il nous importeroit de connoître, & non ce qu'ils étoient à la fin du siecle dernier.

Mariana tient le premier rang entre les Historiens Espagnols ; il étoit Jésuite, & a été traduit par le Pere *Charenton*, son Confrere, sous le titre d'*Histoire générale d'Espagne, du Pere Mariana*, en cinq volumes *in*-4° ; Paris, 1725. Le latin de l'original, imprimé en 1592, est très-beau. Après avoir rapporté beaucoup de fables sur l'ancienne Histoire d'Espagne, il devient très sage dans tout ce qu'il raconte, depuis l'invasion des Mores jusqu'en 1515, époque à laquelle il a eu la prudence de s'arrêter. Quoique la façon de penser de *Mariana* soit, avec raison, décriée (parce qu'il a eu l'audace de soutenir, dans un autre Ouvrage, la doctrine du Régicide), cependant il est certain que son Histoire d'Espagne est très-estimable ; mais il n'y parle guere que de ce qui est arrivé aux Chrétiens sous la domination des Mores ; & quant à ce qu'ont fait les Mores mêmes, il faut le chercher dans l'Ouvrage de M. *Cardonne*, intitulé, *Histoire de l'Afrique & de l'Espagne, sous la domination des Arabes* ; Paris, 1765, trois volumes *in*-12. Si l'on ne trouve pas dans ce Livre l'agrément du style, au moins en fera-t-on dédommagé par l'étendue des recherches.

L'*Histoire générale d'Espagne*, par Don *Jean de Ferreras*, est, à mon avis, fort inférieure à celle de *Mariana*, quoique cette Histoire ait l'avantage d'être poussée plus loin que celle du Jésuite, c'est-à-dire, jusqu'au regne de *Philippe II*. Elle a été traduite en dix volumes *in-*4°, par M. *d'Hermilly*.

Les Ouvrages plus abrégés sur *l'Espagne*, sont *l'Histoire des Révolutions* de ce Royaume, *depuis la destruction de l'Empire des Goths jusqu'à la parfaite réunion de la Castille & de l'Aragon en une seule Monarchie*, par le *Pere d'Orléans*, Jésuite. La derniere édition est de 1737, cinq volumes *in-*12; c'est le meilleur Ouvrage de l'Auteur, qui étoit un des bons Ecrivains de sa Société; les faits y sont enchaînés avec clarté, présentés quelquefois avec adresse, & souvent avec chaleur.

Nous avons deux Abrégés Chronologiques de l'Histoire d'Espagne; l'un est de M. *Désormeaux*, & a été imprimé en 1759, cinq volumes *in-*12. C'est plutôt une Histoire d'Espagne abrégée, très-bien écrite, & dans laquelle l'Auteur s'est étendu, sur-tout lorsque les secours de *Mariana* & du *Pere d'Orléans* lui ont manqué. L'autre est une imitation exacte de l'Abrégé de l'Histoire de France, du Président *Hénault* ; on prétend même que le Président y a travaillé; mais les véritables Auteurs font MM. *la Combe* & *Macquer* ; ainsi cet Ouvrage est bien fait.

Les Anecdotes Espagnoles & Portugaises, par M. *l'Abbé Bertoud*, deux volumes *in* 8°, 1773, sont très-agréables à parcourir. Nous avons aussi quelques morceaux particuliers, & des Vies de Monarques Espagnols, qui ne peuvent déplaire à la lecture, quoique la plupart soient un peu romanesques ; tels sont les Histoires de *Rodrigue, dernier Roi des Goths & d'Espagne* ; de *l'Invasion des Mores dans ce Pays* ; d'*Alphonse X, Roi de Castille*, & de son Ministre le *Connétable de Luna* ; de *Pierre le Cruel*, & de sa Maîtresse *Dona Marie de Padille* ; enfin des Rois Catholiques *Ferdinand & Isabelle*. M. *l'Abbé Mignot* a donné, de ces derniers, une Histoire bien écrite, en deux volumes *in*-12, 1766. On sait que Ferdinand le Catholique étoit le plus grand politique, & peut-être le plus injuste de tous les Rois de l'Europe. *Balthasar Gratien*, Auteur Espagnol, a fait un Livre sur la politique raffinée de ce Monarque; & M. *Silhouette* nous en a donné la Traduction sous le titre de *Réflexions politiques sur les plus grands Princes, & particuliérement sur Ferdinand le Catholique*; Paris, 1730, un volume *in*-12.

L'*Histoire du Cardinal Ximénès*, qui fut premier Ministre en Espagne après la mort d'*Isabelle*, regarde cette époque de l'Histoire Espagnole. Il y a deux belles Vies de ce Cardinal; l'une de M. *Fléchier*, 1693, un volume *in*-12; l'autre de M. *Marsolier*, 1704, deux volumes *in*-12. Toutes deux sont bien écrites; dans celle de M. *Fléchier*, le Cardinal *Ximénès*, qui avoit été Cordelier & Confesseur de la Reine *Isabelle*, est regardé comme un Saint. Dans celle de M. *Marsolier*, il est considéré comme un grand politique, & c'est ce qu'il étoit. C'est aussi à ce temps qu'appartient l'Histoire de *Gonsalve de Cordoue*, surnommé *le grand Capitaine*. Nous en avons une bonne Histoire par le *Pere du Poncet*,

Jésuite ; Paris, 1714, deux volumes in-12.

Gregorio Leti a écrit l'*Histoire de Philippe II*, & elle a eu du succès ; depuis quelque temps, nous en avons une nouvelle, traduite de l'anglois de *Robertson* ; mais, soit la faute de l'Original ou de la Traduction, il s'en faut bien qu'elle approche de la Vie de *Charles-Quint*. Elle est en six volumes in-12.

C'est à cette époque que doit se rapporter aussi l'*Histoire tragique*, vraie ou fausse, du Prince *Don Carlos*, si bien écrite par *l'Abbé de Saint-Réal*. Si c'est un Roman, c'est un des plus beaux qu'il y ait.

Le *Comte, Duc d'Olivarès*, joua le plus grand rôle sous le regne de *Philippe III*, dont il fut le premier Ministre. Nous avons plusieurs Ouvrages sur sa fortune & sur sa disgrace. Un des plus curieux sont les *Anecdotes de son Ministere, tirées de Vittorio Siri*, par un M. *Valdori* imprimées en 1722.

La *Vie du Duc d'Ossone*, traduite de l'italien de *Gregorio Leti*, est un Ouvrage amusant, dans lequel il y a cependant des traits historiques assez intéressans.

a été imprimé en françois vers 1700, en un seul volume.

Il faut lire l'*Histoire de l'avénement de la Maison de Bourbon au trône d'Espagne*, par M. *Targe*, imprimée à Paris, 1772, six volumes *in*-12. Cette lecture en épargnera beaucoup d'autres, touchant cette importante succession, & les guerres qu'elle a occasionnées depuis le commencement de ce siecle.

Mais une Vie particuliere, relative au regne de *Philippe V*, qu'il ne faut pas négliger de lire, quoique nous ne l'ayons que très-mal écrite, c'est celle du Cardinal *Alberoni*. Elle a été imprimée à la Haye, 1719, un volume *in* 8°; l'Auteur est un nommé *Rousset*, connu par plusieurs autres Ouvrages politiques, faits à la hâte, & écrits d'une plume peu châtiée; mais ici, la singularité du sujet a fait oublier la médiocrité du style. Cette Vie a paru bien avant la mort du Cardinal, qui, s'étant retiré en Italie après sa disgrace, y a vécu encore plus de vingt-cinq ans, jouissant même de quelque considération; mais alors *Albéroni* étoit mort pour l'Espagne.

Il y a une autre Vie à peu près du même temps & du même Pays, aussi singuliere

& encore plus mal écrite; c'est celle du *Duc de Riperda*, Hollandois, qui, tout étranger qu'il étoit, fut, pendant un moment, tout-puissant à la Cour d'Espagne. Il y culbuta tout, & fut obligé de s'enfuir. On prétend qu'il est mort à Maroc, où il s'étoit refugié.

Nous avons dit que les *Délices de l'Espagne* contenoient celles du *Portugal*, & c'est la seule description de ce Royaume à laquelle nous puissions nous arrêter. M. *le Quien de la Neuville* a commencé à publier une *Histoire de Portugal* qui n'est pas achevée; ainsi nous devons nous en tenir à celle de M. *de la Clede*, comme Histoire générale.

Ce que nous avons de mieux sur le *Portugal*, est, sans contredit, l'*Histoire de la Révolution de* ce Royaume *en* 1640, par *l'Abbé de Vertot*, imprimée en 1689 pour la premiere fois, & depuis souvent réimprimée. Il seroit à souhaiter que la même plume nous eût tracé l'Histoire du Roi, *Sébastien*, de Portugal, qui fut perdu dans une bataille donnée en Afrique en 1578, que l'on crut mort, & qu'on prétend s'être retrouvé depuis; mais nous sommes réduits à n'avoir que des Ouvrages qui, à bon droit, passent pour des Romans sur ce point historique, aussi intéressant que singulier.

L'*Histoire du détrônement d'Alphonse VI, Roi de Portugal*, traduite de l'anglois, par *l'Abbé Desfontaines*, & imprimée à Paris, 1742, deux volumes *in-12*, est ce qu'il y a de mieux écrit & de plus curieux sur un troisieme événement de la Cour de Portugal, qui a bien aussi sa singularité. Les *Mémoires de Frémont d'Ablancourt* sont refondus dans cet Ouvrage.

Cette Cour de Portugal, qui n'est sûrement pas une des plus considérables de l'Europe, est cependant la plus fertile en événemens singuliers ; elle en a éprouvé de nos jours de tout-à-fait extraordinaires, sur lesquels nous n'aurons de long-temps des Mémoires fideles & exacts. A peine savons-nous les particularités du grand tremblement de terre qui a fait tant de ravages dans ce Royaume, il y a environ trente ans.

Il ne nous reste plus à parler que des trois autres parties du Monde, *l'Asie*, *l'Afrique*, & *l'Amérique*. A l'égard de l'Asie, nous avons cité déjà tous les Livres dans lesquels on peut s'instruire de l'Histoire des Turcs & de celle de Mahomet

& des Arabes. Les autres Peuples de cette grande Contrée font les *Perfans*, les *Tartares*, les *Indiens*, les *Chinois*, & les *Japonois* ; & tout ce qui regarde ces Nations, eft compris dans l'*Hiftoire moderne de l'Abbé de Marfy*, & dans les *Supplémens à l'Hiftoire Univerfelle*, de *Puffendorff*. Quelques faits relatifs à tous ces Peuples, font auffi répandus dans les Livres des Voyages. Tels que l'*Hiftoire générale des Voyages*, de *l'Abbé Prévôt*, ou fon Abrégé ; & *le Voyageur François*, de M. *l'Abbé de la Porte*.

Entre les autres Voyageurs hors de l'Europe, il ne faut s'attacher qu'aux plus piquans & aux moins longs ; ainfi nous éloignerons *Pietro della Vallé*, *Monconis*, *Thévenot*, *Struys*, *Corneille Bruyn* ou *le Brun*, *Olearius*, *la Moteraye*, & *Tournefort*, qui font tous *in-fol*. quoique quelques-uns contiennent des particularités intéreffantes.

Tavernier paffe pour menteur, & il a écrit fes Voyages avec la plus grande négligence ; cependant nous croyons devoir en confeiller la lecture, parce qu'ils contiennent des détails curieux & finguliers fur la *Turquie* & fur la *Perfe*, qui ne peuvent que faire plaifir. On doit
choifir

choisir l'édition de ces Voyages en six volumes *in*-12, comme la plus commode.

Le Voyage du Chevalier Chardin, en *Perse*, n'est pas moins curieux que le précédent, & passe même pour plus exact; mais il a vu la *Perse* en un temps où elle étoit dans l'état le plus brillant, & ce n'est plus aujourd'hui qu'un pays entiérement dévasté.

Paul Lucas, de son vivant & depuis sa mort, a eu la réputation d'être un insigne menteur; cependant il y a encore des personnes qui l'ont vu dans Paris soutenir hardiment qu'il n'avoit rien avancé que de vrai dans le détail de ses Voyages, d'où il avoit rapporté quelques Momies, de petites Idoles Egyptiennes, & d'autres curiosités. Pour apprendre ce que savoit ou du moins débitoit ce Voyageur, il faut réunir ses deux Voyages, qui forment ensemble quatre volumes *in*-12, dont les deux premiers ont été imprimés en 1705.

Les Mémoires du Chevalier d'Arvieux contiennent ses Voyages en *Turquie*, *Syrie*, *Palestine*, *Egypte* & *Barbarie*: ils ont été rédigés par le *Pere Labat*, Jacobin, & l'on y trouvera des détails qui les feront lire avec plaifir, & qui, particuliérement ne laifferont rien à defirer fur la Paleftine Cet Ouvrage a paru en fix volumes *in*-12 1734.

Il n'y a pas long temps que nous n'avions rien de meilleur fur *l'Arabie Heureufe*, que le Voyage de M. *de la Roque*, imprimé en un vol. *in*-12. Mais nous pouvons à préfent, pour connoître plus parfaitement l'*Arabie*, avoir recours au Voyage dans ce Pays, par M. *Niebuhr*, quoiqu'il ne foit pas auffi amufant qu'il doit paroître important & curieux.

On lira avec bien plus de plaifir les *Lettres de Myladi Wortley Montague* écrites pendant fes Voyages en *Europe* en *Afie*, en *Afrique*. Les aventures & le caractere de cette Dame, qui a été Ambaffadrice d'*Angleterre* à *Conftantinople* font également finguliers. Elle avoit beaucoup d'efprit & d'imagination : on en trouve la preuve dans fes Lettres, qui fourniront aux Dames matiere à beaucoup de raifonnemens & de réflexion fur les ufages du Levant. Il n'a d'abord paru qu'un volume *in*-12 de ces Lettres & enfuite on a publié un Supplément qui forme un fecond volume.

Les Voyageurs modernes, en quatr

volumes *in*-12, par M. *de Puyfieux*, Avocat, sont composés d'extraits de plusieurs Voyageurs Anglois. On trouve dans ce Recueil tout ce qu'il y a de plus curieux dans les Voyages du *Docteur Pokocke*, Evêque Anglican en *Egypte*; du *Docteur Shaw*, & de M. *Drummont* en *Barbarie*; de M. *Wood*, sur les ruines de *Palmire*; de M. *Norden*, Danois, qui remonta le *Nil* jusqu'en *Ethiopie*, & le redescendit en examinant toutes les Antiquités de la *Haute-Egypte*, & dont l'Ouvrage a été traduit en anglois; de M. *Hanway*, en *Perse* & en *Russie*; de M. *Russel*, à *Alep*; & enfin dans les Voyages de M. *Pontoppidan*, Evêque Danois en *Norwege*, qui a eu les Anglois pour premiers Traducteurs. Presque tous ces Ouvrages sont fort estimés; mais la lecture entiere en seroit longue & fatigante; & nous devons quelque reconnoissance à feu M. *de Puyfieux*, d'avoir rassemblé, en peu de volumes, tout ce qu'ils ont de curieux.

M. *Flachat*, Négociant de Lyon, a donné un Voyage du Levant, agréable & instructif, sous le titre *d'Observations sur le Commerce & les Arts d'une partie de l'Europe, de l'Asie & de l'Afrique*;

Paris, 1762, deux volumes *in-*12, avec figures. C'eſt l'Ouvrage d'un Commerçant, homme d'eſprit, qui a vu l'Italie & la Turquie en Voyageur inſtruit & éclairé.

Pour repaſſer enſuite au centre de l'*Aſie*, il faut lire les *Voyages en Turquie & en Perſe*, par feu M. *Otter*, de l'Académie des Belles-Lettres ; Paris, 1748 ; deux volumes *in-*12. On y trouve une bonne Relation des expéditions de *Thamas Koulikan*, mais non pas juſqu'à ſa mort. Il faut avoir recours, pour cette derniere partie, aux *Mémoires* d'un M. *de la Mamye-Clairac*, Officier François, qui avoit paſſé en *Perſe*, & ſervi ſous ce Conquérant.

On ne doit entreprendre cependant la lecture des Mémoires de M. *de la Mamye*, qu'après avoir lu les dernieres *Révolutions de Perſe*, par le *Pere Ducerceau*, Jéſuite, imprimées à Paris en 1728, parce que celles-ci ſont antérieures au regne de *Thamas Koulikan*. Les Auteurs de ces premiers troubles furent *Mirveis* & *Ashraff* : ils étoient tous deux de la nation des *Aghwans*, & chaſſerent du trône la race des *Sophis*. *Thamas Koulikan* les rétablit ; mais ce fut pour s'emparer bientôt lui-même de leur couronne. Il fut appelé *Schah Nadir*. Ce fut sous ce nom qu'il conquit & rançonna le *Mogol*. Après sa mort, les troubles ont augmenté en *Perse* à un point incroyable. Ce que nous avons sur le dernier état des choses, est contenu dans un Mémoire publié par M. *Peissonel*, Consul de France à Smirne, sous le titre d'*Essai sur les troubles actuels de Perse & de Géorgie*; Paris, 1754, *in*-12.

On doit d'abord lire sur le *Mogol* les *Mémoires* de cet Empire, par *Bernier*; Paris, 1670, quatre volumes *in*-12. C'est un des meilleurs Voyages que nous ayons: l'Auteur étoit bon Philosophe & bon Médecin. L'état dans lequel il nous représente le *Mogol*, a bien changé depuis cent ans. Pour en connoître l'état actuel, il faut avoir recours à l'*Histoire des Indes Orientales, ancienne & moderne*, par *l'Abbé Guyon*; Paris, 1744, trois vol. *in*-12, indépendamment de ce que l'on trouve sur les Indes, dans l'Histoire moderne de *l'Abbé de Marsy*.

Nous ne connoissons de Vies particulieres des anciens Conquérans qu'on puisse lire, que celle de *Gengiskan*, traduite assez médiocrement par M. *Pe*-

tis de la Croix, & celle de *Tamerlan*, de qui defcendent les Empereurs du *Mogol*, & qui defcendoit lui-même de *Gengiskan*. Cette derniere eft bien écrite, par un *Pere Margat*, Jéfuite, qui la fit paroître en deux volumes *in*-12, 1739. Cet Ouvrage fit alors du bruit, parce qu'on prétendit trouver quelques applications d'une partie des traits de l'Hiftoire du Conquérant Tartare, avec celle de *Louis XIV*.

L'*Hiftoire* des Succeffeurs de *Tamerlan* a été écrite par le *Pere Catrou*, Jéfuite, quatre volumes *in*-12; Paris, 1715.

Pour parvenir à la connoiffance de l'*Inde* moderne, il faut fe procurer ce que nous avons de traduit fur l'Hiftoire de l'*Indoftan*, écrite en anglois, par *Guillaume Dow*; enfuite les *Relations du Bengale, ou Hiftoires des dernieres Guerres des Anglois contre les François dans l'Indoftan*, traduites en 1768; & les *Mémoires du Capitaine Lawrence*, auffi traduits de l'anglois, à peu près dans le même temps.

C'eft ici le lieu de placer trois Ouvrages très-intéreffans. Le premier eft l'*Hiftoire des découvertes faites par les Européens dans les différentes parties du Monde*, traduite de l'anglois de M. *Barrow*, par M. *Targe*, imprimée à Paris en 1766, douze volumes *in*-12. Quoique cette Histoire parle des deux Indes, c'est cependant ici qu'elle doit se trouver, aussi bien que l'*Histoire des établissemens & du commerce des Européens dans les deux Indes*, dont la derniere édition est de 1780, dix volumes *in*-8°. On y a joint un petit volume de Cartes, qui est très-nécessaire pour l'intelligence de l'Ouvrage, qui a fait beaucoup de bruit, & dont l'on sait que M. *l'Abbé Raynal* est l'Auteur. Ce Livre est plein d'idées philosophiques & hardies, de spéculations très-hasardées, & de calculs sur la vérité & l'exactitude desquels il ne faut pas toujours compter; cependant, il est en général curieux & très-agréable à lire. Quand on sait à quoi s'en tenir sur ces sortes d'Ouvrages, il n'y a aucun risque à s'en amuser.

Le troisieme Ouvrage que nous avons indiqué, est intitulé *Voyages d'un Philosophe, ou Observations sur les mœurs & les arts des Peuples de l'Asie, de l'Afrique & de l'Amérique*, par M. *Poivre*, qui a été Intendant de l'Isle de France. Cet Ouvrage, imprimé en un seul volume *in*-12 (1768), est bien plus sage que celui de M. *l'Abbé Raynal* : il contient quelques bonnes vûes, & l'on a déjà commencé à en exécuter quelques-unes.

Les Royaumes de *Siam*, de *Tunquin* & de *la Cochinchine*, sont entre les *Indes* & la *Chine*. Nous avons sur le premier des Relations, très-curieuses & très estimées. Tels sont les deux Voyages du *Pere Tachard*, Jésuite, & celui de *l'Abbé de Choisi* à Siam. Elles sont toutes trois réunies & imprimées en Hollande, en trois petits volumes *in*-12. Il y a près de cent ans que ces Voyages ont été faits ; & c'est dans ce temps-là que le Roi de *Siam* avoit pour premier Ministre un Chrétien, nommé M. *Constance*, dont l'Histoire, réellement singuliere, a été écrite par le *Pere d'Orléans*, Jésuite, en 1692, un volume *in*-12.

Nous avons peu d'Ouvrages intéressans sur l'Histoire du *Tunquin* & de la *Cochinchine* : on trouve tout ce qu'on en doit savoir dans l'Histoire moderne de *l'Abbé de Marsy*. Il y a une *Relation de l'Isle de Ceylan*, traduite de l'anglois de *Knox*, imprimée en 1693, deux volumes *in*-12, qui mérite d'être lue, & une autre de l'*Isle de Formose*, par un nommé *Psalmanazar* ;

c'est une espece de Roman, mais fort curieux, qui a été imprimé en un volume *in*-12.

La grande *description de l'Empire de la Chine & de la Tartarie Chinoise*, par le *Pere Duhalde*, est un magnifique Ouvrage, mais trop volumineux & trop incommode par sa taille, pour que les Dames puissent faire autre chose que d'en examiner les gravures. Elles pourroient lire *les Mémoires sur l'état de la Chine*, par le *Pere le Comte*, Jésuite, deux volumes *in*-12, Paris, 1696, si cette Relation ne commençoit pas à être vieille; ainsi elles doivent se contenter des détails plus modernes sur cet Empire, qu'elles trouveront dans les Lettres curieuses & édifiantes des Jésuites. Ces Lettres composent un grand nombre de volumes, qui roulent tous sur les missions, les mœurs & les usages des Peuples de l'*Asie*, & principalement sur ceux de la *Chine* & des *Indes*. Nous avons un extrait de ces Lettres, qui en contient les articles les plus curieux. Depuis quelque temps, on fait paroître une grande *Histoire de la Chine*, composé *sur les Mémoires des Missionnaires*. Ce Livre, qui peut être très-bon, sera encore trop considérable pour être lu par les Dames ; mais je leur conseille l'*Histoire des deux Conquérans Tartares qui ont soumis la Chine*, il y a plus de deux siecles : ce sont *Chinchi* & *Camhi*, par le *Pere d'Orléans* ; Paris, 1688, un volume *in*-8°.

Il a paru une autre *Histoire de la conquête de la Chine, par les Tartares Mantcheoux*, dont l'Auteur est le *Pere Jouve*, aussi Jésuite. Cet Ouvrage, qu'on dit bon, a été imprimé en 1754, deux vol. *in*-12.

Nous avons sur l'Histoire du *Japon* quelques bons Livres, mais un peu longs & anciens ; tels sont, l'*Histoire* (naturelle) *du Japon de Kempfer*, composée en allemand, & traduite en françois, 1729, deux volumes *in-folio* ou trois volumes *in*-12 ; Ouvrage très-curieux ; l'*Ambassade des Hollandois au Japon*, traduite du hollandois, deux volumes *in-folio*, imprimés il y a près d'un siecle ; & enfin l'*Histoire du Japon*, par le *Pere Charlevoix*, Jésuite ; Paris, 1736, deux volumes *in*-4°, ou six volumes *in*-12. On trouvera encore quelques détails sur cette Nation dans l'Histoire moderne de l'*Abbé de Marsy* ; mais depuis que ce pays est absolument fermé aux Catholiques & aux Missionnaires, il nous est très-difficile d'avoir quelques notions sur l'état présent de cette grande Isle, & sur ce qui s'y passe. Les Hollandois, qui sont les seuls qui y commercent, sont renfermés dans un coin d'une grande Ville commerçante, nommée *Nangazaki*, d'où ils ne sortent qu'une fois dans le cours de chaque regne. On les conduit dans la capitale, où on les présente, dit-on, au Souverain, moins comme les Ambassadeurs d'une grande Puissance en Europe, que comme des animaux rares, singuliers, & d'une tournure extraordinaire.

Revenant par la Tartarie, du côté de l'Europe, il faut lire la *Description de la Sibérie*, qui, quoique soumise à l'Empire de Russie, fait partie de la Tartarie Asiatique. Le *Voyage en Sibérie de l'Abbé Chappe*, publié en 1768, trois volumes *in*-4°, est très-beau, fort bien imprimé, & curieux. Celui du même Pays, traduit du russe de M. *Gmelin*, par M. *de Keralio*, Paris, 1767, deux vol. *in*-12, est moins cher, plus portatif, & n'est pas moins intéressant.

Enfin, l'*Histoire des découvertes des Russes*, & des recherches qu'ils ont faites pour connoître les communications de l'Asie avec l'Amérique, & l'*Histoire du Kamchatka*, forment des morceaux singuliers, qui doivent ici trouver leur place.

Passons en Afrique. La meilleure description de cette partie du Monde, est celle écrite en flamand par *Dappers*. La Traduction françoise que nous avons de cet Ouvrage, est fort ennuyeuse; & celle qui nous a été donnée du latin de *Marmol*, n'est pas plus amusante; ainsi, notre unique ressource sur cet objet, est dans les Géographies générales, & dans les Histoires modernes de l'*Abbé de Marsy*.

Quant à l'Egypte, lisez, outre les Voyages de *Paul Lucas*, l'extrait de ceux de *Pokocke* & de *Norden, la Description de ce Pays, faite sur les Mémoires de M. Maillet, par M. l'Abbé le Mascrier*; Paris, 1735, un volume *in*-4°, ou deux volumes *in*-12, avec cartes & figures.

Sur le Royaume de Maroc, l'*Histoire de l'Empire des Schérifs en Afrique*; Paris, 1733, *in*-12, celle des *Conquêtes de Muleï Archi*, & les *Révolutions de l'Empire de Maroc*, depuis la mort de *Muleï Ismaël*, jusqu'en 1728; la *Relation de l'Empire de Maroc*, par M. *Pidou de*

St. Olon, qui fut Ambassadeur de France dans ce pays, il y a plus d'un siecle; & enfin, l'*Histoire des États Barbaresques, qui exercent la piraterie*, traduite de l'anglois, par M. *Boyer de Prébandier*; Paris, 1757, deux volumes *in*-12.

Sur le reste de l'Afrique, on doit se procurer la *Relation de l'Afrique Françoise*, par M. *l'Abbé de Manet*; Paris, 1767, deux volumes *in*-12. On y a joint une *Dissertation sur l'origine des Negres*, qui est très-curieuse.

Il seroit à souhaiter que nous eussions quelque Livre instructif, & écrit d'un style agréable sur l'*Abyssinie* & l'*Ethiopie*; mais nous ne pouvons tirer quelques connoissances de ce pays, que par la lecture de plusieurs Lettres édifiantes des Jésuites, & de ce qu'en a rapporté *l'Abbé de Marsy* dans son Histoire moderne.

On ne peut se dispenser de lire l'*Histoire du Cap de Bonne-Espérance*, traduite du hollandois de *Kolbe*, Livre fort estimé; Amsterdam, 1741, trois volumes *in* 12.

Les *Voyages du sieur le Maire*, Chirurgien, aux *Isles Canaries* & du *Cap-Vert*, au *Sénégal* & à *Gambie*, imprimés en 1682, en un seul volume *in-12*, sont curieux, ainsi que le *Voyage à Madagascar, du Chevalier de Flacourt*; Paris, 1661, un volume *in-4°*.

Il ne nous reste plus à parler que de l'*Amérique*. La meilleure Histoire générale que nous ayons de cette quatrième partie du Monde, est celle de *Robertson*, traduite seulement depuis l'année dernière, en françois, plusieurs vol. *in-8°*. Elle est sûrement préférable à celle du *Pere Touron*, Dominicain, qui a paru en 1769. L'Histoire Angloise est très-philosophique, & l'Introduction, par laquelle elle commence, est presque aussi belle que celle que l'on trouve à la tête de l'*Histoire de Charles-Quint*, du même Auteur.

Les Recherches philosophiques sur les Américains, les Egyptiens & les Chinois, en un volume *in-8°*, par M. *Paw*, de l'Académie de Berlin, sont intéressantes & très curieuses; elles traitent de la façon dont l'*Amérique* s'est peuplée. Il y a un Livre en réponse, qui roule sur la même matiere, & qui est de *Don Pernetti*, Bénédictin. On en doit conclure que l'*Amérique* a reçu ses Habitans par l'extrémité de l'*Asie* & de l'*Europe*, qui confinent à la *Tartarie* & à la *Russie*.

Le Livre tout-à-fait curieux & singulier des *mœurs des Sauvages*, par le *Pere Lafiteau*, Jésuite, imprimé en deux volumes *in-4°*, ou quatre volumes *in-12*; Paris, 1723, tient à cette question. Il y a bien des recherches singulieres dans cet Ouvrage.

L'*Histoire des Colonies Européennes dans l'Amérique*, traduite de l'anglois de *William Burck*; Paris, 1767, deux volumes *in-12*, est encore une espece d'Histoire générale de l'*Amérique*.

Tout le monde connoît l'*Histoire de la conquête du Mexique*, par *Fernand Cortez*, traduite de l'espagnol d'*Antonio de Solis*, par M. *Citri de la Guette*, bon Ecrivain François, connu par une Histoire des deux Triumvirats, qui est estimée. Cette Traduction a été imprimée en un volume *in-4°*, & en deux volumes *in-12*, tant sur la fin du dernier siecle qu'au commencement de celui-ci. Il y en a plusieurs éditions.

Nous avons encore sur le *Mexique* un Voyage agréable & très-amusant; c'est celui de *Thomas Gage*, Anglois, qui s'étant fait Catholique & Cordelier, étoit passé au *Mexique* en cette qualité, y avoit demeuré plusieurs années, & étoit ensuite repassé dans son pays & avoit repris sa premiere Religion. Son Ouvrage, qui est très-satirique, a été traduit en françois dès 1676, deux volumes *in*-12, par M. *Baillet*, Bibliothécaire de M. le Premier Président *de Lamoignon*. Ce qu'il y a de plus curieux, sont des détails sur la Langue des *Mexicains*.

L'on sait que d'abord les Espagnols exercerent de grandes cruautés sur les Indiens en Amérique. Un Evêque de *Chiapa*, nommé *Barthelemi de las Casas*, prit le parti des malheureux Indiens, & plaida leur cause à la Cour d'Espagne. Sa Relation, qui est imprimée & traduite en françois par l'*Abbé de Belgarde*, parut en 1697, un volume *in*-12.

Nous avons aussi l'*Histoire de la Californie*, traduite de l'anglois, par M. *Eidous*; Paris, 1767, trois vol. *in*-12. Celle de la *conquête de la Floride*, traduite de l'espagnol de *Ferdinand de Soto*, par *Citri de la Guette*; Paris, 1684, deux volumes *in*-12; & celle de la *découverte & de la conquête du Pérou*, traduite de l'espagnol de *Zarate*, par le même ; Paris, 1700, deux volumes *in*-12, *in*-12, aussi intéressante que celle du Mexique.

Je n'ose pas proposer l'*Histoire des Incas*, traduite de l'espagnol de *Garcilasso de la Véga*, en trois volumes *in*-4°, dont la lecture paroîtroit sûrement trop longue; mais on lira sans ennui la *Relation de la Riviere des Amazones*, traduite de l'espagnol, par *Gomberville*, de l'Académie Françoise, imprimée en 1682. Il faut lire aussi le *Voyage de M. de la Condamine, dans l'intérieur de l'Amérique Méridionale*, qui a été publié en 1745, un seul volume *in*-8°; l'*Histoire de la France Equinoxiale, du Dorado & de l'Isle de Cayenne*, par un M. *de la Barre*, & quelques autres Livres plus modernes, qui donneront sur tous ces Pays les notions qu'on en doit avoir.

On sait combien on a fait de contes sur le *Paraguay*, grand & beau pays de l'*Amérique*, qui mérite bien d'être connu. Il faut lire l'*Histoire* de cette Province, par le Pere *Charlevoix*, Jésuite; Paris, 1756, trois volumes *in*-4°, ou six vol. *in*-12. On y trouvera tout ce qu'il y a de plus raisonnable sur cette matiere. Mais si l'on veut voir des choses plus hasardées, il faut se procurer la *Relation des Missions du Paraguay*, attribuée au savant Italien *Muratori*, & même la *Facétie*, intitulée, *Histoire de Nicolas I, Roi du Paraguay*.

Avant que de quitter l'Amérique Méridionale, nous devons indiquer la *Relation de la Mer du Sud*, faite en 1712, 13 & 14, par M. *Frezier*, Ingénieur du Roi de France. C'est un Voyage curieux & très-bien écrit. Il a été imprimé en 1717, un volume *in*-4°, ou deux volumes *in*-12. L'Auteur n'est mort que plus de cinquante ans après ses Voyages : il est connu par d'autres bons Ouvrages.

C'est encore ici qu'il faut placer les *Voyages autour du Monde*, dont le plus fameux est, sans contredit, celui de l'Amiral *Anson*, Anglois, depuis 1740 jusqu'en 1744. Il a été imprimé en 1748, & traduit en françois en un volume *in*-4°, ou quatre volumes *in* 12.

Viennent ensuite les *Voyages de Don Pernetti aux Isles Maloüines* : il y est question des *Patagons*. Il a été imprimé en 1770, deux volumes *in*-12. Il est curieux. *Don Pernetti* s'étoit embarqué pour ce Voyage avec M. *de Bougainville*.

Enfin, nous avons les Relations de plusieurs autres Voyages faits de ce même côté, tant par les Anglois que par les François, dans la vûe de reconnoître le détroit de *Magellan*, & les passages dans la Mer du *Sud*; mais en général ils ne peuvent pas se lire de suite & en entier sans ennui, quoiqu'il y ait des articles curieux dans tous ces Voyages.

Parmi ceux de l'Amérique Septentrionale, il faut distinguer celui du Baron *de la Hontan*, fait en *Canada*, depuis 1683 jusqu'en 1693, dont la derniere édition est de 1715, deux volumes *in-*12. Il y a des choses très-singulieres dans ce Voyage, & qui le font rechercher.

Nous avons une très-bonne, mais trop longue *Histoire de la nouvelle France* ou du *Canada*, par le *Pere Charlevoix*; Paris, 1744, six volumes *in-*12. Deux excellens *Voyages de la Louisiane* ou *Mississipi*; l'un, de M. le *Page du Prat*, imprimé en 1758, trois volumes *in-*12, & intitulé, *Histoire de la Louisiane*; & l'autre, de M. *Bossu*, sous le titre de Voyage aux *Indes Occidentales*, encore plus récent.

On a publié un fort bon Ouvrage sur l'*Amérique Angloise*; c'est l'*Histoire & Commerce des Colonies Angloises dans l'Amérique Septentrionale*; Paris, 1755, un volume *in-*12; & M. *de Surgis* nous a donné, en 1769, un autre vol. *in-*12,

N ij

intitulé, *Histoire Naturelle & Politique de la Pensilvanie, & de l'établissement des Quakers dans cette Contrée*, traduite de différens Auteurs Allemands & Anglois.

Depuis la premiere édition de ce Livre-ci, l'Amérique Angloise a bien changé de face; une révolution imprévue, une guerre, terminée à l'avantage des Colons de cette partie de l'Amérique, a opéré ces grands changemens. Il faut absolument lire ce qui a été imprimé il y a peu d'années, sur *la Constitution des Etats-Unis* de l'Amérique, ci-devant Angloise, & la Relation des exploits de ceux qui, par leurs talens militaires, ont favorisé & consolidé l'établissement de cette nouvelle Puissance.

Nous avons sur les *Isles de l'Amérique*, & sur-tout celles qui appartiennent aux François, deux bons Livres; l'un, sous le titre de *Voyages du Pere Labat aux Isles de l'Amérique*, en 1752, six volumes *in*-12, avec figures. Il y a beaucoup de détails amusans dans cet Ouvrage : on y lit sur-tout avec plaisir ceux sur la culture & la fabrique du sucre, de l'indigo & du tabac, & ceux qui nous font connoître quels sont les animaux, les arbres, les fruits & les autres productions du pays.

Le second est l'*Histoire de l'Isle Espagnole ou Saint-Domingue*, par le *Pere Charlevoix*, imprimée en 1733, quatre volumes *in*-12. C'est un Livre exact & bien écrit, auquel on a joint une très-bonne Carte.

Après avoir ainsi fait l'énumération de tous les Livres que nous croyons devoir conseiller aux Dames & aux Gens du monde, pour se procurer une connoissance suffisante de l'Histoire, il leur sera aisé de se former une petite Bibliotheque historique, en rangeant ces Ouvrages dans le même ordre que nous venons d'indiquer. Mais comme une pareille Collection ne peut pas toujours être formée avec promptitude, nous imaginons qu'il est nécessaire de placer à la suite de ce Mémoire une nouvelle indication méthodique de la plupart des Livres dont nous venons de parler, en distinguant ceux que les Dames doivent acheter & conserver, pour y avoir recours toutes les fois qu'elles voudront se rappeler les faits les plus importans de l'Histoire, & ceux qu'elles peuvent se contenter de lire pour se procurer un amusement aussi véritable qu'instructif. Après s'être mis dans la tête l'ordre général des faits de l'Histoire ancienne & moderne, elles pourront lire, sans s'astreindre à l'ordre que nous avons conseillé, les Livres d'Histoire qui leur tomberont sous la main, soit qu'elles les achetent ou qu'on les leur prête ; mais elles feront bien de s'assurer auparavant s'ils sont du nombre de ceux dont nous croyons la lecture également utile & amusante. C'est pour les mettre en état de faire ce choix, que nous allons ranger dans une classe à part, ceux que nous croyons pour elles nécessaires à acquérir.

CATALOGUE

DES Livres qui doivent nécessairement entrer dans une Bibliotheque historique à l'usage des Dames Françoises & des Gens du monde ; Livres qu'ils doivent acheter, avoir à eux, conserver après les avoir lus, pour se rappeler, en faisant toute autre lecture, l'ordre des faits historiques, & les consulter toutes les fois que ces faits ne se présenteront point à leur mémoire dans l'ordre où ils doivent être.

GÉOGRAPHIE moderne, &c. par l'Abbé *Nicole de la Croix* ; Paris, 1769, deux vol. *in*-12, avec l'Atlas qui y est relatif, gravé par Lattré, rue Saint-Jacques, un volume *in*-4°.

Concorde de la Géographie des différens âges, par l'Abbé *Pluche* ; Paris, 1764, un vol. *in* 12, avec des Cartes.

L'Atlas, par MM. *Robert de Vaugon-*

dy, un vol. *in-folio* ; Paris, 1757, en cent huit Cartes.

Dictionnaire Géographique abrégé, par l'Abbé *Vosgien*, un vol. *in-8°* ; Paris, 1747.

Le Voyageur François, par l'Abbé *de la Porte* ; Paris, vingt-huit vol. *in-12*.

Ouvrage auſſi agréable à lire, que bon à conſerver pour y avoir recours.

Abrégé de l'Hiſtoire générale des Voyages de l'Abbé *Prevôt*, réduite par M. *de la Harpe*, vingt-un vol. *in 12*.

Tablettes chronologiques, par l'Abbé *Lenglet du Freſnoi* ; Paris, 1778, deux vol. *in-8°*.

Hiſtoire univerſelle, par M. *Boſſuet*, dont il y a différentes éditions, tant *in-4°* qu'*in-12*, entre autres une de l'année 1784, imprimée avec autant de luxe typographique que l'Ouvrage le mérite, chez Didot l'aîné.

Introduction à l'Hiſtoire univerſelle, traduite du *Baron de Puffendorff*, avec tous ſes ſupplémens, derniere édition, huit volumes *in-4°*.

Les éditions *in-12* ne ſont pas ſi complettes.

Hiſtoire ancienne, &c. par M. *Rollin*,

treize vol. *in-*12, ou six volumes *in-*4°.

Histoire moderne des Chinois, *Japonois*, *&c.* commencée par l'Abbé *de Marsy*, & continuée par M. *Richer*, trente vol. *in-*12.

Mémoires pour servir à l'Histoire universelle de l'Europe, depuis 1600 *jusqu'en* 1716, par le Pere *d'Avrigny*, derniere édition, cinq vol. *in-*12. Histoire du dix-septieme siecle, également exacte & claire.

Traité historique & moral du Blason, par M. *Dupuy d'Emportes*; Paris, 1754, deux vol. *in-*12.

Exposé clair & méthodique d'une science qu'il ne faut pas tout-à-fait ignorer.

Il seroit à souhaiter que nous eussions sur la Noblesse & sur les Tournois, des Livres plus agréables à lire que ceux de l'Allouette, de la Roque, de Favin, & du Pere Menestrier; mais je ne peux conseiller aux personnes pour qui ce Catalogue est fait, de placer autre chose à ce sujet dans leur Bibliotheque, que

Mémoires sur l'ancienne Chevalerie, par M. *de Sainte-Palaye*, deux volumes *in-*12, 1754.

Les Souverains du Monde; Paris, 1734, cinq volumes *in-*12.

Il faut bien se servir de cet Ouvrage tel qu'il

est, en attendant qu'il soit perfectionné, ou qu'on en ait un meilleur sur les généalogies des Souverains de l'Europe.

Dictionnaire de Moreri, derniere édition, 1759, dix vol. *in-folio*.

Malgré le format de ce Livre, je ne puis m'empêcher de le proposer aux Dames, non pour le lire, mais pour le consulter dans toutes les occasions. Plusieurs Dictionnaires abrégés & portatifs n'en sont que des extraits, & se trouvent souvent insuffisans, tandis que l'on est assuré de rencontrer dans Moreri tout ce qu'on veut savoir.

Histoire du Peuple de Dieu, par le Pere *Berruyer*, premiere partie, contenant l'Histoire de l'*Ancien Testament*, sept vol. *in-*4°, ou dix vol. *in-*12.

Il faut toujours lire l'Histoire Sainte avec respect : elle ne peut manquer d'inspirer beaucoup d'intérêt ; mais elle n'est vraiment agréable à lire que dans cet Ouvrage.

Les Mœurs des Israélites, par l'Abbé *Fleuri*, un vol. *in-*12.

Les Mœurs des Chrétiens, par le même, un vol. *in-*12.

Discours préliminaires de l'Histoire Ecclésiastique, par le même, recueillis en un vol. *in-*12.

Rien de si beau, de si instructif & de si

intéressant que ces trois Volumes de l'Abbé Fleury.

Abrégé chronologique de l'Histoire Ecclésiastique, par M. *Macquer*, deux vol. *in*-8°; Paris, 1761.

Histoire de l'Eglise, par l'Abbé *de Choisy*, derniere édition; Paris, 1740, onze vol. *in*-12.

C'est la plus courte & la plus claire de toutes les Histoires de l'Eglise.

Vies des Saints, pour tous les jours de l'année, recueillies des Auteurs les plus fideles; Paris ou Lyon, 1740, deux ou quatre vol. *in*-12.

Je crois que c'est la derniere édition de l'abrégé de la Vie des Saints de *Baillet*; c'est ce qu'on peut lire sur cette matiere de plus sûr & de mieux écrit. Ces Vies abrégées peuvent servir de guide dans la lecture de celles qu'on voudroit lire plus en détail, ou parce que le fond en paroîtroit plus intéressant, ou parce qu'elles auroient été mieux écrites par des Auteurs estimables.

Histoire des Ordres Religieux & des Congrégations régulieres & séculieres de l'Eglise, par M. *Hermant*; Rouen, 1710, quatre vol. *in*-12.

C'est le meilleur Livre d'Histoire sur les Ordres Religieux, le plus clair, le guide le plus sûr pour tous les autres, dont le principal mérite est dans les figures, pour ceux qui sont piquans par les anecdotes singulieres, tel que celui intitulé *Ordres Monastiques*, attribué à M. Musson, & qui forme trois vol. *in*-12.

Les guides que l'on doit suivre pour lire certaines Histoires d'Hérésies & d'Hérésiarques, aussi bien que pour l'Histoire de quelques Papes, ce sont les Histoires de l'Eglise que j'ai indiquées. Regle générale, toutes les fois que l'on voudra lire une Histoire particuliere, il faut avoir recours aux Histoires générales, pour voir à quelle époque cette Histoire est relative, dans quelle situation le Héros de l'Histoire particuliere a trouvé les Pays où il a vécu. C'est le moyen de profiter de la lecture des Histoires particulieres, pour se rappeler la connoissance de l'Histoire générale.

L'Histoire ancienne de M. Rollin

Doit ainsi être consultée, lorsqu'on lira des Ouvrages particuliers sur la Grece, & il mettra en état de se passer de la plupart de ces Livres, qui ne seront plus bons à lire qu'autant qu'ils seront bien écrits. En lisant les Vies de Plutarque, il faudra avoir recours tantôt à l'Histoire ancienne de M. Rollin, tantôt à l'Histoire Romaine du même Auteur, ou à celle de Laurent Echard; je conseille de les avoir toutes les deux; la seconde étant, à la vérité, moins détaillée, mais poussée bien plus loin que l'autre.

Histoire de la République Romaine, jusqu'à la bataille d'Actium, par M. Rollin, continuée par M. *Crevier*; Paris,

1738 & années suivantes, seize v. *in*-12, ou huit vol. *in*·4°.

Il faut convenir que cet Ouvrage n'est pas si estimé que l'Histoire ancienne, parce que M. Rollin ne l'a pas achevé, & que M. Crevier, son Continuateur, ne le valoit pas à beaucoup près. Aussi néglige-t-on l'Histoire des Empereurs, qui est de M. Crevier seul, & on s'en tient à la suivante :

Histoire Romaine depuis la fondation de Rome jusqu'à la translation de l'Empire de Rome à Constantinople, avec une *continuation jusqu'à la destruction de l'Empire Grec, par Mahomet II*, traduite de l'anglois de *Laurent Echard*, derniere édition ; Paris, 1734—1741, seize vol. *in*-12.

Pour suivre les Histoires des Arabes & des Turcs, on peut prendre pour guides les deux derniers tomes du supplément à l'Histoire Universelle de Puffendorff. Mais cette Histoire en elle-même n'est rien moins qu'agréable ; il n'y en a que quelques portions, contenues dans un petit nombre de Livres bien écrits, qui puissent attacher le Lecteur.

Quant à l'Histoire d'Italie, je conseille aux Dames d'avoir un seul des meilleurs *Voyages d'Italie*, des plus modernes, & de ceux qui pourront le mieux les instruire de l'état actuel de ce Pays, & d'y joindre

Histoire des Révolutions d'Italie, traduite de l'italien de M. *Nina*, par M l'Abbé *Jardin*; Paris, 1770 à 1775, hui vol. *in*-12.

En faisant ces deux lectures avec attention, & conservant ces Livres dans leurs Bibliotheques, elles pourront profiter de tous les Ouvrages intéressans & bien écrits, relatifs à l'Histoire d'Italie.

Venant à la France, il faudroit en lire & avoir à soi une bonne description de ce Royaume, ou un Voyage de France bien fait & bien entendu, qui contînt en même temps l'Histoire abrégée & la description de chaque Province. J'avoue que je n'en ai pas encore trouvé qui m'ait satisfait; mais en attendant mieux, il faut avoir recours à la *Description de la France*, *par Piganiol de la Force*, en quinze volumes *in*-12; & au *Dictionnaire historique de la France*, par M. Robert de Hesseln, imprimé en six vol. *in*-12 en 1771.

Les Mœurs & Coutumes des François, par l'Abbé *Legendre*.

Imprimés avec son Histoire de France en huit volumes, & à part dès 1700 en un vol., est un Ouvrage court & instructif, qui fait connoître les mœurs publiques & générales de notre Nation; & quant aux *mœurs privées*, le troisieme volume de ces Mélanges, tirés d'une grande Bibliotheque, en présente au moins les principaux traits.

Il faut avoir trois Atlas de la France, *in*-4°. qui se vendent chez Desnos, rue Saint-Jacques;

l'un intitulé *Carte historique & géographique de la France, ancienne & moderne, pour servir aux Histoires du Président Hénault, de l'Abbé Vely*, &c...... L'autre, *Coup-d'œil général de la France*, &c.... Il présente la France sous différentes divisions, par Gouvernemens, par Généralités, suivant le ressort des Parlemens, des Cours des Aides, &c. Enfin le troisieme de ces Atlas, est l'*Indicateur fidele des Routes de France*.

Quant à l'*Histoire* de notre Monarchie, je conseille premiérement

L'*Abrégé* de celle de *Mézerai*, dont la derniere édition est en quatorze volumes *in-*12, y compris le volume intitulé l'*Avant-Clovis*.

On pourroit bien se dispenser d'y joindre la continuation de cet Abrégé, qui ne contient que d'assez mauvaises Vies de Louis XIII & de Louis XIV, qu'il faut lire écrites par un meilleur Auteur que Larrey; mais il n'est pas possible d'acquérir une partie de la derniere édition de Mézerai sans la prendre toute; il faut donc avoir les quatorze volumes de cet Abrégé de notre Histoire. En regrettant que l'Histoire de France, commencée par l'Abbé Vely, n'ait pas été achevée par lui-même, ou que ses Continuateurs ne soient pas entrés dans son esprit, on peut se passer de l'acquérir, & se contenter de l'*Histoire de France*, par le Pere *Chalons*, de l'Oratoire; Paris, 1720, trois volumes *in-*12; mais sur-tout on ne peut se passer de l'excellent

Abrégé chronologique du Président Hainault, dont la derniere édition est en deux vol. *in*-8°.

Avec ces premiers guides, on lira avec autant de fruit que de plaisir les différens morceaux sur les différens regnes qui seront indiqués comme les mieux écrits & les plus intéressans. Mais comme dans les trois Histoires que je viens de citer, les derniers regnes sont trop abrégés, il faut y joindre les deux Ouvrages de M. Anquetil, Génovéfain, intitulés *L'Esprit de la Ligue*; Paris, 1771, trois volumes *in*-12; *les Intrigues du Cabinet, sous Henri IV & Louis XIII*; Paris, 1780, quatre volumes *in*-12; & *l'Esprit de la Fronde*, par M. *Mailly*, de Dijon, cinq volumes *in*-12 : enfin la *Vie de Louis XIII*, par le Pere *Griffet*, deux volumes *in*-4°; & celle de *Louis XIV*, par *Reboullet*, neuf volumes *in*-12, sont absolument nécessaires pour retrouver le fil des autres Histoires de ce temps. Nous n'avons, sur le regne de Louis XV, d'autres secours que celui de notre mémoire : nous pouvons nous souvenir de ce que nous avons vu ou entendu dire à nos peres; mais les événemens en sont trop récens, pour que nous puissions avoir sur cette matiere des Mémoires sûrs & impartiaux.

Pour se guider dans la lecture des Ouvrages François qui regardent l'Histoire d'Allemagne, il faut chercher dans les Géographies générales l'article de l'Empire, & parcourir les Cartes des différens Cercles, Royaumes, Electorats,

&

& Principautés qui en dépendent; & après s'être mis dans la tête quelle est leur étendue & leur état actuel, lire & conserver

L'*Abrégé chronologique de l'Histoire & du Droit Public d'Allemagne*, par M. *Pfeffel*, de la derniere édition en deux volumes *in* 8°.

A l'aide de cet Ouvrage estimable, on saura parfaitement comment tous les Etats qui composent l'Empire, se sont formés, & quelles sont même les principales loix par lesquelles il est gouverné.

Rien de meilleur sur la Suisse, que l'*Etat & les Délices de la Suisse*; Amsterdam, 1730, quatre vol. *in*-12, ornés de Cartes & de Plans.

Les Etats & Royaumes du Nord ont leurs *Abrégés chronologiques*, contenant l'*Histoire des Etats de Danemarck, de Suede, de Russie, de Pologne, de Prusse, de Courlande*, &c.; Paris, 1762, deux vol. *in*-8°.

Ils présentent un fil suffisant pour lire avec fruit tous les morceaux historiques, écrits en françois, & relatifs à ces différens Pays.

Pour l'Histoire des Pays-Bas, il suffit d'avoir dans sa Bibliotheque le Livre intitulé *Délices des Pays-Bas*, & *Des-*

Tome I. O

cription de ses dix-sept Provinces, &c.; avec des Cartes & des Plans; Bruxelles, 1743, quatre vol. *in*-12.

Mais les bons Atlas fournissent de meilleures Cartes, & plus nettes que l'on n'en trouvera dans ce Livre-ci.

Après avoir consulté les meilleures Géographies & les meilleurs Atlas sur l'Angleterre, il faut lire & conserver l'*Histoire des Révolutions d'Angleterre*, par le Pere *d'Orléans*, 1714, trois vol. *in*-8°.

C'est un bon guide, du moins jusqu'à certaines époques, où un Auteur Jésuite peut paroître suspect & partial; pour le reste de l'Histoire de la Grande-Bretagne, il faut avoir l'*Abrégé chronologique de l'Histoire d'Angleterre*, composé par M. *Duport du Tertre*, en 1751, trois vol. *in*-12.

Ce n'est que dans la Géographie générale qu'on peut trouver la description de l'Espagne entiere, & dans les Atlas que j'ai indiqués, les Cartes qui peuvent guider dans la lecture de l'*Histoire des Révolutions d'Espagne*, par le Pere *d'Orléans*, derniere édition, 1737, cinq vol. *in*-12; & l'*Abrégé chronologique de l'Histoire d'Espagne*, par MM. *La Combe* & *Macquer*, 1765, deux vol. *in*-8°.

Les deux Ouvrages que je viens d'indiquer, suffiront pour le Portugal, aussi bien que pour l'Espagne.

Quant aux Pays hors de l'Europe, Asie, Afrique & Amérique, les Livres de Géographie & d'Histoire générale que j'ai indiqués au commencement de cet article, & sur-tout les supplémens à l'Histoire Universelle de Puffendorff, & l'Histoire moderne de l'Abbé Marsy, doivent servir de guides pour la lecture de différens Ouvrages curieux & bien écrits, que les Dames peuvent lire relativement à ces Pays éloignés, qui doivent cependant les intéresser.

Le Catalogue que je viens de donner, composé seulement d'un peu plus de trois cents volumes, suffit pour former aux Dames une bibliotheque, dont la lecture suivie & attentive leur apprendra parfaitement l'Histoire & la Géographie, & peut les diriger pour leur faire lire avec fruit tous les autres Livres d'Histoire qui leur tomberont sous la main. Parmi ces derniers, il faut préférer les Ouvrages les mieux écrits. Ainsi le plus grand service que je puisse rendre aux Dames lectrices, c'est de leur faire distinguer nos bons Ecrivains; & rien ne me paroît plus propre à remplir cet objet, que de leur présenter des exemples tirés de nos Livres François, depuis le premier Historien que nous connoiſſions, juſqu'à l'illuſtre Voltaire. Je fournirai ainſi à mes Lecteurs des Mémoires pour ſervir à l'Hiſtoire de notre Langue, qui a preſque totalement changé en quatre ſiecles, & des modeles du ſtyle qui s'eſt perfectionné pendant les deux derniers, & eſt devenu enfin ſi pur, ſi agréable & ſi attachant.

Je ne parlerai d'aucun des Ecrivains du ſiecle de Louis XVI; ils ſont vivans & ſous nos yeux, & leur réputation n'eſt peut-être pas encore auſſi décidée qu'elle le ſera par la ſuite.

CE n'est qu'au treizieme siecle que l'on a commencé à écrire l'Histoire en notre Langue, & le plus ancien des Historiens François en prose (1) est *Geoffroy de Villehardouin*, qui a écrit l'Histoire de la conquête de la ville de Constantinople, par les Croisés Européens, l'an 1204. Il étoit présent lui-même à cette expédition, & fut un des Généraux François qui s'y signala davantage, & contribua le plus à faire passer la couronne Impériale d'Orient, des Grecs aux Latins, en faisant monter sur le trône des successeurs de Constantin, Baudouin Comte de Flandre. Ceux qui voudront

---

(1) Il y a du même siecle deux Histoires de France en vers françois, celle de *Philippe Mouskes*, composée vers 1250; l'Auteur étoit alors Chanoine de Tournay; il en fut Evêque en 1274, & mourut en 1283. Il commence la Chronique des François au siége de Troies, arrive à Pharamond, & continue jusqu'en 1240. La seconde est intitulée *la Branche aux Royaux Lignages*, par *Guillaume Guiard*, mort en 1307; c'est une Histoire généalogique de nos Rois, écrite en vers; j'ai cru que ces Ouvrages poétiques ne pouvoient pas fournir d'exemples du style historique en prose.

se mettre au fait de cet événement singulier, de la maniere dont il a été préparé, & des suites qu'il a eues, en trouveront tous les détails parfaitement bien exposés dans l'Histoire du Bas-Empire de M. le Beau, Tomes XX & XXI, & même dans la continuation de l'Histoire Romaine de Laurent Echard. Mais ne voulant donner, dans ce moment-ci, qu'un échantillon de la maniere dont on écrivoit en françois il y a cinq ou six cents ans, je me contenterai de copier trois Chapitres de Geoffroy de Villehardouin ; ils paroîtroient sans doute inintelligibles, si je ne les accompagnois d'un petit glossaire. Cette précaution, nécessaire pour cet Auteur, le sera toujours moins pour ceux qui suivent, & successivement deviendra tout-à-fait inutile pour l'intelligence des Auteurs des siecles postérieurs.

Histoire de la prise de Constantinople, par Villehardouin.

Texte du Chapitre XXXV.

OR oicz (*écoutez*) une des plus grant (*des*) merveilles & des greignors (*meilleures*) aventures que vos (*vous*) onques (*jamais*) oiſſiez (*ayez entendues*) al cel tens (*dans ce temps*) : or (*fut*) un Empereor (*Empereur*) en Conſtantinople, qui avoit nom Surſac (*Iſaac*), & ſi avoit un frere qui avoit a nom Alexis, qui il avoit racheté de priſon de Turs (*Turcs*); icil (*cet*) Alexis ſi priſt ſon frere Empereor, ſi li traiſt (*fit arracher*) les iaulz (*yeux*) de la teſte, & ſe fit Empereor, en tel (*le*) raiſon (*façon*) com (*me*) vos (*vous*) avez oi (*entendu*), en ſi (*il*) le tint longuement en priſon, & un ſuen (*ſien*) fil (*s*) qui avoit nom Alexis. Ici (*ce*) filz ſi eſchappa de la priſon, & ſi s'enfui (*t*) en un vaſſel (*vaiſſeau*) troſque (*juſques*) à une Cité ſour (*ſur*) mer, qui eut nom Ancone (1). Enki (*ainſi*

---

(1) L'on ſait qu'Ancone eſt un port de mer de l'Etat du Pape : auſſi Alexis alla-t-il d'abord à Rome demander du ſecours au Saint Pere ; mais il n'en reçut aucun.

s'en alla) al (*au*) Roi Phelippe d'Ale-
maigne (1), qui avoit fa feor (*sœur*)
à fame (*femme*), fi vint à Vérone en
Lombardie, & herberja (*demeura*) en
la ville, & trova (*trouva*) des Pélerins
affez, qui s'en alloient en loft (*l'armée des Croifés*); & cil (*cèux*) qui
l'avoient aidié à efchapper, qui étoient
avec lui, li diftrent (*dirent*) (2) : Sire,
veez (*vous voyez*) ci un oft en (*armée
à*) venife près de nos (*nous*) des meil-
lors Chevaliers del (*du*) monde, qui
vont oltre (*outre*) mer. Quar lor (*or
allez leur*) criez (r) merci, que il (s)
ayent de toi pitié & de ton pere, qui
(*que*) à tel fort i eftes deferité (*vous*

---

(1) Philippe, fils de l'Empereur Barberouffe, & frere
de Henri VI, fuccéda à celui-ci en 1198. Othon, Duc
de Saxe, lui difputa l'Empire, & le Pape Innocent
III fe déclara contre Philippe, qui fut affafiiné en
1208 ; c'étoit cependant un bon & fage Prince. Il
avoit époufé la fille de l'Empereur Grec Ifaac l'Ange.

(2) Dans plufieurs des Chapitres fuivans, le Prince
Alexis eft appelé *li Varlet* (le Valet) de Conftantinople ; cette expreffion eft très-remarquable : elle
fignifioit un jeune homme de qualité qui n'avoit point
encore fait fes premieres armes ; & l'on voit que ce
titre fe donnoit aux Princes comme aux autres, s'entend quand ils étoient bien jeunes.

étes déshérité), & se il te voloient aidier, tu feras quanque ils deviseront (*ce qu'ils vous diront*), lors espooir en prendrès (*vous pourrez espérer*), & il (*le Prince Alexis*) dit que il fera mult (*très*) volentiers, & que cist (*ce*) conseils est bons.

Chapitre LXII.

ET sachiez que ce fut une des plus doutoses choses (*périlleuses aventures*) à faire qui oncques (*jamais*) fust. Lors parlerent li Evesques & li Clergiez al Peulpe (*peuple*), & lors mostrerent que ils fussent confés (*leur conseillerent de se confesser*), & feits chacun sa devise (*son testament*) ; que ils ne savoient quant Diex feroit son commandement d'els (*comme ne sachant ce que Dieu voudroit faire d'eux*) ; & si firent mult volentiers (*& la confession se fit de bon cœur*), par tote l'ost & mult pitosement (*toute l'armée & avec larmes*). Le termes vint si com devises fut (*le signal se donna quand on se fut confessé*), & li Chevaliers furent es villiers hut (*tous*), avec lor destriers (*s'embarquerent dans les vaisseaux avec leurs chevaux*), & furent hut armé (*s*) les hielmes laciez, & li cheval covert

& enselé (*leurs heaumes, ou casques lacés ou attachés, & les chevaux couverts de leurs harnois*) ; & les autres gens qui n'avoient mie (*pas*) si grand meftier (*grande affaire*) en bataille, furent es (*dans les*) grans nés hut (*navires tous*), & les galées (*galeres*) furent armées & attornées (*préparées*) totes : & le matins (*la matinée*) fut biels (*belle*) après le soleil un poi (*peu*) levant. Et l'Empereor Alexis les attendoit à (*avec*) granz (*de*) bataille (*infanterie*), & à granz (*de*) corroiz (*cavalerie*) de l'autre part. Et on sone les bozines (*trompettes*), & chacune galée (*galere*) fut, à un visfiers (*vaiffeau*), liée por (*pour*) passer oltre (*outre*) plus delivreement (*légérement*) : ils ne demandent mie chascun qui doit aller devant ; mais qui ainçois puet (*le peut*), ainçois arrive. Et li (*les*) Chevaliers iffirent des visfiers (*vaiffeaux*), & saillent (*sautent*) en la mer trosque (*jufques*) à la ceinture tuct (*tout*) armé (*s*), les hielmes laciez (*heaumes lacés*) & les glaives es mains, & li bon Archier, & li bon Serjanz, & li bon Arbaleftrier (*Sergens, Fantaffins, armés d'arcs, de haches & d'arbaletes*) ; chafcune Compagnie ou endroit ele arriva (*arriva au lieu marqué*). Et li Greu (*les Grecs*) firent mult (*mine*) grand semblant del retenir (*de s'opposer*). Et quant se vint as lances baissiers (*aux coups de lances*), & li Greu (*les Grecs*) lors tornerent le dos, & si s'en vont fuiant, & lor (*ils*) laisserent le rivage. Et sachiez que oncquez plus orgueilleusement nuls pors (*port*) ne fu pris. A donc commence li Marinier a ovrir les portes des vissiers (*vaisseaux*), & à giter (*jeter*) les ponz fors (*en dehors*); & commence les chevaus à traire (*à faire sortir*); & li (*les*) Chevaliers commencent à monter sor (*sur*) lor (*leurs*) chevaus (*x*), & les batailles (*infanterie*) se commencent à rangier si com (*me*) ils devoient.

Chapitre CXXXII.

ET les autres gens qui furent espandus parmi la ville, gaaignierent assez, & fu si granz (*d*) la (*le*) gaaiez (*gain*) fait, que nus ne vos en sauroit dire la fin (*quantité*) d'or & d'argent & de vassellement (*vaisselle*), & de pierres précieuses & de samiz (*d'étoffes de soie, velours, &c.*), & de dras de soie (*satin*), & de robes de vaires & grises (*fourrures tachetées & de petit-gris*) & hermines & toz (*toutes*) les chiers avoirs (*belles choses*) qui oncques furent trové en terre. Et bien tefmoigne (*je le certifie*), Joffroi (*Geoffroy*) de Villehardoin, li Marefchaus de Champaigne, à fon efcient por vérité (*comme en étant affuré*), que (*de*) puis que li fiecles (*le monde*) fu eftorez (*créé*), ne fu tant gaaigné en une ville.

UN fecond Hiftorien du treizieme fiecle, qui peut me fournir des exemples du langage & du ftyle de fon temps, eft Jean Sire de Joinville, Hiftorien de Saint-Louis. Il y a peu de Dames qui n'en ayent entendu parler; mais il n'en eft peut être aucune qui ait eu le courage de lire, dans le texte même, l'Ouvrage de cet Ecrivain, homme de qualité, qui étoit parent & allié des plus grands Souverains de l'Europe de fon temps, & dont l'héritage a paffé, par fucceffion, aux plus grands Princes. Il a écrit tout à la fin du fiecle, au commencement duquel écrivoit Villchardouin, & on s'apperçoit que pendant cet intervalle, la Langue Françoise s'étoit déjà perfectionnée & épurée. Joinville est bien plus aisé à entendre que Villehardouin, & l'on s'en appercevra en lisant les traits remarquables que je vais tirer du texte original de cet Auteur, dont nous avons un grand nombre de belles éditions.

Traits principaux & remarquables, tirés de l'Histoire de St. Louis, par le Sire de Joinville.

1°. » LE bon Seigneur Roi, estant par
» une foiz en grant maladie qu'il eut à
» Fontaine Bliaut, dist à Monseigneur
» Loys son aisné filz (1) : beau filz, je te
» pry que tu te faces amer au Peuple
» de ton Royaume ; car voirement je ay-
» merois mieulx que ung Ecossoys vint
» d'Ecosse, ou quelque autre longtain &
» estrangier pays, qui gouvernast le peu-

___

(1) Saint Louis eut effectivement un fils aîné, nommé *Louis*, mais qui mourut en 1260, âgé de seize ans, & ce fut *Philippe le Hardi*, son second fils, qui lui succéda.

» ple du Royaume bien & loïaument,
» que tu te gouvernaſſes mal à point &
» en reproche «.

2°. Le ſaint Roi, ſon vin atrampoit par meſure, ſelon la force & vertu qui avoit le vin, & qu'il le pouvoit porter. Il me demanda, en Cypre, » pourquoi je m'é-
» toie de l'yaue (*eau*) en mon vin, &
» je lui dis que ce me faiſoient les Phi-
» ſiciens (*Médecins*), qui me diſoient que
» j'avoie une groſſe teſte & une froide
» fourcelle (*eſtomac*) , & que je n'en
» avoie povoir de enyvrer, & il me diſt
» que ils décevoient car je ne l'apprenoie
» en ma jeneſie (*jeuneſſe*), & je le vou-
» loie atremper. en ma vieilleſſe , les
» goutes & maladies de fourcelle me
» prendroient, que jamez (*jamais*) n'au-
» roie ſanté ; & ſe je bevoie le vin tout
» pur en ma vieilleſſe, je m'en yvreroie
» touz les ſoirs, & ce eſtoit trop laide
» choſe de vaillant homme de ſoy en-
» yvrer «.

3°. » Il diſoit que l'on devoit ſon cors
» veſtir & armer (*couvrir*) en telle ma-
» niere que les prud'hommes de ceſt ſiecles
» ne diſent que il en fiſt trop, ni que les
» jœnes (*jeunes*) homes ne diſſent que il
» fiſt pou (*peu*) «.

4°. » Il m'apela une foiz & me dift......
» Sénéchal.... Or vous demande lequel
» vous ameriez miex (*mieux*), ou que
» vous fuffiez mezeau (*lépreux*), ou que
» vous eufliez fait un péchié mortel, &
» je ni onques ne li menti, li refpondi que
» je en ameraie miex, avoir fait trente
» péchiez que être mezeau ; & me dift :
» Comment me diftes vous ce ? & je li diz
» que encor li difoie-je ; & il me dift :
» vous diftes comme haftis mufar (*étourdi,*
» *fou*) ; car nulle fi laide mézelerie n'eft
» comme d'être en péchié mortel «.

5°. » Le Saint Roi me conta que une
» fois, en Albigeois, les gens du pays
» fe retirent par devers le Comte de
» Montfort, qui lors tenoit le pays pour
» le Roi (contre les hérétiques & ex-
» communiés), & lui dirent qu'il vinflit
» (*vint voir*) veoir le corps de Notre-
» Seigneur, lequel étoit devenu en chair
» & en faing, entre les mains d'ung Pref-
» tre, dont ilz étoient fort émerveillez ;
» & le Comte leur dift : allez - y vous
» autres, qui en doubtez, car, quant
» à moi, je crois parfaitement & fans
» doute le Saint Sacrement de l'Autel,
» ainfi que notre Mere Sainte Eglife
» nous tefmoigne & enfeigne «.

6°. » Le bon Roi a toujours voulu jus-
» tice estre faite & administrée, comme
» vous oyrez (*allez entendre*); car de
» coutume, après que le Sire de Néelle,
» le bon Seigneur de Soissons, moi &
» autres de ses prouches (*proches*),
» avions esté à la Messe, il falloit que
» nous allissions où les pletz (*entendre*
» *les plaidoieries*) de la Porte, (que main-
» tenant l'*on appelle les Requêtes du Pa-*
» *lais*), & après le Roi nous envoyoit
» querir, & nous demandoit comment
» tout se portoit. & s'il n'y avoit nul
» plaignant qu'on ne pût dépescher sans
» lui, & s'il y en avoit aucun nous le
» lui dissions, & alors les envoyoit que-
» rir & leur demandoit à quoi ils te-
» noient, & tantôt les contentoit &
» mettoit en raison & droiture. Maintes
» fois ai vu que le bon Saint Roi, après
» qu'il avoit ouï la Messe en esté, il
» se alloit esbattre au bois de Vincen-
» nes & se seoit au pied d'un chesne,
» & nous faisoit seoir tous emprès lui;
» & tous ceulx qui avoient affaire à
» lui, venoient à lui parler, sans ce que
» aucun Huissier ne autre leur donnast
» empeschement, & demandoit haute-
» ment de sa bouche, si n'y avoit nul
qui

» qui euſt partie; & quant il y en avoit
» aucuns, il leur diſoit : Amis, taiſez-
» vous, & on vous délivrera l'ung après
» l'autre. Puis fouventes fois appeloit
» Monſeigneur *Pierre de Fontaine*, &
» Monſeigneur *Geoffroy de Villete*, &
» leur diſoit : Délivrez-moi ces parties ;
» & quant il veoit quelque choſe à amen-
» der en la parole de ceulx qui par-
» loient pour aultrui, lui-meſme tout
» gracieuſement de ſa bouche les repre-
» noit. Auſſi pluſieurs foiz ay veu que
» ou diſt temps d'eſté, le bon Roi ve-
» noit au jardin de Paris, une cotte de
» camelot veſtu, ung ſurcot de tirelaine
» ſans manchez, & ung mantel pardeſſus
» de ſandal noir; & faiſoit là eſtendre
» des tappiz, pour nous ſeoir emprez
» lui, & là faiſoit deſpeſcher ſon Peu-
» ple diligemment, comme vous ay diſt
» du bois de Vincennes «.

7°. Ce fut en 1253 que mourut la Reine *Blanche*, mere de *Saint Louis*. Ce Monarque fut ſenſiblement touché de cette perte ; & s'adreſſant au Sénéchal de Champagne, il lui fit part de ſon affliction dans les termes les plus touchans. Celui-ci le conſola de ſon mieux, & en brave & pieux Chevalier. Mais bientôt il fut employé pour confoler une autre perfonne qui devoit être naturellement moins affligée ; c'étoit la Reine *Marguerite de Provence*. Voici comme le bon *Joinville* s'en tira, fuivant les termes originaux d'un paffage qui ne fe trouve abfolument que dans la derniere édition de *Joinville*, de 1761, & n'eft point dans les précédentes de *Mefnard* & de *Ducange*.

,, Madame Marie de Vertus, moult
,, bonne Dame & moult fainte femme,
,, me vint dire que la Royne menoit moult
,, grand deulz (*deuil*), & me pria que
,, j'allaffe vers li (*elle*) pour la recon-
,, forter. Et quant je vins là, je trovai
,, que elle plouroit, & je li dis que voire
,, dit bien celui qui dit, que l'en ne doit
,, femme croire (*que l'on ne doit pas toujours fe fier aux pleurs d'une femme*).
,, Car ce (*la Reine Blanche*) eftoit la
,, femme que vous plus haïez (*deviez haïr*), & vous en menez tel deulz. Et elle
,, me dit que ce n'étoit pas li (*elle*) que
,, elle ploroit, mes (*mais*) pour la me-
,, faife (*le chagrin*) que le Roy avoit du
,, deulz que il menoit (*de la perte qu'il avoit faite*), & pour fa fille (*Ifabelle*)
,, qui puis fut Royne de Navarre, qui

» estoit démourée en la garde des hom-
» mes «.

Effectivement la Reine *Blanche* avoit joué plusieurs tours à la Reine *Marguerite* dans sa jeunesse ; elle avoit empêché, autant qu'elle avoit pu, le Roi son fils de vivre librement avec elle, & d'user des droits que lui donnoit un amour légitime, dans la crainte que la jeune Reine ne prît trop d'empire sur *Saint Louis*, & ne diminuât par-là le crédit & l'autorité qu'elle étoit jalouse de conserver.

On trouve dans les établissemens de *Saint Louis* un article qui nous paroît aujourd'hui bien extraordinaire, c'est le quatre vingt-cinquieme: *De ome qui muert desconfez* (*sans confession*). Il est dit que si quelqu'un, ayant été alité pendant huit jours, meurt sans se confesser, tous ses meubles appartiendront au Baron dont il sera le Vassal. Mais il faut savoir que ce n'est qu'une modification d'une coutume bien plus rigoureuse, qui, par un grand abus, étoit généralement reçue. Tout homme qui mouroit sans s'être confessé, sans avoir reçu le saint Viatique, & sans avoir fait son testament, étoit noté d'infamie, & regardé comme en état de damnation. De là il s'enfuivoit que la famille d'un homme qui mouroit de mort fubite ou étoit tué par accident, perdoit le corps & les biens de fon parent, car le Baron s'emparoit de l'héritage. *Saint Louis* ne pouvant entiérement détruire cet ufage pernicieux, mais fondé en quelque forte fur la Religion, n'a pu mieux faire que de le modérer. Il déclare donc qu'on ne fera cenfé *defconfez*, que quand on aura été huit jours malade; & il ajoute, qu'en cas de mort fubite, le Seigneur n'a rien à prétendre; & que s'il fe trouve un teftament, celui-ci fera obligé de l'exécuter. Il faut encore obferver que *defconfez & inteftit* étoient alors deux mots fynonymes, parce qu'on ne faifoit fon teftament qu'en fe confeffant en vue de mort; que les Ecclefiaftiques recevoient l'un & l'autre acte, & que de là il s'enfuivoit la néceffité d'y comprendre des legs pieux.

8°. En 1269, *S. Louis* partit pour fa feconde & malheureufe Croifade, dans laquelle il périt. On propofa à notre bon Chevalier *Joinville* de le fuivre dans cette expédition; mais il nous apprend ce qu'il en penfoit. » Le Roi de France & le Roi

» de Navarre, dit-il, me pressoient fort
» de me croisier & entreprendre le che-
» min du pélerinage de la Croix. Mais je
» leur répondis, que tandis que j'avois esté
» oultre mer ou (*au*) service de Dieu,
» que les gens & Officiers du Roy de
» France avoient trop grevé & foullé mes
» subjects, tant qu'ilz en estoient appau-
» vris (*ruinés*); tellement que jamez il
» ne seroit (*il n'arriveroit*) que eulx &
» moi ne nous en santissions. Et veoie (*je
» voyois*) clérement, si je me mectoie
» au pellerinage de la Croix, que ce se-
» roit la destruction de mes subjetz. De-
» puis ouy-je (*j'entendis*) dire à plusieurs
» que ceulx qui lui conseillerent l'entre-
» prise de la Croix firent ung très-grand
» mal, & pescherent mortellement; car
» tandis que il fut ou Royaume de France,
» tout son Royaume vivoit en paix &
» régnoit justice. Et incontinent qu'il en
» fut hors, tout commença à décliner
» & à empirer «.

LES quatorzieme, quinzieme & seizieme siecles nous offrent plusieurs Historiens dont je pourrois tirer un grand nombre de passages ; mais réservant pour les volumes qui suivent celui-ci, des notices plus étendues sur chacun d'eux, je ne vais en citer que deux par siecle, afin de parvenir plus tôt au temps où nos Ecrivains, devenus intelligibles pour les mots qu'ils emploient, ne sont plus différenciés que par la beauté & la pureté de leur style.

Je ne donnerai donc pour exemples de ceux du quatorzieme siecle, que quelques passages de deux Auteurs ; savoir, le Continuateur des *Grandes Chroniques de France*, & *Froissard*.

Le fameux Abbé Suger commença à faire écrire ces Chroniques en françois dans le Monastere de Saint-Denis : elles furent poussées sous les yeux de ce religieux Ministre, jusqu'au milieu du douzieme siecle. Guillaume de Nangis, Moine de Saint-Denis, les continua depuis cette époque jusqu'à la fin du treizieme siecle, & y fit entrer sur-tout la

Vie de Saint Louis, qu'il avoit particuliérement connu. Guillaume a eu, pendant le cours du quatorzieme siecle, deux Continuateurs, dont on ignore les noms. Ils nous conduisent jusqu'au temps de Froissard, qui finit précisément à l'an 1400. Quelques citations de ces deux Auteurs, sur lesquels je m'étendrai par la suite, vont nous apprendre comment on écrivoit au milieu du quatorzieme siecle & à la fin.

GRANDES CHRONIQUES
DE SAINT-DENIS.

De la grant desconfiture qui fust en mer entre la Navire du Roy de France & du Roy d'Angleterre ; & comment Buschet fut prins & pendu au matz d'une nef.

QUANT le Roy oyt les nouvelles les dessusdites, se fist tantost assembler la navire (*flotte*) que il avoit tant en Normandie comme en Picardie, & ordonna deulx Souverains Amiraultx, lesqueulx (*ls*) ordonneroyent & conduisoyent tout ledit navire, affin que le Roy Angloys, &

Meſſire Robert Dartoys qui aſtoit (*combattoit*) avec luy, fuſſent empechés de prendre port. Et lors furent eſtablis ſouverains Capitaines de tout le navire, Meſſire Hue Queret, & Meſſire Nicole Buſchet, & Barbe Vayre, leſqueulx aſſemblerent bien CCCC nefz de par le Roy de France, & entrerent dedans Arlx & leurs gens avec leurs garniſons. Si advint que Buchet, qui eſtoit l'un des Souverains, ne voulut recevoir gentilz gens avec ſoy, pour ce qu'ilz vouloient avoir trop grans gages; mais retint pauvres Poiſſonniers & Mariniers, pour ce qu'il en avoit grant marche, & de telz gens fiſt-il ſon armée, puis ſe murent & paſſerent pardevant Calais, & ſe retrairent vers l'Eſcluſe, & illec ſe tindrent tout coys & par telle maniere que ne pouvoit ne entrer ne yſſir. Si advint que le Roy d'Angleterre, qui avoit ſes eſpies, ſceut que la navire au Roy de France eſtoit paſſée vers Flandres, tantoſt ſe miſt en mer, & Meſſire Robert Dartoys avec luy, & moult grant planté de Gentilzhommes d'Angleterre, & moult grant planté d'archiers. Quant le Roy d'Angleterre & toute ſa gent furent pres, ſi tendirent leurs voilles en hault & ſinglerent grant aleure vers l'Escluse, & ne tarderent gaires que par le bon vent qu'ilz eurent, ilz approcherent de la navire du Roy de France, & se misrent tantost en ordonnance. Quant Barbe Vaire les apperceut qui estoit en ses galées, si dist à l'Admiral & à Nicole Buschet : Seigneurs, veci le Roy d'Angleterre & toute sa navire qui vient à nous ; se vous voulez croyre mon conseil, vous vous trairez en haulte mer, car se vous demourez cy, parmy ce que ilz ont le souleil, le vent & le flot de leaue, ilz vous tendront si court que vous ne vous pourrez ayder. Adonc respondit Nicole Buschet, qui mieulx se sçavoit meller d'ung compte que de guerroyer en mer, & dist : Pendu soit-il, qui de cy se partira ; car ici attendrons & prendrons nostre adventure. Tantost, leur dist Barbe Vaire, Seigneurs, puisque vous ne voulez croire mon conseil, je ne me veal mie perdre, je me mettrai à tous mes iiii galées hors de ce trou. Et tantost se mist hors du port à tous ses iiii galées, & virent venir la grant flotte du Roy d'Angleterre, & vint une nef devant, qui estoit garnie d'Escuyers qui devoient estre Chevaliers,

& se alla assembler à une nef que on appelloit *la Riche Doloire*; mais les Angloys neurent point de résistence contre cette grand nef, si furent tantost desconfiz & leur nef agravantée, & tou ceulx qui estoient dedans mis à mort, & eurent nos gens belle victoire; mais tantost après vint le Roy d'Angleterre contre les gens du Roy de France à toute sa navire, & commença illec la bataille moult cruelle; & quant ilz se furent combattus de prime jusqu'a haulte nonne, si ne peut plus la navire du Roy de France endurer ne porter le faiz de la bataille; car ilz estoient si entassez dedans l'ancre, qu'ilz ne se pouvoient ayder, & si ne pouvoient venir à terre pour les Flamands qui à terre les espioyent, & avec ce les gens que on avoit mis es nef du Roy de France, nestoyent pas si durs d'armes comme les gens du Roy d'Angleterre estoient, ne si duis (*intelligens*), car cestoyent presque tous Gentilzhommes. Illec y eut tant de gens mors, que cestoit grant pitié à veoir, & extimoit-on bien le nombre des gens mors à XXX mille hommes, tant dung costé comme d'aultre. Là fut mort Messire Hue Queret, si comme aucuns dient nonobſtant qu'il fut print tout vif, & Meſſire Nicole Buſchet, lequel fut pendu au maſt de ſa nef par deſpit du Roy de France. Et quant Barbe Vaire vit que la choſe alloit à deſconfiture, ſi ſe retira à Gand, & furent toutes les nefs au Roy de France perdues, & avec ce les deux grandes nefs ; ceſt aſſavoir Criſtofle & Edouarde, que le Roy d'Angleterre avoit par avant perdues, lui furent reſtituées, & ainſi furent nos gens deconfiz par le Roy d'Angletérre & par les Flamands, & nos nefs perdues, excepté aucunes des petites qui eſchapperent. Et advint ceſte deſconfiture par l'orgueil des deux Admiraulx ; car lung ne pouvoit ſouffrir de l'aultre, & tout par envie, & ſi ne voulurent croire le conſeil de Barbe Vaire, ſi comme devant eſt dit.

On voit, par ce paſſage, comment, au quatorzieme ſiecle, ſe faiſoient les guerres de mer & ſe donnoient les batailles navales.

Froissard. *De la gageure qui fut faicte entre le R[oy] de France (Charles VI), & le D[uc] de Touraine (1) son frere, à qui plus tost d'eux deux viendroit de Montpesli[er] à Paris, chascun avec un seul Cheval[ier] en sa compaignie.*

LE Roy de France estant à Toulouze, il m'est advis qu'il ordonna & entend[it] à ses besongnes très-grandement : & re[-]mua Sénechaux & Officiers plusieurs : [&] réforma le Païs en bon estat, tant qu[e] tous s'en contenterent : & ordonna u[n] jour (Parlement ou Assemblée d'Etats) présent son frere & son oncle de Bou[r-]bon, & les Seigneurs de France & d[e] Gascongne, dont il y avoit grand'foison[,] & le fit afin que mémoire perpetuell[e] fust de luy : & donna à son cousin ger[-]main, Messire Charles de Labreth (*d'A[l-]bret*), pour cause d'augmentation, deu[x] quartiers des armes des fleurs de lis d[e]

_____

(1) Ce ne peut être que Louis, Duc d'Orléans, qui d'abord porta le titre de Duc de Touraine.

France. Car au devant les Seigneurs de
Labreth portoyent & ont porté tousjours
en armoiries, de gueulles tout plain,
sans nulle brisseure : or, sont-elles maintenant écartelées de France & de Labreth. Laquelle chose le Seigneur de Labreth tint à riche & à grand don : &
ce jour que le Roy donna & renouvela
l'armoirie de Labreth à Toulouze, fit le
Seigneur de Labreth un disner qui cousta
plus de mille francs : & donna aux Hé-
raux (qui là estoient pour ce jour), &
aux Ménestriers, deux cens francs, & fit
des largesses sur lui grandement. Assez
tost après fut ordonné que le Roy se
départiroit de Toulouze, & se mettroit
au retour pour venir en France : & s'or-
donnerent sur cest estat tous ses gens,
& prirent congé du Roy (quand ils sceu-
rent son département) l'Archevêque de
Toulouze, le Sénéchal & les Bourgeois
de Toulouze, & les Dames & les Demoiselles. Le Roi leur donna congié à
tous & à toutes, moult doucement. Or
se départit de Toulouze après boire : &
vint ce jour gesir à Chastel-neuf-d'Aul-
roy, & puis de là tousjours en avant :
& exploita tant par ses journées, qu'il
vint à Montpellier, où il fut reçu à

joye, & là fe tint trois jours pour fe refrefchir; car la ville de Montpeflier, & les Dames & les Demoifelles lui plaifoyent moult grandement bien. Si avoit-il moult grand defir de retourner à Paris, & de veoir la Royne. Or advint un jour, lui eftant à Montpeflier, en jonglant (*plaifantant*) à fon frere de Touraine, il luy dit : Beau frere, je voudroye que moi & vous fuffions à Paris, & noftre eftat fuft icy, comme il eft maintenant : car j'ay grand defir que je voye la Royne, & vous belle fœur de Touraine. Refpondit le Duc, & dit : Monfeigneur, nous n'y ferons pas pour nous y fouhaiter, il y a un trop long chemin d'icy. Refpondit le Roy, vous dictes vérité. Si m'eft-il advis que j'y feroye bien-toft, au fort, fi je vouloye. Voire à force & à exploit de cheval (dit le Duc de Touraine) & non autrement, pareillement auffi feroye-je : mais cheval m'y porteroit avant (dit le Roy); lequel y fera plus-toft de vous ou de moy? faifons y la gageure; je le veuil, dit le Duc, qui voulontiers fe mettoit en peine pour gaigner l'argent du Roy. Si fut l'entreprife telle, entre le Duc & le Roy, pour cinq mille francs, à gaigner fur celuy

A L'USAGE DES DAMES. 239

qui derrenier feroit venu à Paris, & à partir à lendemain, & tous d'une heure : & ne pouvoient mener qu'un varlet chafcun avecques luy, ou un Chevalier pour un varlet : on le doit entendre ainfi. Nul ne brifa ne contredit à la gageure. Ils fe meirent au chemin, ainfi qu'ordonné fut. Le Sire de Garanciers eftoit de lez le (*auprès du*) Roy, (plus n'y eut-il de compaignie) & le Seigneur de la Vieffille avec le Duc de Touraine. Or chevaucherent ces quatre (qui eftoyent jeunes & de grand'volonté) nuit & jour, ou ils fe faifoyent charier (quand ils vouloyent repofer) s'il leur plaifoit : & devez favoir qu'ils remuerent plufieurs chevaux. Le Duc de Bourbon retourna par le Puy en Auvergne, en fon Païs, & alla veoir fon beau-pere fur fon chemin, le Comte Dauphin d'Auvergne, & la Comteffe Dauphine, & leurs enfans, dont ils avoient jufques à huit, que fils, que filles, tous freres & fœurs à la Ducheffe de Bourbon fa femme; mais c'eftoit d'un remariage. Or cheminerent le Roy de France & fon frere le Duc de Touraine, à grand exploit, & fe meirent chafcun en grand'peine pour gaigner l'argent & les florins de l'autre. Confiderés la peine de ces deux riches Seigneurs, par jeuneſſe & liberté de courage entreprirent ce ; car tous leurs Eſtats demourerent derriere. Le Roy de France meit quatre jours & demy à venir juſques en la Cité de Paris, & le Duc de Touraine n'en y mit que quatre & un tiers. De ſi près ſuyvirent-ils l'un l'autre, & gaigna le Duc la gageure, par tant que le Roy de France ſe repoſa environ huit heures de nuit à Troyes en Champaigne : & le Duc ſe meit en un batel en Seine, & ſe fit mener parmy la riviere de Seine juſques à Melun, & là monta à cheval, & chevaucha tant qu'il vint à Paris, & s'en alla à Sainct Pol, devers la Royne & devers ſa femme; & demanda nouvelles du Roy (car encore ne ſavoit-il s'il eſtoit venu ou non); & quand il ſeut qu'il n'eſtoit point venu, fut tout réjouy, & dit à la Royne de France : Madame, vous en orrez tantoſt nouvelles. Il dit vérité ; car le Roy, depuis la venue de ſon frere de Touraine, ne ſéjourna point longuement; & quand ſon frere veit le Roy, ſi alla contre lui, & dit : Monſeigneur, j'ai gaigné la gageure, faictes-moy payer : c'eſt raiſon (reſpondit le Roy à ſon frere),

frere) & vous le ferez. Là recorderent-ils, devant les Dames, tout leur chemin, & par où ils eſtoient venus, & comment ſur quatre jours & demy ils eſtoient arrivez de Montpellier, où a bien de Paris cent cinquante lieues. Les Dames tournerent tout en ris & en ebatement; mais bien jugerent qu'ils avoient eu grand'peine, fors tant que jeuneſſe de corps & de cueur leur avoit ce fait faire. Et bien ſachez que le Duc de Touraine ſe fit payer en deniers contens.

***

LE quinzieme ſiecle a été rempli par les regnes de Charles VI, Charles VII, Louis XI & Charles VIII, & la Vie de ces Monarques a été écrite par un grand nombre d'Auteurs contemporains. Je m'étendrai, dans les volumes ſuivans, ſur les deux principaux Hiſtoriens de la fin de ce ſiecle, *Philippe de Commines*, & *Olivier de la Marche*, & je donnerai des extraits, ſuivis de leurs Mémoires; mais en attendant, je vais citer un petit nombre de paſſages qui établiront la maniere dont l'Hiſtoire étoit écrite au commencement & au milieu du quinzieme ſiecle.

Il faut remarquer que le style historique en françois, a été, jusqu'au seizieme siecle, d'une simplicité, l'on peut même dire d'une platitude extrême. Les Histoires pouvoient plaire quelquefois par la singularité des faits; mais les Auteurs n'y ajoutoient jamais aucunes réflexions: ainsi l'on peut bien dire que l'on a commencé à écrire l'Histoire en françois au treizieme siecle; mais que ce n'est que du seizieme que peut dater notre style.

Insolence des Cabochiens.

Hist. de Charles VI, par Jean Juvenel des Ursins, Archevêque de Reims.

ALORS (1413) advint que Jacqueville & ses soudoyers, qui estoient orgueilleux & hautains, vinrent un jour de nuict, entre onze heures & douze heures au soir, en l'hostel de Monseigneur de Guyenne, où il (*le Dauphin*) s'esbatoit, & avoit-on dansé, & vint jusques en la chambre dudit Seigneur, & commença à le hautement tancer, & à le reprendre des chieres qu'il faisoit, & des danses & despences : & dit plusieurs paroles trop fieres & orgueilleuses contre un tel Seigneur; comme *qu'on ne lui souffriroit pas faire ses voluntez, & s'il* ne se advisoit, qu'on y mettroit remede. A ces paroles estoit présent le Seigneur de la Trimouille, qui ne se peut taire, qu'il ne respondit audit Jacqueville : que *ce n'estoit pas bien fait que de parler ainsi audit Seigneur, ne à luy à faire, & que l'heure estoit bien impertinente, & les paroles trop fieres & hautaines, veu le petit lieu dont il estoit.* Sur ce se meurent paroles, tellement que la Trimouille desmentit Jacqueville, & aussi Jacqueville la Trimouille. Monseigneur de Guyenne, voyant la maniere dudit Jacqueville, tira une petite dague qu'il avoit, & en bailla trois coups audit Jacqueville par la poitrine, sans ce qu'il luy fît aucun mal, car il avoit bon haubergeon dessous sa robe. Le lendemain matin, ledit Jacqueville & ses *Cabochiens* s'émeurent en intention d'aller tuer ledit Seigneur de la Trimouille : de faict, ils eussent accomply leur mauvaise volonté, si ce n'eust esté le Duc de Bourgogne, qui les appaisa tellement, qu'ils laisserent leur fureur & se refroidirent. Mais du courroux qu'en eut Monseigneur de Guyenne, il fut trois jours qu'il jettoit & crachoit le sang par la bouche, & en fut trèsbien malade.

De la même Hist. *Entrevue d'Isabeau de Baviere, Reine de France, avec Henri V, Roi d'Angleterre.*

ENVIRON les trois heures après midy, la Reine sortit hors des tentes, laquelle avoit devant elle les Conseillers deux à deux. Quant elle & le Roy d'Angleterre arriverent au pal dessus dit (*Poteau planté au milieu d'un champ pour séparer le lieu de l'entrevue*), le Roy d'Angleterre prit la Reyne par la main, & la baisa, & après Madame Catherine (fille du Roy), pareillement les deux freres du Roy les baiserent, & en les baisant, baisserent les genoüils jusques près de terre. Ce fait, le Roy d'Angleterre prit la Reyne par la main, & ensemble pas pareils pas vinrent en la tente où ils se devoient assembler : là se assirent la Reyne & le Roy, chacun en son siege, lesquels estoient ordonnez & parez, pareillement l'un comme l'autre, de drap d'or, ayant ciel dessus, distans près de deux toises l'un de l'autre : tellement que aisément ils se pouvoient oüyr l'un l'autre quand

A L'USAGE DES DAMES. 245
ils parloient. Alors s'agenouilla le Comte de Warvic, & commença à parler à la Reyne en françois, en expofant en bref la caufe de leur affemblée : fans que rien fut conclud, finon ″ la prolongation des ″ trefves jufques à huict jours, & que ″ chacun des Parties fe retireroit ès villes ″ dont elles eftoient partyes : que le Roy ″ & fa compagnie fe tiendroit à Pon- ″ toife, & le Roy d'Angleterre à Mante : ″ & fi l'une des Parties ne vouloit en- ″ tendre à traitté, elle le feroit favoir ″ à l'autre dedans huict jours, & que ″ encores les trefves dureroient huict ″ jours après « : de plus, il fut appointé ″ que le Jeudy d'après, les Parties com- ″ paroiftroient en la forme & maniere ″ qu'ils eftoient, aux mêmes lieux & places «. Ils furent audit lieu depuis trois heures jufques à fept heures après midy. La chofe conclue, le Roy d'Angleterre prit la Reyne par la main, & s'entre-baiferent derechef l'un l'autre comme cy-devant; puis s'en allerent en leurs tentes. Or eftoit le lieu ordonné en la maniere qui s'enfuit ; c'eft à favoir au-près la porte de Meulan, du cofté de Pontoife, y avoit un pré, du cofté de la riviere de Seine d'une part, & de

Q iij

l'autre part y avoit un étang ; au milieu estoit comme un chemin public. Ce pré fut divisé en trois partyes : en la premiere vers la ville, estoyent les tentes du Roy, de la Reyne, & du Duc de Bourgogne, en grande abondance ; d'autre costé aval la riviere, estoient les tentes du Roy d'Angleterre : en la tierce partie & moyenne, entre les tentes des Roys de France & d'Angleterre, y avoit un champ moyen clos, & fortifié de fossez & palys, tellement fait, qu'on n'y pouvoit entrer que par trois lieux, & à chaque entrée y avoit bonnes barrieres, lesquelles se gardoient chacune par cinquante hommes bien armez & bien habillez ; & la partie du Roy & de la Reyne, qui estoit droict, regardant vers les Anglois, estoit environnée de pieux, joints comme une ville fermée, tellement que nul n'en pouvoit approcher de lances ne de traits ; & alloient les pieux jusques à la riviere de Seine. De plus, au travers de la riviere, en cet endroit & aspect, estoient pieux, tellement que les bateaux n'eussent peu monter contre mont : & ne pouvoit l'une partie ny l'autre approcher ensemble que par le milieu du champ. Aussi le lieu

des Anglois eſtoit foſſoyé & paliſſadé ; mais non ſi fortement. Or au milieu du champ, en la partie ayant regard aux barrieres, qui eſtoient aux tentes tant du Roy de France que d'Angleterre, par leſquelles entroient au champ la Reyne & ſa compagnée, & le Roy d'Angleterre & les ſiens, eſtoit le pal ou pieu, du haut ſeulement d'un pied, où la Reyne & le Roy d'Angleterre ſe rencontrerent, lequel pieu eſtoit diſtant de ſix toiſes de chacune tente : & eſtoit dreſſé le pavillon commun où ils devoient parler, que la Reyne avoit donné au Roy d'Angleterre : auquel pavillon ou tente eſtoyent attachez deux autres pavillons, à chacun bout un, eſquels ſéparément la Reyne & le Roy d'Angleterre ſe retiroient quand bon leur ſembloit. Cris furent faits publiquement par les Mareſchaux de chacune partie, ″ ſur peine de
″ perdre la teſte, qu'il ne fût dit ou proféré
″ aucunes paroles injurieuſes les uns aux
″ autres, ny que ſous ombre de promeſſe
″ de foy, ou depte, ou pour autre cauſe
″ quelconque, on n'arreſtaſt ou empri-
″ ſonnaſt perſonne ; qu'on ne jouaſt à
″ jeter la pierre, ou luictat (*luttât*);

» bref qu'on ne fît chose dont la com-
» pagnée se peut troubler; de plus, qu'on
» n'entrast en aucune maniere au champ,
» sinon ceux qui seroient ordonnez ou
» appellez «. Contre laquelle défense il y eut un Anglois, qui, cuidant faire l'habile, passa par-dessus la barriere, & entra au champ : mais le Mareschal du Roy d'Angleterre le fit prendre, & ordonna qu'il fust pendu & estranglé; & ainsi fut-il fait sur le champ.

Hist. de Charles VII, par Jean Chartier.

Siége de Baïonne en 1451.

LE lendemain de la composition de Bayonne, qui fut le Vendredy vingtieme du mois d'Aoust 1451, semblable jour que Nostre-Seigneur & Rédempteur Jésus-Christ souffrit mort & passion pour nous racheter en l'arbre de la croix, un peu après le soleil levant, que le jour estoit beau & clair, & faisoit fort beau temps, se desmontra & fut veu au Ciel par ceux qui tenoient ledit siége, par les habitans de la Cité, & par tous ceux généralement qui la voulurent voir, une

Croix blanche, paroissant estre droitement posée sur ladite Cité, & ce durant l'espace de demi-heure : & lors les habitans d'icelle osterent leurs bannieres & pennons à *Croix rouge*, disant, *qu'il plaisoit à Dieu qu'ils fussent François & portassent la Croix blanche.* Tost après, environ dix heures, ce mesme jour au matin, entra l'Evêque de Bayonne, & Monseigneur de la Baissiere, pour prendre possession d'icelle ville, & du chastel, & puis furent portées les bannieres du Roy par ses Hérauts, au haut de la tour de ce chasteau, dont chascun eut grande joye : & à cette heure arriva au port de la ville, le navire susmentionné de Biscaye, lequel il faisoit beau voir. Le Samedi ensuyvant, vingt & unieme jour d'Aoust, entra en ladite Cité mondit Seigneur le Comte de Foix, Lieutenant de Roy, qui avoit devant lui mille archers, dont estoit conducteur Lespinasse, & deux des Hérauts du Roy, & plusieurs portant cottes d'armes : aussi ledit Messire Bertrand d'Espagne, Sénefchal de Foix, qui portoit la banniere du Roy, & estoit armé à blanc, monté sur un coursier couvert de velours cramoisy. Après chevauchoit tout seul ledit Comte de Foix, armé de tout harnois complet, monté sur un coursier de moult riche drap d'or, qui avoit un chanfrain d'acier garni d'or & de pierreries, que l'on prisoit quinze mille escus d'or ; derriere luy, au plus près de son corps, estoient mesdits Seigneurs de Lautrec son frere, & ledit Grand-Maistre d'Hostel du Roy, nommé Jacques Chabannes, les Seigneurs de Noüaille (*Noailles*), & de la Baissiere, & après eux sept cents hommes d'armes à pied.

Extrait des Chroniques de Louis XI, depuis 1460 jusqu'en 1483, connues sous le nom de Chroniques scandaleuses, par un Greffier de la ville de Paris.

ET après le retour audit lieu de Rouen dudit Seigneur (*Charles* (1)), ceulx de sadicte ville le receurent & le mene-

Nota. Charles de France, fils du Roi Charles VII, & frere de Louis XI, successivement Duc de Normandie & de Guienne, mort en 1472.

rent en l'oſtel de ladicte ville, & illec l'épouſerent à leur Duc, & en ce faiſant, luy baillerent un anneau qu'ils lui mirent au doy, que à ce faire eſt ordonné, lequel depuis mondit Seigneur Charles porta, & promiſt auſdits de Rouën de les entretenir & garder en leurs franchiſes & libertez, & leur ordonna à ceſte heure la moitié de tous les Aydes que paravant ſa réception ils avoient payez. Et ces choſes faictes, lui fut dit & remontré par les gens d'Egliſes, les Nobles, Bourgeois & populaires d'icelle ville, qu'ils ſe rendoient & demouroient du tout ſes vrais & loyaulx ſubjects, tous bien déliberez de vivre & mourir pour luy, & juſques au dernier homme. Et puis lui firent lire un article contenu dans une Chronique qui eſtoit en icelle maiſon de la ville, publicquement devant tous, qui contenoit en effect que jadis y ot ung Roy de France qui mourut, & après ſon trépas demoura deux ſiens fils, dont l'un, par aiſneſſe, ſuccéda à la Couronne, & à l'autre fut baillé pour ſon appanaige la Duchié de Normendie, qui depuis ledit Roy de France voulut ravoir. Mais ceux de Normendie, pour leurdit Duc, guerroyerent tellement ledit Roy de France, que par leur puiſſance d'armes, ils mirent en exil ledit Roy de France, & firent leurdit Duc Roy. Et après ladicte lecture, lui dirent qu'il ne ſe ſouciaſt de rien, & que delà en avant ceux de ladicte ville fourniroient dedans icelle & deſſus leurs murs d'engins & aultres choſes deffenſables, & de tout ce que néceſſité leur feroit d'avoir : tellement que aucun dommaige ou eſclandre ne viendroit audict Seigneur, ne à eux, ne à leurdicte ville.

On ne cite point ici d'exemples tirés de *Philippe de Commines*, parce que dans les Volumes ſuivans on en trouvera un extrait aſſez détaillé.

LE ſeizieme ſiecle offre un aſſez grand nombre d'Hiſtoriens François, pour que nous puiſſions aiſément trouver dans leurs Ecrits de quoi fournir des exemples du langage & du ſtyle de leur temps ; mais comptant donner des notices détaillées des Ouvrages de la plupart d'entre eux, je me bornerai à en citer à présent deux dont le style passe pour le meilleur, & qui ont traité des sujets plus intéressans, on peut même dire plus agréables, & qui pouvoient les sauver du pédantisme auquel étoient si sujets les Auteurs de ce temps-là. Ce sont les Mémoires de *la Reine Marguerite de Valois*, premiere femme de Henri IV, écrits par elle-même, & *les Vies des Dames galantes de son temps*, écrites par Pierre de Bourdeille, Abbé de Brantome, qui vont me fournir ces exemples. L'un & l'autre ne sont morts qu'au dix-septieme siecle; mais ils ont écrit pendant le seizieme. Brantome mourut en 1614, âgé de quatre-vingt-sept ans, & Marguerite de Valois en 1615 : elle étoit née en 1552, & les Mémoires finissent à l'année 1582.

Fragment de l'Eloge de Marguerite de Valois, fille de Henri II, sœur de Henri III, & femme de Henri IV, Rois de France, par Messire Pierre de Bourdeille, Seigneur de Brantome.

Pour parler de la beauté de cette rare Princesse, je croy que toutes celles qui sont, qui seront, & jamais ont esté, près de la sienne sont laydis, & ne sont point beautez ; car la clarté de la sienne brusle tellement les aisles de toutes celles du monde, qu'elles n'osent ny ne peuvent voler, ny comparoistre à l'entour de la sienne : que s'il se trouve quelque méscréant, qui, par une foy escharse, ne veuille donner créance aux miracles de Dieu & de la Nature, qu'il la contemple seulement ; son beau visage en fait la foy..... ; & qui plus est, ce beau visage est fondé sur un beau corps de la plus belle, superbe & riche taille qui se puisse voir, accompagnée d'un port & d'une si grave majesté, qu'on la prendra toujours plutost pour une Déesse du Ciel, que pour une Princesse de la Terre......

Voilà les beautez du visage & du corps de cette belle Princesse, que pour à cette heure je puis représenter (comme un bon Peintre) au naïf; je dis celles que l'on peut voir par l'extérieur; car celles qui sont secretes & cachées sous un linge blanc & riches parures & accoustremens, on ne les peut dépeindre, ny juger, sinon que très-belles, & singulieres aussi ; mais c'est par foy, créance & présomption, car la vue en est interdite.......

Un honneste Gentilhomme François, que je nommerois bien, voyant un jour cette belle Reyne en son plus beau lustre, & plus haute & pompeuse Majesté dans une salle de bal, ainsi que nous devisions ensemble, me tint tels mots : » Ah !
» si le sieur des *Essarts*, qui, en ses
» livres d'*Amadis*, s'est tant efforcé &
» peiné à bien descrire & richement
» représenter au monde la belle *Niquée*
» & sa gloire, eust veu de son temps
» cette belle Reyne, il ne lui eust falu
» emprunter tant de belles & riches pa-
» roles pour la dépeindre & la monstrer
» si belle ; mais il luy eust suffi à dire seu-

» lement que c'eſtoit la ſemblance &
» l'image de la Reyne de Navarre, l'uni-
» que du monde «......

Cette belle Reyne, en quelque façon qu'elle s'habillaſt, fuſt à la Françoiſe avec ſon chaperon, fuſt en ſimple eſcoffion, fuſt avec ſon grand voile, fuſt avec un bonnet, on ne pouvoit dire que luy ſeoit le mieux, ny quelle façon la rendoit plus belle, plus admirable & plus agréable, tant en toutes façons ſe ſavoit-elle bien accommoder, toujours y adjoutant quelque invention nouvelle non commune & nullement imitable ; ou ſi d'autres Dames, à ſon patron, s'y vouloient former, n'en approchoient nullement......

Voilà donc cette pauvre Princeſſe priſonniere en ce lieu (au château d'Uſſon) & traitée, non en fille de France certes, ny en Princeſſe ſi grande que celle-là ; toutefois ſi ſon corps eſtoit captif, ſon brave cœur ne l'eſtoit point, & ne luy manqua point, & lui aſſiſta très-bien, pour ne ſe point laiſſer aller à ſon affliction. Que c'eſt que peut un grand cœur, conduit d'une grande beauté ; car celuy qui la tenoit priſonniere (le Marquis de Canillac) en devint priſonnier dans peu

peu de temps, encore qu'il fust fort brave & vaillant. Pauvre homme, que pensoit-il faire ? Vouloir tenir prisonniere, sujette & captive en sa prison, celle qui de ses yeux & de son beau visage peut assujettir en ses liens & chaînes tout le reste du monde comme un forçat. Le voilà donc ce Marquis ravy & pris de cette beauté ; mais elle qui ne songe en aucunes délices d'amour, ains en son honneur & en sa liberté, joue son jeu si accortement, qu'elle se rend la plus forte & s'empare de la place, & en chasse le Marquis....

Je lui ay veu aimer aussi le branfle de la torche ou du flambeau (sorte de danse), & pour ce même sujet, sur quoy je me souviens qu'une fois estant à Lyon, au retour du Roy de Pologne, aux nopces de *Besne*, l'une de ses filles, elle dansa ce branfle devant force estrangers de Savoye, de Piedmont, d'Italie & autres, qui dirent n'avoir rien veu de si beau que cette Reyne, ny si belle & grave danse, comme certes elle est, dont il y en eut quelqu'un qui alla rencontrer là-dessus, disant que cette Reyne n'avoit point de besoing (comme les autres Dames) du flambeau qu'elle tenoit en la main; car celui qui fortoit de fes yeux, ne mourroit point comme l'autre pouvoit faire, ayant autre vertu que de mener danfer les hommes, puifqu'il pouvoit embrafer tous ceux de la falle fans fe pouvoir jamais efteindre, comme l'autre qu'elle avoit en la main, & qu'il eftoit pour efclairer de nuit parmy les ténebres, & de jour parmy le foleil.....

Bref, cette Reyne eft toute royale, & libérale, & honnorable, & magnifique; & n'en déplaife aux Impératrices du temps paffé, leurs magnificences defcrites par Suetone, Pline & autres, n'en ont rien approché, tant pour être à fa Cour & aux villes, que pour aller aux champs, & par pays, fuft en fes litieres, tant dorées, tant fuperbement couvertes & peintes de tant de belles devifes, fes coches & carroffes de mefme, & fes hacquenées fi richement enharnachées. Ceux qui ont veu tels fuperbes appareils comme moy, fçavent qu'en dire: & eft maintenant fruftrée de tout cela, que depuis fept ans elle n'a bougé recluse de ce chafteau auftere & mal plaifant, où pourtant elle prend fa patience; tant elle a de vertu de fçavoir fe commander, qui eft une des grandes,

A L'USAGE DES DAMES.

à ce qu'ont dit plusieurs Philosophes....

Cependant, vivez Princesse, vivez en dépit de la fortune ; vous ne serez jamais autre qu'immortelle, & en la Terre & au Ciel, où vos belles vertus vous porteront sur leurs têtes.

Si la voix ou renommée publique n'eust fait brandon public de toutes vos louanges, & grands mérites, ou que je fusse de ces bien-disans, je mettrois à en dire davantage ; car si jamais fut veu au monde figure céleste, certes vous l'estes.

Celle qui nous devoit à bon droit ordonner
Ses Loix & ses Edits, & par-sur nous régner;
Qu'on verroit dessous elle un regne de plaisance;
Tel qu'il fut sous son frere, astre heureux de la France:
Fortune l'en empesche. Hé! faut-il qu'un bon droit,
Injustement perdu par la fortune soit?

Jamais rien de si beau Nature n'a pu faire,
Que cette grand'Princesse, unique de la France;
Et Fortune la veut totalement défaire.
Voilà comme le mal avec le bien balance.

LA Reine Marguerite commence ses Mémoires par cette réponse à l'Eloge qu'avoit fait d'elle Messire Pierre de Bourdeille, Seigneur de Brantôme.

Je loüerois davantage votre œuvre, si elle ne me loüoit tant; ne voulant qu'on attribuë la loüange que j'en ferois plustoft à la philaftie (*amour-propre*) qu'à la raison; & ainsi que l'on pense que comme *Themiftocle*, j'estime celui dire le mieux qui me loüe le plus. C'est un commun vice aux femmes de se plaire aux loüanges, bien que non méritées. Je blasme mon sexe en cela, & n'en voudrois tenir cette condition. Je tiens néanmoins à beaucoup de gloire qu'un si honnefte homme que vous m'aye voulu peindre d'un si riche pinceau. En ce portrait, l'ornement du tableau surpasse de beaucoup l'excellence de la figure que vous en avez voulu rendre le sujet. Si j'ay eu quelques parties de celles que vous m'attribuez, les ennuis les effaçant de l'extérieur, en ont aussi effacé la souvenance de ma mémoire. De sorte que me remirant en vostre discours, je ferois volontiers comme la vieille Madame *de Randan*, qui, ayant demeuré depuis la mort de son mary sans voir son miroir, rencontrant par fortune son visage dans le miroir d'un autre, demanda qui estoit celle-là? Et bien que mes amis qui me voyent me veulent persuader le contraire, je tiens leur jugement pour suspect, comme ayant les yeux fascinez de trop d'affection. Je crois que quand vous viendrez à l'épreuve, vous serez en cela de mon costé, & direz, comme souvent je l'escris par ces vers de *du Bellay: C'est chercher Rome en Rome, & rien de Rome en Rome ne trouver.* Mais comme on se plaist à lire la destruction de *Troyes*, la grandeur d'*Athenes*, & de telles puissantes villes lorsqu'elles florissoient, bien que les vestiges en soient si petits, qu'à peine peut-on remarquer où elles ont esté; ainsi vous plaisez-vous à descrire l'excellence d'une beauté, bien qu'il n'en reste aucun vestige ny témoignage que dans vos escrits. Si vous l'aviez fait pour représenter le contraste de la Nature & de la Fortune, plus beau sujet ne pouviez-vous choisir, les deux y ayant à l'envy fait essay de l'effort de leur puissance. En celuy de la Nature, en ayant esté témoin oculaire, vous n'y avez besoin d'instruction; mais en celuy de la Fortune, ne le pouvant descrire que par rapport (qui est sujet d'estre fait par des personnes ou mal informées, ou mal affectionnées, qui ne peuvent représenter le vray ou par ignorance ou par malice), j'estime que vous recevrez plaisir d'en avoir les Mémoires de qui le peut mieux sçavoir, & de qui a plus d'intérest à la vérité de la description du sujet. J'y ay aussi esté conviée par cinq ou six remarques que j'ay faites en vostre discours, où il y a erreur, qui sont, lorsque vous parlez de *Pau* & de mon voyage de *France*, quand vous parlez de feu M. le Mareschal *de Biron* (mort en 1592), quand vous parlez d'*Agen*, & aussi du Marquis *de Canillac*. Je traceray mes Mémoires; à qui je ne donneray un plus glorieux nom, bien qu'ils mériteroient celuy d'histoire, pour la vérité qui y est contenuë nüement & sans ornement aucun, ne m'en estimant pas capable, & n'en ayant aussi maintenant le loisir. Cette œuvre donc d'une après-disnée, ira vers vous comme les petits ours, en masse lourde & difforme, pour y recevoir sa formation. C'est un chaos, duquel vous avez déjà tiré la lumiere; il reste l'œuvre de cinq ou six autres journées. C'est une Histoire, certes, digne d'estre escrite par un Cavalier d'honneur, vray François, nay d'illustre Maison, nourry des Roys mes peres & freres, parent & familier amy des plus galantes & honnestes femmes de nostre temps, de la compagnie desquelles j'ay eu le bonheur d'estre la liaison.

LE XVIIe siecle est la véritable époque pendant laquelle le style historique françois s'est formé & a acquis le degré de perfection dont il étoit susceptible; aussi vais-je donner beaucoup plus d'exemples, tirés des Auteurs de ce temps-là, que des précédens; en choisissant, de vingt en vingt ans, quelques Historiens pour en citer des passages, & marquer ainsi les progrès qu'a faits en France le noble talent d'écrire l'Histoire.

Je ne tirerai mes exemples d'aucunes Traductions, étant persuadé que les Traducteurs ne doivent point avoir de ftyle à eux, mais adopter celui des Auteurs qu'ils traduifent, & y conformer le leur autant que la différence des Langues peut le permettre.

***

Hiftoire Univerfelle de Théodore Agrippa d'Aubigné, Gentilhomme de Poitou, imprimée (1) *en* 1616.

Livre I, Chapitre I.

HENRY, fils d'Antoine de Bourbon & de Jeanne d'Albret, Roine de Navarre, née à Pau en Bearn, le 12 de Décembre 1553, fut ofté du gouvernement du pere & de la mere par le grand-

___

(1) C'étoit le grand-pere de Madame de Maintenon. Il fut très-attaché au fervice & à la perfonne de Henri IV; mais il étoit zélé Proteftant. Il quitta la Cour & le royaume, lorfque ce Prince fe fit Catholique, & mourut à Geneve en 1630. Il a compofé plufieurs Ouvrages fatiriques, fur-tout *la Confeffion de Sancy*, qui eft recherchée, & *le Baron de Fenefte*, qui contient une excellente idée gâtée par une multitude de ridiculités & un ftyle inintelligible. Il a écrit fa propre vie avec la même liberté que fon Hiftoire Univer-

pere Henri d'Albret, qui voulut faire nourrir cet enfant à sa poste (*mode*), reprochant à sa fille & à son gendre, que, par les délicatesses françoises, ils avoient perdu plusieurs des leurs : & de faict il l'esleva à la bearnoise, c'est-à-dire, pieds nuds & teste nuë, bien souvent avec aussi peu de curiosité que l'on nourrit les enfans des paysans : cette bizarre résolution succédant, forma un corps auquel le froid & le chaud, les labeurs immodérés, & toutes sortes de peines, n'ont peu apporter d'altération ; en cela s'accordant sa nourriture à sa condition, comme Dieu voulant dès ce temps préparer un dur remede & un ferme coin d'acier aux nœuds endurcis de nos dures calamitez. Durant le berceau de ce Prince, l'Europe, comme ayant lors pour ascendant un astre martial, fut esmue & réchauffée de toutes parts par diverses guerres, desquelles il m'est nécessaire de toucher légérement les causes

---

telle, c'est-à-dire, celle de son temps. Celle-ci contient des Anecdotes précieuses & des Réflexions dignes de Tacite ; mais elle contient une vive satire contre les Catholiques ; aussi fut-elle brûlée aussi-tôt qu'elle parut, par Arrêt du Parlement.

sans sortir de la loy de l'abrégé, & des promesses faictes à mon Lecteur, meslant les couleurs de mon discours dans la retraite de Sleidan (1), Autheur auquel je renvoye tous ceux qui voudront chercher l'origine des matieres proposées en ce Livre, Autheur qui n'a esté assez leu ni assez estimé en ce siecle, duquel les labeurs sentent un esprit général, duquel les passions ne s'employent que contre le vice, duquel la diligence ne s'attache à aucune chose indigne, & de qui la grandeur ne mesprise rien de convenable à l'Histoire : c'est ce qui m'a donné goust de lui & m'a degousté de plusieurs autres. C'est là que j'adresse le Lecteur curieux, principalement pour les affaires des Empires d'Allemagne &

―――――――――――――――

(1) C'est-à-dire, qu'il renvoie pour l'origine des troubles de Religion, dont il va parler, à l'Histoire de *Jean Sleidan*, fameux Historien, qui a publié, en 1555, un Ouvrage latin en vingt-six Livres, intitulé *de l'état de la-Religion & de la-République*, qui contient l'Histoire de la moitié du seizieme Siecle, concernant ce qui regarde la Religion en Allemagne, en France, & particuliérement dans les Pays-Bas. Cet Auteur est fort estimé à certains egards ; mais étant zélé Luthérien, il est suspect.

Constantinople, les deux roües principales de noſtre Univers.

Conſéquences de la mort d'Henri III.
Tome III, Livre II, Chapitre XXIII,
année 1589.

Henri IV ſe trouve Roi pluſtoſt qu'il n'euſt penſé & deſiré, & demi aſſis ſur un troſne tremblant : au lieu des acclamations & du *vive le Roi* accoûtumé en tels accidens, vid en meſme chambre le corps mort de ſon Prédéceſſeur, deux Minimes aux pieds avec des cierges, faiſant leurs Lithurgies, Clermont d'Antragues ſe tenant le menton ; mais tout le reſte parmi les hurlemens, enfonſans leurs chapeaux, ou les jettans par terre, fermans le poing, complottans, ſe touchans à la main, faiſant des vœux & promeſſes, deſquelles on oioit pour concluſion, pluſtoſt mourir de mille morts. Dans cet eſtourdiſſement, encores il y en eut qui demanderent pardon à genoux des choſes commiſes auprès du Roi, à qui un Duc reſpondit : Taiſez-vous, vous parlez comme femmes. Les

Compagnons du Bourlet (1) efclatent leurs lamentations ; mais d'O, fon frere, Antragues, & Chafteau-Vieux, murmurent, & à dix pas du Roi, il leur efchape de fe rendre pluftoft à toutes fortes d'ennemis, que de fouffrir un Roi Huguenot ; ils joignent à leurs propos quelques autres ; entre ceux-là, Dampierre, premier Marefchal de Camp, fit ouïr tout haut ce que les autres ferroient entre les dents ; tous fe ralient au Duc de Longueville, qu'ils éleurent pour porter parole de leur volontez.

Le Marefchal de Biron, prit plaifir au murmure de ceux-là, non pour les fuivre, mais pour faire valoir fa befongne à la néceffité : il fe préfenta fans fe faire de fefte. Le Roi, tout troublé de ces chofes, s'eftant retiré en une garde robbe, prit d'une main la Force, & de l'autre un Gentilhomme des fiens ; la Force s'eftant excufé, l'autre (2), commandé de dire fon advis fur la préfente perplexité, parla ainfi :

---

(1) Ce mot obfcur doit indiquer les Membres des Confréries Catholiques dont étoit Henri III.
(2) C'étoit peut-être d'Aubigné lui-même.

Sire, vous avez plus besoin de conseil que de consolation ; ce que vous ferez dans une heure donnera bon ou mauvais branle à tout le reste de votre vie, & vous fera Roi ou rien : vous estes circuit de gens qui grondent & qui craignent, & couvrent leurs craintes de prétextes généraux ; si vous vous soumettez à la peur des vostres, qui est-ce qui vous pourra craindre, & qui ne craindrez-vous point ? Si vous pensez vaincre par bassesse ceux qui murmurent par cette maladie, de qui ne serez-vous point tyrannisé ? Je les viens d'oüir ; ils menacent que si vous ne changez de Religion, ils changeront de parti, en feront un à part pour venger la mort du Roi ; comment auseront-ils cela sans vous, puisqu'ils ne l'ausent avec vous ? Gardez-vous bien de juger ces gens-là sectateurs de la Royauté pour appui du Royaume, ils n'en sont ni fauteurs, ni autheurs ; s'ils en sont marques, c'est comme les cicatrices marquent un corps. Quand votre consciens ne vous dicteroit point la responce qu'il leur faut, respectez les pensées des testes qui ont gardé la vostre jusques ici ; appuiez vous, après Dieu, sur ces espaules fermes, & non sur ces roseaux tremblans à tous vents ; gardez cette partie saine à vous, & dedans le reste, perdez ce qui ne peut se conserver, & triez aujourd'hui les Catholiques moins attachez au Pape qu'à leur Roi ; car les autres feront plus de mal proches qu'éloignés ; à l'heure que je parle, à vous le Mareschal de Biron, & avec lui les Chefs des meilleures troupes ne pensent point à vous quitter ; les offenses de Blois sont sur leurs testes ; ils ont besoin de vous, chérissent même cette occasion pour vous obliger & gagner la grace de vostre establissement ; serenez vostre visage, usez de l'esprit & du courage que Dieu vous a donné ; voici une occasion digne de vous ; mettez la main à la besongne, & pendant que les grondeurs & leurs Confesseurs mesureront la crainte de vostre Religion à celle qu'ils ont des Liguez, commencez par le Mareschal de Biron ; faites-lui sentir le besoin que vous avez de lui jusques aux bords de la lascheté, & non plus avant ; demandez-lui pour premiere preuve de son vouloir & crédit, qu'il aille prendre le serment des Suisses ; qu'il les fasse mettre en bataille pour crier vive le Roi Henri IV.

Despechez Givri vers la Noblesse de l'Isle de France & de Brie, qui est en l'armée; Humiere vers les Picards. Descouplez ainsi à propos ceux que vous connoissez mieux que nous, & sur les premiers rapports qu'on vous fera des bonnes volontez, demandez lors le mesme office à ceux de qui vous tenez l'esprit douteux. Quand au Duc d'Epernon, que je tiens le plus considérable de vostre armée, il est trop judicieux pour manquer à son devoir, aussi peu à son intérest: tenez-le par la main; il consent en ne dissentant point; sa présence authorise vos affaires. Pour une paix, qu'il espereroit en vain des ennemis, il ne rompra pas celle qui est toute faite avec vous. Vous n'ignorez pas que vous estes le plus fort ici; voilà plus de deux cens Gentilshommes de vostre Cornette dans ce jardin, tous glorieux d'estre au Roi; si vostre douceur accoustumée & bienséante à la dignité royale, & les affaires présens n'y contredisoient, d'un clin d'œuil vous feriez sauter par les fenestres tous ceux qui ne vous regardent pas comme leur Roi.

Le Roi approuva la pluspart de cet avis, appella le Mareschal de Biron &

lui dit : Mon cousin le Mareschal, c'est à cette heure qu'il faut que vous mettiez la main droite à ma Couronne; ni mon humeur ni la vostre ne veulent que je vous anime par discours pour commencer nos affaires : je vous prie, en pensant à ce qui se présente sur nos bras, allez tirer le serment des Suisses comme vous entendez qu'il faut, & puis me venir servir de pere & d'ami contre ces gens qui n'aiment ni vous ni moi. Le Mareschal ayant respondu : Sire, c'est à ce coup que vous connoistrez les gens de bien : nous parlerons du reste à loisir ; je ne vais point essaier, mais vous querir ce que vous demandez.......

Mémoires de Sully, sous le titre d'Œconomies Royales, premiere édition, désignée par les 88 Verds; Amsterdam, sans date précise, après la mort d'Henri IV (1).

Livre II, Chapitre XI.

IL nous souvient (2) vous avoir ouy dire que le Roy, un jour, peu après l'exécution faite du Duc de Biron, vous vint voir en vostre cabinet à l'Arsenac, & vous dit : Hé bien, vous voyez comme ceux ausquels j'ai fait le plus de faveurs, de biens & d'honneurs, ont été ceux qui m'ont donné le plus de traverses, & ont le plus envié ma grandeur & la prospérité de mes affaires ;.

___

(1) On ne lit plus les Mémoires de Sully que dans la Rédaction de l'Abbé de l'Ecluse, & l'on fait bien ; mais on sera peut-être bien aise de connoître le style dans lequel ils sont écrits, avec un air de vérité qui les rend d'autant plus estimables.

(2) Ce Livre est supposé écrit par les Secrétaires de M. de Sulli, & adressé à lui-même.

Tome I.   S

car que n'ay-je point fait pour le Comte d'Auvergne, les Ducs de Biron & de Boüillon, & trois autres que vous fçavez, & que je ne veux plus nommer, puifqu'ils fe font repentis ? voire que n'ay-je point fouffert d'eux & de leur extravagantes fantaifies, ambitions déréglées & avarices infaffiables ? Car outre les honneurs & dignitez dont je les ai pourveus, vous favez mieux que nuls autres quelles grandes fommes de deniers ils ont touchées de moi, telles que quatre Roys de France, auparavant le defunct, n'en donnerent jamais tant durant leur regne ; & afin de le faire voir à quelques-uns qui font près de moy, je vous prie de faire faire des extraits de ce que ces fix perfonnes ont touché de moy depuis qu'ils me fervent comme Roy, fans y compter la Seigneurie de Sedan & tous les biens de cette Maifon que j'ay fait avoir par alliance à M. de Boüillon, & depuis les luy ay confervez par autorité, bien foudainement & fans beaucoup de juftice, dont je ne fuis pas à me repentir, & prevoy qu'il me contraindra à luy faire pis que je n'avois eu envie : car la vérité eft que mon inclination a tousjours efté de l'eftimer &

de me servir de luy, voire d'en endurer plus que de nul autre de mes serviteurs : or, vous dis je tout cecy, non pour soupçonner que vous ayez besoin de cette leçon, ny que vous soyez de si mauvais naturel que de me rendre le mal pour le bien ; mais je seray bien ayse de vous faire entendre mes intentions clairement, & que vous me disiez aussi franchement les vostres, afin que nous convenions ensemble de la forme de vivre que nous aurons à prendre & tenir pour durer longuement unis ensemble, persistants moy à estre incessamment bon Roy & bon Maistre, & vous tousjours bon sujet, loyal & utile serviteur, comme nous nous sommes entre esprouvez tels l'un l'autre jusques à présent : ma résolution est donc de continuer à vous aymer plus que nul autre ; d'eslever & enrichir vostre Maison, que je sçay bien estre ancienne; de vous faire des honneurs & des biens ; mais je veux tellement assaisonner tout cela, que non seulement il ne donne occasion à personne de haine ou d'envie contre vous, par sa promptitude & son excez, qui ne vous puisse donner à vous-mesmes ny le moyen, ny le desir de vous mescognoistre, de vouloir faire vostre fortune fans moy, ny par autre voye que celle de mes bonnes graces & de vos utiles fervices ; mais auffi exempte mon efprit (lequel rebattu de tant d'infidelitez, devient vieil, & par conféquent plus défiant que de couftume) de toutes caufes & occafions d'ombrages & de foupçon contre vous, à qui pour ces raifons je veux bien bailler des charges & des dignitez, comme Pairrie, Office de la Couronne, & Gouvernement de Province, vous donner le premier lieu de faveur & de crédit au maniement des affaires ; mais ne vous attendez point que je vous donne de grandes villes & fortes places, par le moyen defquelles & de voftre grand crédit & capacité, vous joignant, ou aux Huguenots, ou à d'autres factions, vous puiffiez vous paffer de moy ; voire troubler le repos de mon efprit & la paix de mon Royaume quand bon vous fembleroit ; je veux donc, en vous faifant des biens & des honneurs, qui ne feront pas petits (je le vous promets ainfi, & vous en donne ma foy & ma parole), ils foient néanmoins tels qu'ils dépendent toujours de ma bienveillance, & qu'icelle vous venant à manquer, ils ne puiffent, par quelque defpit, vous porter à me nuire, & moy donner mauvais exemple aux miens, faifant pour un ferviteur plus que ne doit un bon Roy, qui a foin de fon honneur, de fa réputation, de fon eftat, & du foulagement, bien & repos de fes peuples : donc outre vos eftats & appoinctemens, qui font affez grands pour vous nourrir & tout voftre train, je vous veux encore tous les ans donner d'extraordinaire cinquante ou foixante mil livres, d'autant que cela, joint avec voftre revenu que vous efpargnerez entiérement (car je fçay, & c'eft une des chofes qui m'a autant confirmé à me fervir de vous aux Finances, que vous ne l'employerez ny en feftins, ny en chiens, ny en oifeaux, ny en chevaux, ny en habits, ny en maiftreffes), fera fuffifant pour meubler & baftir vos maifons, & acquérir quelques terres tous les ans, afin de partager vos enfans, aufquels, quand vous les marierez, je feray encore voir ma libéralité & combien je vous aime; voire j'ay déjà quelque chofe en l'efprit (que je ne vous diray pas à préfent, mais en tems & lieu) dont vous aurez fujet d'eftre content, & de dire que vous ferez plus que vous n'avez espéré. C'est maintenant à vous à me faire sçavoir & me déclarer librement vostre opinion sur toutes ces choses, & vous en prie, comme estant vostre bon Maistre & amy particulier. Lors ayant pris la parole, vous luy dites; Sire, vostre prévoyance, vostre prudence, vostre courage & vostre bon naturel se rendent plus qu'admirable, & ne sçaurois assez les louer & estimer, tant pour ce qui regarde vostre personne royale, vos enfans & vostre Estat, que moy-mesme, qui trouve déjà en ce qu'il vous a pleu me proposer, non seulement de quoy me contenter & y trouver l'entier accomplissement de mes desirs; mais aussi de quoi confesser que c'est beaucoup plus que mes services, mes mérites ne pouvoient attendre, voire mesme mes espérances ne pouvoient concevoir. J'accepte donc avec honneur, humilité, & joye indicible, les sacrées paroles de Vostre Majesté, protestant de n'avoir de ma vie, ny ambition, ny convoitises de richesses, ny passions, ny affections que celles qui me seront suggérées par Vostre Majesté mesme; & encore si j'en recognoissois quelqu'une qui, par excez de vostre bienveillance, me fuſt appreſtée, & qui puſt eſtre préjudiciable à vous & à voſtre Eſtat, de la refuſer abſolument, ne vous ſuppliant de plus que d'une ſeule choſe, qui eſt de n'adjouter foy aux calomnies & faux rapports que l'on vous pourroit faire de moy, & juger de mes intentions par mes effets & par mes ſervices, & non du tout par mes paroles, craignant que la promptitude de mon eſprit ne m'en puſt faire eſchapper quelquefois quelqu'une mal-à-propos: quant aux accuſations, je ne les redoute point, ny ne deſire nullement que vous les rejettiez; car un Prince ſage & judicieux doit tout eſcouter, & ne ſe confier jamais du tout en un ſeul ſerviteur; mais bien qu'il vous plaiſe n'y adjouſter aucune foy ſans m'avoir ouy ſur icelles, & veu quelles ſeront mes œuvres.

Le Roy fut fort ſatisfait de voſtre reſponce; & après quelques autres propos de réciproques aſſeurances, vous vous ſéparaſtes.

Mémoires du Maréchal de Baſſompierre, contenant l'hiſtoire de ſa vie, &c. (1).

LA Cour alla coucher le douze May (1610) à Saint Denis, pour ſe préparer au lendemain treize, qui fut le jour du ſacre de la Reyne, qui ſe fit en la plus grande magnificence qu'il fut poſſible. Le Roi y fut extrêmement gai. Après le ſacre, il y eut au logis de la deſcente des Ambaſſadeurs, quelques brouilleries entre celui d'Eſpagne & de Veniſe. Le ſoir, tout revint à Paris. Le lendemain matin, quatorze dudit mois, Monſieur de Guiſe paſſa à mon logis, & me prit pour aller trouver le Roy, qui eſtoit allé ouïr la Meſſe aux Feuillans. On nous dit par les chemins, qu'il eſtoit allé au retour par les

---

(1) Ce Maréchal, né en 1579, eſt mort en 1646. Ses Mémoires s'étendent depuis 1598 juſqu'en 1631, temps où il fut mis à la Baſtille ; c'eſt là que le Maréchal les a compoſés. C'étoit un homme de beaucoup d'eſprit. Ces Mémoires ſont intéreſſans, renferment beaucoup d'anecdotes piquantes, & ſont bien écrits pour le temps où ils ont été compoſés.

Tuilleries. Nous allasmes donc lui couper chemin, & le trouvasmes dans le berceau, s'en revenant, & parloit à Mademoiselle de Villeroy, qu'il quitta pour prendre M. de Guise & moi à ses deux costés, & nous dit d'abord : Je viens des Feuillans, & ay veu la pierre que Bassompierre a fait mettre sur la porte : *Quid retribuam Domino pro omnibus quæ tribuit mihi* ; & moy j'ay dit que *pour luy*, qui est Allemand, il y falloit mettre *Calicem salutaris accipiam*. M. de Guise s'en prit à rire bien fort, & luy dit : Vous êtes à mon gré un des plus agréables hommes du monde, & nostre destin portoit que nous fussions l'un à l'autre ; car si vous n'eussiez esté qu'un homme médiocre, je vous eusse eu à mon service, à quelque prix que ç'eust esté ; mais puisque Dieu vous a fait naistre un grand Roy, il ne pouvoit pas estre autrement que je ne fusse à vous. Le Roy l'embrassa, & luy dit : Et moy aussi ; vous ne me connoissez pas maintenant vous autres ; mais je mourray un de ces jours, & quand vous m'aurez perdu, vous connoistrez lors ce que je valois, & la différence qu'il y a de moy aux autres hommes. Je luy dis alors : Mon

Dieu, ne cesserez-vous jamais, Sire, de nous troubler, en nous disant que vous mourrez bientost ? ces paroles ne sont point bonnes à dire ; vous vivrez, s'il plaist à Dieu, bonnes & longues années. Il n'y a point de félicité au monde pareille à la vostre. Vous n'estes qu'en la fleur de vostre âge, & en une parfaite santé & force de vostre corps, plein d'honneur plus qu'aucun des mortels, jouissant en toute tranquillité du plus florissant Royaume du Monde, aymé & adoré de ses sujets, belle femme, belles maîtresses, beaux enfans, qui deviennent grands. Que vous faut-il de plus ? ou qu'avez-vous à désirer davantage ? Il se mist à soupirer, & me dit : Mon amy, il faut quitter tout cela ; & moy, je luy repartis : Et ce propos aussi, pour vous demander quelque chose ; mais c'est en payant ; à sçavoir cent paires d'armes de vostre Arsenal, qui nous manquent, & que nous ne pouvons avoir à quelque prix que nous en voulions donner. Ce n'est pas pour ma Compagnie, car elle est complette, & armée comme il faut ; mais M. de Varenne en a besoing de vingt-cinq ; M. de Bordes de vingt-cinq, & le Comte de Charlus de cinquante. Il me respondit pour lors : Bassompierre, je vous les feray donner ; mais n'en dites mot, car tout le monde m'en demanderoit, & je desgarnirois mon Arsenal ; venez-y cette après-dînée, car j'iray voir M. de Sully, & je luy commanderay de vous les faire délivrer. Je luy dis : Sire, je donneray à l'heure mesme l'argent qu'elles valent à M. de Sully, afin qu'il les remplace ; & il me respondit la fin d'une chanson : *Que je n'offre à personne ; mais à vous je les donne*. Lors je luy baisay la main, & me retiray, comme il entra dans sa chambre, pour m'en aller disner à l'hostel de Chaalons, avec MM. de Guise & de Roquelaure. Après disner, je vins passer chez Descures, à la Place Royale, pour des routes qu'il me falloit pour diverses Compagnies ; puis j'allay attendre le Roy à l'Arsenal, comme il m'avoit dit. Mais, hélas ! ce fut en vain ; car peu après on vint crier que le Roy avoit esté blessé, & que l'on le rapportoit dedans le Louvre. Je courus lors comme un insensé, & pris le premier cheval que je trouvay, & m'en vins à toute bride au Louvre. Je rencontray devant l'hostel de Longueville

M. de Blérancourt, qui revenoit du Louvre, & me dit : Il est mort. Je courus jusques aux barrieres, que les Gardes Françoises avoient occupées, & celles des Suisses, les piques baissées, & passames, M. le Grand & moy, sous les barrieres, & puis courusmes au cabinet du Roy, où nous le vismes estendre sur son lict, & M. de Vic, Conseiller d'Estat, assis sur le mesme lict, qui luy avoit mis sa croix de l'Ordre sur la bouche, & luy faisoit souvenir de Dieu; Milon, son premier Médecin, estoit à la ruelle, pleurant, & des Chirurgiens qui vouloient le panser; mais il estoit desjà passé. Bien vismes-nous qu'il fit un soupir, mais qui en effect n'estoit qu'un vent qui sortoit. Alors le premier Médecin cria : Ah ! c'en est faict; il est passé.

Mémoires du Duc de Rohan, &c (1).

Discours IX.

Apologie du Duc de Rohan sur les derniers troubles de la France, à cause de la Religion.

C'EST un labeur bien ingrat de servir au Public, sur-tout un parti foible, volontaire : car si chacun n'y rencontre ce qu'il s'est proposé, tous ensemble crient contre leur conducteur : c'est ce que j'éprouve maintenant. Je suis blasmé par les Peuples, n'ayans le soulagement qu'ils attendoient, poussés à cela principalement par les faux Freres, qui, pour se faire valoir dans le parti contraire, prenent à tasche de me publier ce qu'ils font : comme aussi par nos pacifiques,

---

(1) Henri Duc de Rohan, né en 1579, & tué à la guerre en 1638, fut le Chef du parti Protestant en France sous le regne de Louis XIII, grand Militaire & grand Politique. Ses Mémoires sont écrits avec sagesse & esprit, & le ton d'un homme de qualité.

qui, d'un ton zélé, déplorans nos miseres, en rejettent la faute fur ceux, à leur dire, qui ont précipité les affaires, & après les ont perdues. J'excufe volontiers un pauvre peuple ignorant, qui, dans leurs grandes fouffrances, jugeant des chofes pluftoft par les événemens que par la raifon, s'en prend à ce qu'il rencontre devant luy ; femblables en cela aux beftes brutes, qui mordent le dard qui les bleffent, & non le bras qui le lance. Mais je ne le puis pardonner aux hommes de raifon, inftruits aux affaires du monde, qui voyent tous les jours comme les deffeins mieux conceus ne réuffiffent pas infailliblement, ny tousjours ne fuccombent les mal entreprins. La ville feule de la Rochelle nous fournit, à mon grand regret, un exemple notable fur cela. Son premier fiége arriva après le maffacre, & la diffipation de fon parti, eftant foible de fortifications, réduicte aux derniers abbois, abbandonnée de tout le monde, ce qui mefme obligea M. de la Noüe, illuftre en piété, prudence & valeur, de tafcher à la faire rendre, afin de la tirer d'une plus grande défolation. Néanmoins elle fe vit délivrée par des Ambaffadeurs Polonois, qui viennent demander pour Roy celuy qui la tenoit oppreſſée. Au ſecond ſiége, elle ſe trouva dans un parti conſidérable, très bien fortifiée, & munie puiſſamment du dedans & du dehors du Royaume, & en un temps où elle devoit eſpérer des diverſions meilleures en ſa faveur ; & pourtant nous l'avons vu périr. Ce qui doit nous apprendre à ne juger légérement des entrepriſes des hommes, par leurs bons ou mauvais ſuccez, encore moins les blaſmer ſans en rendre bonne raiſon : autrement on ſe feroit cognoiſtre plus envieux de la gloire d'autruy, que deſireux du bien public. J'euſſe néantmoins ſouffert telles cenſures, ſi elles n'euſſent touché qu'à mon imprudence & incapacité, & euſſe fait ſeulement reproche à mes cenſeurs de ce qu'ils n'avoient prins ma place pour faire mieux. Mais je ne puis paſſer ſous ſilence l'accuſation qu'ils me font d'avoir précipité, par mon ambition, la ruine des Egliſes de France, & pour comble de toute meſchanceté, les avoir livrées pour ſatisfaire à mon avarice. C'eſt à quoi je me diſpoſe de reſpondre, afin que chacun juge qui a eu plus de ſoin d'elles, ou ceux qui ont ſauvé leurs biens,

& acquis de belles charges en les abandonnant, ou leur faisant la guerre, ou bien ceux qui, pour les maintenir, ont vu constamment la dissipation de leurs biens, la démolition de leurs maisons, la perte de leurs gouvernemens, l'indignation de leur Roy, la dispersion de leurs plus proches parens, & l'exil de leur patrie.

De l'intérêt des Princes & Estats de la Chrestienté, par le Duc de Rohan.

Des Princes d'Italie.

.... Depuis que le Roy d'Espagne de la Maison d'Autriche, a mis le pied en Italie, & que se trouvant maistre des deux bouts, il a fait pencher la balance de son costé, le vray intérêt en général de tous les Princes Italiens a esté de tenir tousjours pour le moins une porte ouverte pour se garder de l'oppression...... Il importe avec raison qu'ils entretiennent principalement une pratique avec le Roy de France.... Une autre maxime que l'Italie doit observer, est de se maintenir en paix, parce qu'il n'y pourroit avoir guerre que le Roy d'Espagne, ou

ceux

ceux de sa Maison n'y voulussent prendre part, ou comme favorisans l'un des partis, ou comme arbitres.....

Du siége de Rome.

L'intérest du siége de Rome est de procurer, par toutes sortes de moyens, la diminution de la grandeur de la Maison Autrichienne; car les terres de l'Eglise sont tant à sa bienséance, que si une fois cette Maison venoit à quitter le prétexte spécieux qu'il a pris de protéger le Sainct-Siége, certainement il s'approprieroit tout ce beau domaine.....

Trois maximes particulieres du siége de Rome; la premiere, de maintenir son crédit par-tout par le moyen des Ecclésiastiques...... La seconde, de faire appréhender aux Princes le foudre de l'excommunication; mais de ne pas s'en servir si souvent, de peur qu'ils ne viennent à le mespriser. La troisieme, de brider les Papes le plus qu'il se pourra, pour les empescher d'agrandir leurs Maisons aux despens de l'Eglise......

Le vray intérest d'un Duc de Savoye est de se maintenir tousjours bien avec la France, parce qu'elle peut le secourir contre un des Membres de la Puiſſance Autrichienne.

De l'Allemagne.

La diverſité de Religion (en Allemagne) ne doit apporter aucune diverſité de ſentiment ès choſes qui regardent le Public (Germanique). L'intéreſt de tous les Princes (de l'Empire) en général, & d'un chaſcun en particulier, eſt de défendre mutuellement & d'empeſcher conjointement que l'Empereur n'attente ſur la liberté d'aucuns, ſous quelque prétexte que ce ſoit. Ils doivent auſſi prendre garde que les plus forts d'entr'eux n'oppriment les plus foibles.....

Les Princes Catholiques déſormais ſe doivent déſabuſer & tenir pour aſſeurés, que, ſous le manteau de la Religion, ils ſervent au deſſein de la Maiſon d'Autriche, & forgent peu à peu les fers de leur ſervitude, ne pouvant eſpérer, pour tout avantage, que d'eſtre ruinez les derniers.

Les Proteſtans, puiſqu'ils ne peuvent ſeuls réſiſter à de ſi grandes forces, doivent avoir pour maxime, après s'eſtre bien unis, d'entretenir au dehors les intelligences nécessaires pour contrepeser la Ligue Catholique.

Des Suisses & des Provinces-Unies des Pays-Bas.

Des deux costés de l'Allemagne, à l'entrée de cette vaste Province, se sont formées deux Républiques formidables entre les autres Puissances de la Chrétienté, & pour la valeur de leurs Peuples, & pour la forme de leur situation; de sorte qu'à bon droit on pourroit les appeler les deux bras de l'Allemagne.

Le droit est la Suisse, le gauche est le Pays-Bas-Uni ; l'un est entre les rochers & les précipices, l'autre est entre les mers & les marets ; l'un domine les Alpes & l'autre l'Océan. Le naturel de l'un & de l'autre est si conforme à la nature du pays qu'ils habitent, que les Suisses semblent faits pour les montagnes, & les montagnes pour les Suisses ; la mer pour les Hollandois, & les Hollandois pour la mer. En Suisse chasque Canton, ès Pays-Bas, chasque Province est une République. Les Suisses vendent la liberté de leurs corps aux autres, & gardent pour eux celle du Pays. Les Hollandois gardent leur liberté toute entiere. La longue paix a enrichi ceux-là ; ceux-ci floriſſent par la continuation de la guerre. L'intéreſt des Suiſſes eſt la paix ; les Hollandois doivent avoir pour maxime aſſeurée d'eſtre toujours en armes. Ces deux Républiques ne peuvent, pour leur ſubſiſtance, s'allier mieux qu'avec la France, qui, pour contrecarrer l'Eſpagne, enrichit les Suiſſes par ſon argent, & ſouſtient les Hollandois par ſon conſeil & par ſes armes : ces deux Puiſſances ne ſe doivent jamais déſunir entr'elles, ni par jalouſie, ni par Religion : ce ſont les ſeules maladies qui leur peuvent cauſer la mort.

De l'Angleterre.

L'Angleterre, qui eſt comme un petit monde à part, n'a rien à démeſler avec les autres Princes, ſinon en tant que la néceſſité du commerce l'y oblige, qui eſt ſon vray intéreſt : car par-là luy vient l'opulence, laquelle, conjointe à ſa ſituation, la rend aſſez conſidérable.

La Royne Eliſabeth, qui a eſgalé par ſon prudent gouvernement les plus grands Roys de la Chrétienté, recognoiſſant la diſpoſition de ſon Eſtat, & que le vray intéreſt de celuy-cy conſiſte premierement à le tenir bien uni en ſoy, ſecouant toutes les reliques des précédentes factions, jugeant, comme il eſt très-véritable, que l'Angleterre eſt un grand animal qui ne peut jamais mourir s'il ne ſe tue luy-meſme.

Elle eſtablit pour maxime fondamentale, d'en bannir l'exercice de la Religion Catholique, comme le ſeul moyen de rompre toutes menées des Eſpagnols.... Elle croit que l'intéreſt de ſon Eſtat eſt d'aider la France à ſe relever...... Par la meſme maxime, elle a donné appuy à la naiſſante liberté des Provinces-Unies... Cette ſage Princeſſe a bien fait comprendre à ſes ſucceſſeurs, que outre l'intéreſt que l'Angleterre a commun avec tous les Princes, elle en a un particulier, qui doit eſtre de procurer par-tout l'avancement de la Religion Proteſtante avec le meſme zele que le Roy d'Eſpagne ſe montre protecteur de la Catholique.

Pour cet effect, l'Angleterre devroit entretenir des intelligences par-tout où il eſt à propos; prendre part à tous les

Traitez qui fe font avec les Princes Proteftans, eftre tousjours armée, pour fe rendre par-là confidérable.

Hiftoire du Roy Henry le Grand, par Meffire Hardouin de Péréfixe, &c (1).

Réflexion fur les différentes conduites de Henri III & du Roy de Navarre.

CONSIDÉREZ un peu le différent eftat où ces deux Rois s'eftoient mis par leur conduite différente. L'un, pour avoir fouvent manqué de foy, eftoit abandonné de fes fujets, & fes plus grands fermens ne trouvoient point de croyance parmi eux. L'autre, pour l'avoir toûjours exactement gardée, eftoit reclamé mefme par fes plus grands ennemis. En toute

---

(1) M. de Péréfixe, Archevêque de Paris, fut Précepteur de Louis XIV, & mourut à Paris en 1670. Son Hiftoire de Henri IV a été généralement admirée, & l'on a trouvé que l'Auteur avoit bien faifi le caractère de fon Héros; d'ailleurs elle eft parfaitement bien écrite pour fon temps.

occafion il donnoit des marques de fa valeur, de fon expérience au faict de la guerre, & fur-tout de fa prudence & des nobles inclinations qu'il avoit à faire du bien & à obliger tout le monde. On le voyoit à toute heure aux endroits les plus dangereux, hafter les travaux, animer les foldats, les fouftenir dans les forties, confoler les bleffez, & leur faire diftribuer quelque argent. Il remarquoit tout, s'enquerroit de tout, & vouloit faire, avec les Marefchaux de camp, tous les logemens de fon armée. Il obfervoit adroitement ceux qu'on faifoit dans l'armée de Henry III, où fouvent reconnoiffant des défauts, il n'en difoit rien, de peur d'offenfer ceux qui les avoient faits, en découvrant leur ignorance; & quand il fe croyoit obligé de les marquer, il le faifoit avec tant de circonfpection, qu'ils ne luy en fçavoient point mauvais gré. Il n'eftoit point chiche de louanges pour les belles actions, ni de careffes & de bon accueil envers ceux qui l'approchoient; il s'entretenoit avec eux quand il en avoit le temps, ou du moins les obligeoit de quelque bon mot, de forte qu'ils s'en alloient toûjours fatisfaits. Il ne craignoit point de se rendre familier, parce qu'il estoit asseuré que plus on le connoistroit, plus on auroit d'estime & d'affection pour luy. Enfin, la conduite de ce Prince estoit telle, qu'il n'y avoit point de cœur qu'il ne gagnast, & qu'il n'avoit point d'ami qui n'eust volontiers esté son martyr.

Henry IV mene la Reine (Marie de Mécis) voir ses bastimens.

Le Roy partit de Lyon en poste pour revenir à Paris, où la Reyne le suivit à petites journées. Quelque temps après qu'elle y fut arrivée, il la mena voir ses bastimens de Saint-Germain-en-Laye. C'estoit un de ses plaisirs, & certes fort innocent, & qui sied bien à un puissant Prince quand il a payé ses plus grandes debtes, & qu'il a soulagé ses Peuples du plus gros fardeau des impositions. Car en élevant ces superbes édifices, il laisse de belles marques de sa grandeur & de ses richesses à la Postérité. Il embellit son Royaume, attire l'admiration des Peuples, fait connoître aux Estrangers que ses coffres regorgent d'argent, donne la vie & du pain à quantité de pauvres manœuvres, travaille utilement pour sa commodité & pour celle de ses successeurs; & enfin fait florir l'architecture, la sculpture & la peinture, lesquelles ont toûjours esté infiniment estimées de toutes les Nations du monde les plus polies.

Nostre Henry ne prenoit ce divertissement que pour se délasser l'esprit de ses travaux, & non pour se l'occuper; car il avoit l'ame trop grande, & le génie trop élevé pour se donner tout entier à des choses si médiocres, encore moins pour s'attacher à de vains amusemens. Il est vray qu'il bastissoit, qu'il chassoit, qu'il jouoit; mais c'estoit sans se destourner trop de ses affaires, & sans abandonner le timon de son Estat, lequel il tenoit aussi ferme & aussi soigneusement durant le calme que durant la tempeste.

Mémoires du Cardinal de Retz (1).

Affaire des barricades.

ARGENTEUIL entra dans ma chambre avec un visage fort effaré, & il me dit : » Vous êtes perdu ; le Maréchal de la » Meilleraie m'a chargé de vous dire que » le Diable possede le Palais Royal (la » Cour y demeuroit) ; qu'il leur a mis » dans l'esprit que vous avés fait ce que » vous avés pu pour exciter la sédition ; » que lui Maréchal de la Meilleraie » n'a rien oublié pour témoigner à la » Reyne & au Cardinal (Mazarin) la » vérité ; mais que l'un & l'autre se sont » moqués de lui ; qu'il ne les peut ex- » cuser dans cette injustice, mais qu'aussi » il ne les peut assés admirer du mé- » pris qu'ils ont toujours eu pour le tu- » multe «...... Argenteuil finit son discours par ces paroles : » Voilà ce que » le Maréchal de la Meilleraie vous man-

─────────────
(1) Le Cardinal de Retz n'est mort qu'en 1679. Après avoir lu son Livre, on fait plus de cas du style que de l'Auteur.

» de...... Il n'y a pas une ame dans les
» rues, tout y eſt calme, & l'on prendra
» demain qui l'on voudra «. Montréfor s'écria .... qu'il n'en doutoit pas,
» & qu'il l'avoit prévu «. Je leur répondis que s'il leur plaiſoit de me laiſſer
un quart-d'heure en repos, je leur
ferois voir que nous n'étions pas réduits
à la pitié, & il étoit vrai. Comme ils m'eurent laiſſé tout ſeul..... je ne fis pas
ſeulement réflexion ſur ce que je pou-
vois, car j'en étois très-aſſuré; je pen-
ſois ſeulement à ce que je devois, &
je fus embarraſſé. Comme la maniere
dont j'étois pouſſé, & celle dont le Public étoit menacé, eurent diſſipé mon
ſcrupule, & que je crus pouvoir entreprendre avec honneur & ſans être blâmé,
je m'abandonnai à toutes mes penſées;
je rappellai tout ce que mon imagination m'avoit jamais fourni de plus éclat-
ant & de plus proportionné aux vaſtes
deſſeins; je permis à mes ſens de ſe
laiſſer chatouiller par le titre de Chef
de Parti, que j'avois toujours honoré
dans les Vies de Plutarque. Mais ce qui
acheva d'étouffer tous mes ſcrupules,
et l'avantage que je m'imaginai à me
diſtinguer de ceux de ma profeſſion par

un état de vie qui les confond toutes. Le déréglement des mœurs, très-peu convenable à la mienne, me faifoit peur. Je me foutenois par la Sorbonne, par mes fermons, par la faveur des Peuples ; mais enfin cet appui n'a qu'un tems, & ce tems même n'eft pas fort long, par mille accidens qui peuvent arriver dans le défordre. Les affaires brouillent les efpeces ; elles honorent même ce qu'elles ne juftifient pas ; & les vices d'un Archevêque peuvent être, dans une infinité de rencontres, les vertus d'un Chef de Parti : j'avois eu mille fois cette vue ; mais elle avoit toujours cédé à ce que je croyois devoir à la Reine. La réfolution de me perdre avec le Public l'ayant purifiée, je la pris avec joye, & j'abandonnai mon deftin à tous les mouvemens de la gloire.

Minuit fonnant, je fis rentrer dans ma chambre Laigues & Montréfor, & je leur dis : » Vous favez que je crains » les apologies ; mais vous allés voir que » je ne crains pas les Manifeftes. Toute » la Cour me fera témoin de la ma- » niere dont on m'a traité depuis plus » d'un an au Palais Royal. C'eft au Pu- » blic à défendre mon honneur ; mais o veut perdre le Public, & c'eſt à moi à le défendre de l'oppreſſion. Nous ne ſommes pas ſi mal que vous vous le perſuadés, Meſſieurs, & je ſerai demain, avant qu'il ſoit midi, maître de Paris «. Mes deux amis crurent que j'avois perdu l'eſprit...... J'envoyai querir à l'heure même Miron,..... Colonel du quartier Saint-Germain-l'Auxerrois......... Je lui expoſai l'état des choſes ; il entra dans mes ſentimens...... Nous convinſmes de ce qu'il y avoit à faire, & il ſortit dans la réſolution de faire battre le tambour & de faire prendre les armes au premier ordre qu'il recevroit de moi....

Quelque tems après, l'Enſeigne de la Colonelle de Miron vint m'avertir que le Chancelier marchoit, avec toute la pompe de la Magiſtrature, droit au Palais, & Argenteuil m'envoya dire que deux Compagnies des Gardes-Suiſſes s'avançoient du côté du faubourg, vers la Porte de Neſle. Voilà le moment fatal : je donnai mes ordres en deux paroles, & ils furent exécutés en deux momens........

Ce mouvement fut comme un incendie ſubit & violent qui ſe prit du Pont-Neuf à toute la ville. Tout le monde, ſans exception, prit les armes.

L'on voyoit des enfans de cinq ou fi ans le poignard à la main ; on voyoit les meres qui les leur apportoient elles-mêmes. Il y eut dans Paris plus de deux cens barricades en moins de deux heures, bordées de drapeaux, & toutes les armes que la Ligue avoit laissées entieres. Comme je fus obligé de sortir un moment pour appaiser un tumulte qui étoit arrivé par le mal-entendu de deux Officiers de quartier, dans la rue Neuve-Notre-Dame, je vis entr'autres une lance traînée, plutôt que portée, par un petit garçon de huit ans, qui étoit assurément de l'ancienne guerre des Anglois ; mais j'y vis encore quelque chose de plus curieux. M. de Brissac me fit remarquer un hausse-col, sur lequel la figure du Jacobin qui tua Henri III étoit gravée ; il étoit de vermeil doré avec cette inscription : *Saint Jacques Clément*. Je fis une réprimande à l'Officier qui le portoit, & je fis rompre le hausse-col publiquement, à coups de marteaux, sur l'enclume d'un Maréchal. Tout le monde cria : *Vive le Roi !* mais l'écho répondoit : *Point de Mazarin.*

Mémoires de la minorité de Louis XIV, par le Duc de la Rochefoucauld (1).

Combat du faubourg Saint-Antoine.

Monsieur le Prince fit marcher ses troupes, à l'entrée de la nuit, le premier de Juillet 1652, & croyant arriver à Charenton avant que ses ennemis le pussent joindre, il fit passer ses troupes par le cours de la Reine-Mere, & par le dehors de la ville, depuis la porte Saint-Honoré jusqu'à celle de Saint Antoine, pour prendre de là le chemin de Charenton.

Il voulut éviter de demander passage dans Paris, craignant de ne pas l'obtenir, & qu'un refus dans un temps comme celui-là, ne fît paroître le mauvais état de ses affaires. Il craignoit aussi que l'ayant obtenu, ses troupes ne se dissipassent

---

(1) L'Auteur est très-connu par ses Maximes, dont le style, quoique très-pur, est assez obscur, parce que le sujet en est très-métaphysique; mais dans ses Mémoires, la Rochefoucauld paroit égal à Tacite.

dans la ville, & qu'il ne fût plus en son pouvoir de les en faire sortir quand il en auroit besoin. La Cour fut aussi-tôt avertie de sa marche, & le Maréchal de Turenne partit à l'heure même avec ce qu'il avoit de troupes, pour joindre celles de M. le Prince, & pour les arrêter, jusqu'à ce que le Maréchal de la Ferté, qui suivoit avec les siennes, eût le temps d'arriver. Cependant on fit aller le Roi à Charonne, afin que de ce lieu-là, comme de dessus un théatre, il fût témoin d'une action qui, suivant toutes les apparences, devoit être la perte inévitable de M. le Prince, & la fin de la guerre civile ; mais qui fut en effet une des plus hardies & des plus périlleuses occasions qu'on ait vuës dans la guerre, & celles où les grandes qualités de M. le Prince parurent le plus avantageusement. La fortune même sembla se réconcilier avec lui dans cette occasion, & ne voulut avoir rien fait à un succès, dont l'un & l'autre parti ont donné la gloire à sa valeur & à sa conduite; car il fut attaqué, précisément dans le temps auquel il se put servir des retranchemens que les Bourgeois du faubourg S. Antoine y avoient faits, pour se garantir

d'être

d'être pillés des troupes de M. de Lorraine, & il n'y avoit que ce lieu, dans toute la marche qu'il vouloit faire, qui fût retranché, & où il pût s'empêcher d'être entiérement défait ; quelques escadrons même de son arriere-garde furent chargés dans le faubourg Saint-Martin, par des gens que le Maréchal de Turenne avoit envoyés pour l'amuser ; ils se retirerent en désordre dans le retranchement du faubourg S. Antoine, où il s'étoit mis en bataille.

Il n'eut que le temps qui lui étoit nécessaire pour cela, & pour garnir d'infanterie & de cavalerie tous les postes par lesquels il pouvoit être attaqué. Il fut contraint de mettre le bagage de l'armée sur le bord du fossé Saint-Antoine, parce qu'on avoit refusé de le laisser entrer à Paris : on avoit même pillé quelques chariots, & les Partisans de la Cour avoient ménagé, qu'on y verroit l'événement de cette affaire comme d'un lieu neutre.

Le Prince de Condé conserva auprès de lui ce qui s'y trouva de ses domestiques, ou de personnes de qualité qui n'avoient point de commandement, qui étoient au nombre de trente ou quarante.

Le Maréchal de Turenne difposa fes attaques avec toute la diligence & la confiance d'un homme qui fe croit affuré de la victoire. Mais comme fes gens détachés furent à trente pas du retranchement, M. le Prince fortit avec l'efcadron que j'ai dit, & fe mêlant l'épée à la main, défit entiérement le bataillon qui étoit commandé, prit des Officiers prifonniers, emporta des drapeaux, & fe retira dans fon retranchement. D'un autre côté, le Comte de Saint-Mefgrin attaqua le pofte qui étoit défendu par le Marquis de Tavanes, Lieutenant-Général, & Langeais, Maréchal de camp: la réfiftance y fut fi grande, que le Marquis de Saint-Mefgrin, voyant que fon infanterie molliffoit, emporté de chaleur & de colere, avança, avec les Chevau-légers du Roi, dans une rue étroite, où il fut tué avec le Marquis de Nantouillet, le Fouilloux, & quelques autres. Mancini, neveu du Cardinal Mazarin, y fut bleffé, & en mourut quelque temps après.

L'on continuoit les attaques de toutes parts avec une extrême vigueur, & le Prince de Condé chargea les ennemis avec le même fuccès que la premiere fois;

il se trouvoit par-tout dans le milieu du feu & du combat, & donnoit les ordres avec une netteté d'esprit qui est si rare & si nécessaire dans ces lieux-là: enfin les troupes du Roi avoient forcé la dernière barricade de la rue du Cours, qui va au bois de Vincennes, & elles étoient entrées en bataille jusqu'à la Halle du faubourg Saint-Antoine, lorsque le Prince de Condé y accourut, les chargea, & taillant en pieces tout ce qu'il rencontra, regagna ce poste, & en chassa les ennemis: Ils étoient néanmoins maîtres d'une seconde barricade, qui étoit dans la rue qui va à Charenton, laquelle étant environ quarante pas au delà d'une fort grande place qui est sur cette même rue, le Marquis de Noailles s'en étoit rendu maître, & pour la mieux garder, il avoit fait percer les maisons & mis des Mousquetaires dans toutes celles de la rue, par-devant lesquelles il falloit passer pour arriver à la barricade. Le Prince de Condé avoit dessein de les déloger avec de l'infanterie, & de faire percer d'autres maisons pour les chasser par un plus grand feu, comme en effet c'étoit le parti qu'on devoit prendre; mais le Duc de Beaufort, qui ne s'étoit pas rencontré auprès de M. le Prince au commencement de l'attaque, & qui sentit quelque dépit de ce que M. le Duc de Nemours y avoit toujours été, preſſa M. le Prince de faire attaquer cette barricade par de l'infanterie déjà laſſée & rebutée, laquelle, au lieu d'aller aux ennemis, ſe mit en haie contre les maiſons & ne voulut pas avancer.

Dans ce temps-là, un eſcadron des troupes de Flandre avoit été poſté dans une rue qui aboutiſſoit à un coin de la place du côté des ennemis, & ne pouvant demeurer davantage de peur d'être coupé quand on auroit gagné les maiſons proche de lui, revint dans la place: le Duc de Beaufort, croyant que c'étoient les ennemis, propoſa aux Ducs de la Rochefoucauld & de Nemours, qui arriverent en ce lieu-là, de les aller charger; & tous trois étant ſuivis de ce qu'il y avoit de gens de qualité & de volontaires, on pouſſa à eux, & on s'expoſa ainſi inutilement à tout le feu de la barricade & des maiſons de la place; car en abordant, ils ſe reconnurent pour être du même parti; mais voyant en même temps quelque étonnement parmi ceux qui défendoient la barricade, les Ducs de Nemours, de Beaufort & de la Rochefoucauld, & le Prince de Marfillac, y poufferent, & la firent quitter aux ennemis; ils mirent pied à terre, & la garderent eux feuls, fans que l'infanterie qui étoit commandée voulût les foutenir.

Le Prince de Condé fit ferme dans la rue avec ce qui s'étoit rallié auprès de lui de ceux qui les avoient fuivis. Cependant les ennemis, qui tenoient toutes les maifons de la rue, voyant la barricade gardée par quatre hommes feulement, l'euffent fans doute reprife, fi l'efcadron du Prince de Condé ne les en eût empêchés; mais n'y ayant point d'infanterie qui les empêchât de tirer par les fenêtres, ils recommencerent à faire feu de tous côtés, & voyoient en revers, depuis les pieds jufqu'à la tête, ceux qui tenoient la barricade. Le Duc de Nemours eut treize coups fur lui dans fes armes; le Duc de la Rochefoucauld (1) y reçut une moufquetade qui lui perça le vifage au deffus des yeux, & lui faifant perdre à l'inftant la vue, obligea

___

(1) Pere de l'Auteur des Mémoires.

le Duc de Beaufort & le Prince de Marsillac (1) à se retirer avec les deux blessés. On les poursuivit ; mais le Prince de Condé avança pour les dégager & leur donner le temps de monter à cheval ; de sorte qu'ils laisserent aussi aux troupes du Roi le poste qu'ils venoient de leur faire quitter...... Le nombre des morts ou blessés fut si grand de part & d'autre, qu'il sembloit que chaque parti songeât plutôt à réparer ses pertes qu'à attaquer ses ennemis.

Cette sorte de treve étoit néanmoins plus avantageuse aux troupes du Roi, rebutées de tant d'attaques, où elles avoient été battues & repoussées ; car durant ce temps le Maréchal de la Ferté avoit marché en diligence, & il se préparoit à faire un nouvel effort avec son armée fraîche & entiere, lorsque les Parisiens, qui jusque-là avoient été spectateurs d'une si grande action, se déclarerent en faveur de M. le Prince....

Mademoiselle, faisant un effort sur l'esprit de son pere, le tira de la léthargie où le tenoit le Cardinal de Retz ;

---

(1) Fils du Duc de la Rochefoucauld, & Auteur de ces Mémoires.

elle alla porter ses ordres à la maison de ville, pour faire prendre les armes aux Bourgeois; en même temps elle commanda au Gouverneur de la Bastille de faire tirer le canon sur les troupes du Roi, & revenant à la Porte Saint-Antoine, elle disposa non seulement tous les Bourgeois à recevoir M. le Prince & son armée, mais même à sortir & à escarmoucher pendant que ses troupes entreroient........

Cette journée fut une des plus glorieuses de la vie de M. le Prince. Jamais sa valeur & sa conduite n'ont eu plus de part à sa victoire; & l'on peut dire avec vérité, que jamais tant de gens de qualité n'ont fait combattre un plus petit nombre de troupes. On fit porter les drapeaux à Notre-Dame, & on laissa aller tous les prisonniers sur leur parole.

Histoire de France, &c., par Mézerai (1).

Portrait d'Isabeau de Baviere, femme de Charles VI.

SI vous desirez savoir combien la prudence humaine est ingénieuse à trouver elle-même les causes de son malheur, vous le reconnoistrez ici. Les oncles du Roy ayant jeté les yeux sur toute l'Allemagne pour lui trouver une espouse dont l'alliance donnât de l'appuy à la France contre les Anglois, en prirent une qui, tout au contraire, la livra entre leurs mains; femme furieuse, mere dénaturée, & Reine ennemie de sa grandeur & de sa couronne. On la nommoit Isabeau, fille d'Estienne, Duc de Baviere & Comte Palatin du Rhin, duquel le cadet Frideric avoit rendu de grands services à cette Monarchie en plusieurs occasions contre l'Anglois. La solennité

---

(1) Le style de Mézerai n'est ni pur ni séduisant, mais il a quelquefois de la chaleur, & est très-satirique ; c'étoit le caractere de l'Auteur, & ce qui rend son Histoire piquante.

A L'USAGE DES DAMES. 313

du mariage fut faite à Amiens l'an 1385, pompeufe & magnifique jufqu'à l'excez, felon l'humeur du Roy, qui ne vouloit rien de médiocre..... Peu de temps après, comme elle eut fenty dans fes flancs des joyeux effets de fon mariage, le Roy redoubla encore la réjouiffance; & l'ayant fait couronner à Saint-Denis, il tint Cour ouverte quinze jours durant....

Le Peuple voyant la Reine fi chérement aimée de fon efpoux, & croyant le naturel des femmes plus porté à la pitié qu'à la cruauté, avoit conceu quelque efpérance de fe reffentir à fon tour de ces réjouiffances, & d'eftre un peu foulagé de fes impofitions exceffives: mais cette Princeffe eftant auffi avide que le Roy eftoit prodigue, leur humeur s'accordoit plûtoft à les augmenter qu'à les diminuer. Depuis qu'elle fut admife dans le Confeil, elle les accrut de plus en plus, & fi quelquefois la bonté du Roy fe laiffoit aller aux plaintes de fon Peuple, Ifabeau l'endurciffoit derechef en lui repréfentant la néceffité des affaires......

Son naturel eftoit impérieux & peu humain; mais fa rare beauté, la vivacité de fon efprit, & mefme quelque apparence de jugement, non pas en effet le jugement mefme, couvroient ces défauts aux yeux de fon efpoux. Il la chériffoit fi fort, que dans le premier intervalle qu'il eut de fa phrénéfie en 1393, il la nomma pour adminiftrer la tutelle de fes enfans avec fes oncles. En effet, Philippe, Duc de Bourgogne, lui donna bonne part dans les affaires, parce qu'elle eftoit affez confidérée pour le faire confidérer lui-même ; & Philippe n'ayant plus droit de retenir la Régence lorfque le Duc d'Orléans fut parvenu en âge capable de gouverner, le Roy fit en forte qu'Ifabeau l'eut fans la demander, l'an 1400. Durant cette premiere face d'affaires, elle négocia le mariage de fa fille Ifabeau avec Richard d'Angleterre, qui euft été très-heureux pour toutes les deux Nations, fi les deftins l'euffent permis. Quand ce Duc Philippe fut mort, elle pencha avec plus d'ardeur du cofté de l'Orléanois, qui lui fembloit devenir plus puiffant, & fe jeta dans ce party, d'autant plus qu'elle avoit de la hayne pour Jean de Bourgogne, qui l'avoit offenfée par quelque médifance : elle demeura très-conftante plufieurs années.

.... Cette Princeffe, en toutes fes

actions, témoignoit n'avoir rien de plus cher que l'ambition de gouverner, & ne sembloit aimer ses fils qu'autant qu'ils servoient d'appuy à sa domination; ce qui a donné lieu à la calomnie de certains Ecrivains Bourguignons, de dire qu'elle ôta la vie aux deux Dauphins, Louis & Jean, lorsqu'elle vid qu'ils venoient en âge de dominer eux-mesmes, & qu'elle empoisonna le second par une chaisne d'or qu'elle lui envoya à Compiegne. Pour le troisieme, à cause qu'il se laissoit gouverner par d'autres que par elle, jamais elle ne l'aima : néantmoins elle se rangea auprès de lui pour retenir toûjours son autorité. Le Connétable d'Armagnac étoit non moins avare & ambitieux qu'elle, & ne vouloit point qu'autre que lui eût part aux affaires d'Eſtat & de finances; il ne put souffrir long-temps Isabeau, & prenant pour prétexte, non tout-à-fait sans raison, qu'elle avoit épuisé les finances, il incita le Dauphin à se saisir de ses bagues, & des trésors qu'elle avoit amassez & cachez en diverses maisons des Bourgeois; c'estoit l'an 1417 : ensuite Armagnac mit si mal la Reine dans l'esprit du Roy son mary, qu'il fit prendre un Escuyer qu'elle avoit, nommé *Bour-*

don, lequel fut mis à la queſtion, & puis noyé; & non content de cela, il l'envoya priſonniere à Tours, ſous la garde d'un certain Laurent du Puys, qui, avec d'autres, la veilloit de fort près, & la traitoit avec tant d'irrévérence, qu'il parloit à elle le bonnet ſur la teſte; mais cette Princeſſe s'en ſçeut bien venger. Par néceſſité, elle s'accorda avec le Duc de Bourgogne, qu'elle avoit toûjours haï, lequel s'eſtant rendu lui-meſme ſecrettement près de Tours, l'enleva comme elle eſtoit venue entendre la Meſſe à Marmouſtiers, & il fit pendre ce Laurent. Cette Reine ainſi déchaînée, conjura la perte de ſon fils, & commença à renverſer tout le Royaume; elle regagna l'eſprit foible de ſon mary, créa de nouveaux Officiers de la Couronne pour oppoſer à ceux que le Dauphin avoit faits, eſtablit deux Chambres Souveraines à Amiens & à Troyes, avec un ſéel pour y expédier les Cauſes.... Elle excita en partie les ſéditions de Paris & les maſſacres des Armagnacs, enſuite elle y fit ſon entrée triomphante, & diſpoſa abſolument de tout par le conſentement du Duc de Bourgogne. Mais ſa vengeance ne put encore ſe contenir dans ces bornes; elle fut enfin fatale à son ambition. Cette passion s'estant convertie en fureur depuis que Jean de Bourgogne eut esté tué à Montereau, elle appella auprès d'elle Philippe le Bon, successeur du mort; elle poursuivit avec plus de chaleur que luy-mesme la vengeance contre son propre fils; elle le fit condamner & déshériter, & ne cessa d'importuner son mary & son Conseil, qu'elle n'eust livré sa fille & la Couronne à Henry V, Roy d'Angleterre, ce qui arriva l'an 1419. Ce Prince, tant qu'il vécut, se souvint d'un bienfait si rare, & laissa à Isabeau autant de pouvoir & de biens qu'elle en vouloit prendre; mais lorsqu'il fut mort, & ensuite le Roy Charles VI son mary, les Régens de Henry VI, encore enfant, oubliant les conventions faites avec elle, l'obligation qu'ils lui avoient & sa qualité, la priverent de son autorité, puis de ses Officiers, & ensuite peu à peu de ses pensions, & enfin de la plupart de ses terres, & mesme de ses meubles. Ainsi dépouillée de ce qui pouvoit la rendre considérable, elle devint le mépris des Anglois, l'opprobre des François, & l'objet de la haine des uns & des autres; si bien qu'elle fut réduite à un estat qu'ell[e] n'osoit sortir par les rues qu'elle ne fu[t] monstrée au doigt ; & les Anglois, pa[r] une horrible insolence, lui reprochoient communément que son fils Charles estoi[t] bâtard. Dans cette misere extrême & ces sanglans outrages, ses larmes, son unique recours, ne servoient que de ri-zée, & son affliction que de jouet : ca[r] quelque indignité qu'elle souffrît, elle excitoit bien plus la colere des gens de bien que la pitié : on la jugeoit indi-gne d'en trouver, puisqu'elle n'en avoi[t] point eu pour son propre sang. Ce[s] afflictions toutefois ne furent point ca-pables, pendant dix ans, de fléchir son esprit opiniâtre, ni de luy rendre le[s] sentimens de la Nature. On ne put ja-mais l'engager à recourir à luy : au con-traire, sa fureur s'augmentant de plu[s] en plus contre luy, elle employa tou[t] ce qu'elle put pour rompre l'accommo-dement qu'il traitoit à Arras avec Phi-lippe le Bon. Ce que n'ayant pu empê-cher, elle en conceut une douleur s[i] violente, qu'elle en mourut deux jour[s] après..... Son corps fut porté à Saint-Denis, sur la riviere, dans un petit ba-teau, accompagné seulement de quatr[e] de ſes vieux domeſtiques, & enterré avec moins de pompe que celuy d'un villageois.

Mézerai a placé les quatre vers ſuivans au bas du portrait de cette Reine.

Dans le déréglement où vécut cette Dame,
Elle fut un beau monſtre & dedans & dehors;
Auſſi fit-elle voir qu'aux laideurs de ſon ame
S'accommodoient trop bien les beautés de ſon corps.

Œuvres de Sarraſin (1).

Fragment tiré de la conſpiration de Valſtein.

ALBERT Valſtein eut l'eſprit grand & hardy, mais inquiet & ennemy du repos ; le corps vigoureux & haut, le viſage plus majeſtueux qu'agréable. Il fut naturellement fort ſobre, ne dormant quaſi point, travaillant toujours, ſuppor-

---

(1) Sarraſin étoit un des plus Beaux Eſprits du temps de la minorité de Louis XIV. Son Hiſtoire de la conjuration de Valſtein a paſſé pour ſupérieurement bien écrite ; mais ce beau ſtyle a vieilli.

tant aisément le froid & la faim, fuyant les délices, & surmontant les incommoditez de la goutte & de l'âge, par la tempérance & l'exercice, parlant peu, pensant beaucoup, écrivant luy-même toutes ses affaires, vaillant & judicieux à la guerre, admirable à lever & à faire subsister les armées, sévere à punir les soldats, prodigue à les récompenser, pourtant avec choix & dessein, toujours ferme contre le malheur, civil dans le besoin; ailleurs, orgueilleux & fier, ambitieux de la gloire d'autruy, jaloux de la sienne, implacable dans la haine, cruel dans la vengeance, prompt à la colere, amy de la magnificence, de l'ostentation & de la nouveauté, extravagant en apparence; mais ne faisant rien sans dessein, & ne manquant jamais du prétexte du bien public, quoiqu'il rapportât tout à l'accroissement de sa fortune, mesprisant la Religion, qu'il faisoit servir à la politique, artificieux au possible, & principalement à paroître désintéressé; au reste, très-curieux & très-clairvoyant dans les desseins des autres, très-avisé à conduire les siens, sur-tout adroit à les cacher, & d'autant plus impénétrable, qu'il affectoit en public

la

la candeur & la liberté, & blafmoit en autruy la diffimulation, dont il fe fervoit en toutes chofes. Cet homme ayant eftudié foigneufement les maximes & la conduite de ceux qui, d'une condition privée, eftoient arrivez à la fouveraineté, n'eut jamais que des penfers vaftes & des efpérances trop élevées, mefprifant ceux qui fe contentoient de la médiocrité. En quelque état que la fortune l'eût mis, il fongea toujours à s'accroître davantage ; & enfin eftant venu à un tel point de grandeur, qu'il n'y avoit que les Couronnes au deffus de luy, il eut le courage de fonger à ufurper celle de Boheme fur l'Empereur ; & quoiqu'il fçût que ce deffein eftoit plein de péril & de perfidie, il mefprifa le péril qu'il avoit toujours furmonté, & creut toutes les actions honneftes, quand outre le foin de fe conferver, on les faifoit pour régner.

Histoire de Madame Henriette d'Angleterre, premiere femme de Philippe de France, Duc d'Orléans ; par la Comtesse de la Fayette (1).

Différens portraits des personnes de la Cour de Louis XIV.

Portrait de la Reine Mere, Anne d'Autriche.

LA Reine Mere, par son rang, tenoit la premiere place dans la Maison Royale, &, selon les apparences, elle devoit la tenir par son crédit ; mais le même naturel qui lui avoit rendu l'autorité royale un pesant fardeau, pendant qu'elle étoit toute entiere entre ses mains, l'empêchoit de songer à en reprendre une partie lorsqu'elle n'y étoit plus. Son esprit avoit paru inquiet & porté aux affaires pendant la vie du Roi son mari ; mais

---

(1) Le style de Madame de la Fayette a fait le charme de la Cour de Louis XIV, & doit encore plaire dans celui où nous sommes.

dès qu'elle avoit été maîtresse & d'elle-même & du Royaume, elle n'avoit pensé qu'à mener une vie douce, à s'occuper à ses exercices de dévotion, & avoit témoigné une assez grande indifférence pour toutes choses : elle étoit sensible néanmoins à l'amitié de ses enfans ; elle les avoit élevés auprès d'elle avec une tendresse qui lui donnoit quelque jalousie des personnes avec lesquelles ils cherchoient leurs plaisirs ; mais elle étoit contente pourvu qu'ils eussent l'attention de la voir, & elle étoit incapable de prendre sur eux une véritable autorité.

Portrait de Madame Thérese d'Autriche.

La jeune Reine étoit une personne de vingt-deux ans, bien faite, & qu'on pouvoit appeler belle, quoiqu'elle ne fût pas agréable. Le peu de séjour qu'elle avoit fait en France, & les impressions qu'on lui en avoit données avant qu'elle y arrivât, étoient cause qu'on ne la connoissoit quasi pas, ou que du moins on croyoit ne la pas connoître, en la trouvant d'un esprit fort éloigné de ces desseins ambitieux dont on avoit tant parlé : on la voyoit toute occupée d'une violente paffion pour le Roi, attachée, dans tout le refte de fes actions, à la Reine fa belle-mere, fans diftinction de perfonnes ni de divertiffemens, & fujette à beaucoup de chagrins, à caufe de l'extrême jaloufie qu'elle avoit du Roi.

Portrait de la Comteffe de Soiffons (Olympe Mancini, époufe du Prince Eugene Maurice de Savoie, Surintendant de la Maifon de la Reine Marie-Thérèfe d'Autriche).

C'étoit une perfonne qu'on ne pouvoit pas appeler belle, & qui néanmoins étoit capable de plaire. Son efprit n'avoit rien d'extraordinaire ni de fort poli ; mais il étoit naturel & agréable avec les perfonnes qu'elle connoiffoit. La grande fortune de fon oncle (le Cardinal Mazarin) l'autorifoit à n'avoir pas befoin de fe contraindre. Cette liberté qu'elle avoit prife, jointe à un efprit vif & à un naturel ardent, l'avoit rendue fi attachée à fes propres volontés, qu'elle étoit incapable de s'affujettir qu'à ce qui lui étoit agréable : elle avoit naturellement de l'ambition ; & dans le temps où le Roi l'avoit aimée, le trône ne lui avoit point paru trop au dessus d'elle pour n'ofer y aspirer.

Portrait de Madame de Mazarin (Hortenfe Mancini).

C'étoit non feulement la plus belle des nieces du Cardinal, mais auffi une des plus parfaites beautés de la Cour ; il ne lui manquoit que de l'efprit pour être accomplie, & pour lui donner la vivacité qu'elle n'avoit pas ; ce défaut même n'en étoit pas un pour tout le monde, & beaucoup de gens trouvoient fon air languiffant & fa négligence capables de fe faire aimer.

Portrait de Madame d'Armagnac (femme de Louis de Lorraine).

Madame d'Armagnac, fille du Maréchal de Villeroi, étoit d'une beauté à attirer les yeux de tout le monde. Pendant qu'elle étoit fille, elle avoit donné beaucoup d'efpérance à tous ceux qui l'avoient aimée, qu'elle fouffriroit aifément de l'être, lorfque le mariage l'auroit mife dans une condition plus libre. Cependant, fitôt qu'elle eut époufé M. d'Armagnac, foit qu'elle eût de la paffion pour lui, foit que l'âge l'eût rendue plus circonfpecte, elle s'étoit entiérement retirée dans fa famille.

Portrait de Mademoifelle de Tonnay-Charente (Françoife-Athenais de Rochechouart, depuis Madame de Montefpan).

Cette feconde fille du Duc de Mortemar eft une beauté très-achevée, quoiqu'elle ne foit pas parfaitement agréable. Elle a beaucoup d'efprit, & une forte d'efprit plaifant & naturel, comme tous ceux de fa Maifon.

Portrait de M. Fouquet.

Ce Surintendant eft un homme d'une étendue d'efprit & d'une ambition fans bornes; il étoit civil, obligeant pour les gens de qualité, &, pendant fon Miniftere, fe fervoit des finances pour les acquérir & pour les embarquer dans fes intrigues, dont les deffeins étoient infinis pour les affaires, auffi bien que pour la galanterie.

Histoire de Louis XIV, par M. Pelisson, de l'Académie Françoise (1).

Fragment d'un projet pour écrire cette Histoire, adressé à M. Colbert.

JE n'entendrois pas que ce fût en forme de journal, ni de relations & de simples mémoires, ni d'éloges ou de panégyriques, qui sont tous de caracteres & de styles différens, qu'il faut bien distinguer; ce seroit plutôt comme une grande Histoire, à la maniere de Tite-Live, de Polybe, & des autres Anciens.

Il faudroit représenter, dès l'entrée, l'état de toute l'Europe, & particuliérement celui des deux Royaumes de France & d'Espagne : c'est un beau champ pour parler en abrégé des vertus du Roi.......

Il faudroit ensuite expliquer les causes

---

(1) Pélisson, de l'Académie Françoise, & Historien de cette Compagnie, a écrit une partie du regne de Louis XIV, par les ordres & sous les yeux de ce Monarque même. Il n'a rien épargné pour la bien écrire, & y a réussi.

de la rupture & des justes prétentions du Roi, non pas en Avocat, mais en Historien......

Ensuite il faudroit travailler à ce que peu d'Historiens modernes ont su bien faire, & presque pas un de nos François ; c'est-à-dire, qu'il faudroit faire connoître les Acteurs principaux en cette guerre, comme si l'on supposoit que personne ne les connoît encore ; car on écrit pour la postérité qui ne les aura pas vus ; & ce n'est pas toujours les connoître que de les voir.

Ces manieres de portraits ou de caracteres, quand ils sont bien touchés, qu'ils ne sont ni en trop grand nombre, ni tout de suite, mais dispersés & placés avec quelque art & quelque diversité ; qu'on rapporte, en quatre paroles, la naissance & les actions remarquables ; qu'on pénetre finement les talens & la portée de chacun ; qu'on n'en dit ni trop, ni trop peu ; qu'on sait toujours en faire entendre plus qu'on n'en dit, produisent un effet admirable : c'est un des grands secrets pour rendre l'Histoire animée.....

Entre tous ces caracteres, celui du Roi doit éclater : il faut le louer par-tout ; mais, pour ainsi dire, sans louanges, par un récit de ce qu'on lui a vu faire, dire & penser, qui paroisse désintéressé, mais qui soit vif, piquant & soutenu, évitant dans les expressions tout ce qui tourne vers le panégyrique.....

Il seroit à souhaiter sans doute que Sa Majesté approuvât & agréât ce dessein, qui ne peut presque pas bien s'exécuter sans Elle ; mais il ne faut pas qu'Elle paroisse l'avoir agréé, ni su, ni commandé.

Tiré de l'Histoire de Louis XIV.

Le Roi établit en même temps deux nouveaux Conseils, outre celui des Parties & des Finances, qui demeurerent alors (1661) en leur forme ordinaire. L'un fut appelé le Conseil des Dépêches, où les Secrétaires d'Etat eurent ordre de lui rapporter les lettres des Provinces, les demandes des Particuliers, & toutes les affaires du dedans du Royaume, en présence du Chancelier & du Surintendant. Dans l'autre, établi pour les Affaires étrangeres, le Roi se faisoit non seulement rapporter, mais lire d'un bout à l'autre toutes les dépêches du dehors, & en ordonnoit les réponses, qu'on lui lisoit de même toutes entieres. C'étoi là aussi qu'il traitoit toutes les affaires les plus secretes, & qu'il prenoit ordinairement les résolutions générales à tout l'Etat. La Cour, plutôt que lui-même, nomma depuis ce Conseil, *le Conseil Etroit*, ou *le Conseil des Trois*, parce qu'il ne fut composé que de trois Ministres, égaux en cette fonction. Nicolas Fouquet, Procureur-Général au Parlement de Paris & Surintendant des Finances, par cette derniere charge, y tenoit la premiere place. Michel Le Tellier occupoit la seconde : il étoit alors Secrétaire d'Etat, & avoit eu de tout temps le département de la Guerre & des troupes. Hugues de Lyonne tenoit la troisieme.....

Ce choix, réservé à si peu de têtes, fit murmurer en secret ceux qui prétendoient ne devoir pas avoir moins de part à la confiance du Roy. Le Public approuva en général le petit nombre, comme plus propre à garder le secret, & les qualités de ces trois Ministres lui semblerent même répondre à leur emploi. L'un (Fouquet) étoit d'un génie élevé, fertile en expédiens & en ressources, plein de vigueur, & tempéré de beaucoup d'humanité. L'autre (Le Tellier) naturellement très-habile, d'une expérience confommée en divers emplois, d'une fageffe profonde, ne formant que des deffeins folides, & ne faifant prefque jamais rien en vain. Le dernier (de Lyonne), avec un efprit fouple & adroit, tel que les négociations le demandent, avoit été fi inftruit des affaires étrangeres fous le Cardinal Mazarin, qu'en cette forte de connoiffances nul autre dans le Royaume ne pouvoit lui être comparé......

Le deffein du Roi, non feulement de réunir toute l'autorité en fa perfonne, mais même d'ôter à fes Peuples tout moyen d'en douter, fit qu'il n'appela, à l'un ni à l'autre de ces Confeils, pas un des Princes, ni même la Reine fa mere, qu'il aimoit toutefois tendrement, & dont il révéroit la vertu. Le Chancelier de France, Pierre Seguier, qui, par fa charge, devoit être le Chef de tous les Confeils, n'eut aucune part au plus important de tous, qui étoit celui des trois Miniftres, foit que fa capacité, très-grande dans les affaires des particuliers, fût moins eftimée pour les publiques, foit auffi que le Roi eût pour but d'affoiblir ou d'abolir toutes les grandes charges, qui, dans les siecles précédens, sembloient avoir partagé entre elles la puissance royale.....

Introduction à la conquête de la Franche-Comté.

Les négociations pour la paix étoient en cet état sur la fin de l'année 1667. Cependant, il se répand un bruit sourd, mais qui augmente tous les jours, que le Roi va faire un voyage vers la frontiere au plus fort de l'hiver ; il s'en explique enfin lui-même à ceux qui l'approchent, leur déclare que le voyage ne sera que d'un mois, & les exhorte, par son propre exemple, à ne se point embarrasser d'équipage inutile. Dès cet instant, la porte est ouverte aux raisonnemens des personnes ou curieuses, ou intéressées, & il n'y a rien ni de faux, ni de véritable, qu'on ne soupçonne avec une égale incertitude. La saison persuade à la plupart qu'il s'agit de quelque abouchement pour la paix, & l'on ajoute que le Roi vient de régler avec quelques-uns des Electeurs, les honneurs qu'ils doivent rendre & recevoir dans une entrevue. Il y en a qui s'imaginent quelque dessein sur la Lorraine, contre toute apparence, & sans autre fondement que les divers changemens du Duc, qui néanmoins sembloit alors plus étroitement uni à la France, ayant envoyé à la Cour son fils naturel le Comte de Vaudemont, jeune Seigneur très-bien fait, à qui le Roi donnoit douze mille écus de pension. D'autres, par des conjectures plus subtiles, se figuroient que quelques Princes du Rhin, prêts à se déclarer pour nous, mais se ménageant avec l'Empire, vouloient paroître forcés par la présence d'une armée & par celle du Roi. On parloit d'intelligence dans quelques villes de Flandre & du Luxembourg, & même de quelque pensée pour la Franche-Comté ; mais beaucoup moins, parce que l'on croyoit le Traité de neutralité prêt à conclure. Quelques-uns enfin prétendoient que ce voyage, dont le bruit étoit semé à dessein, pour tenir tous nos voisins en crainte, ne se feroit point du tout ; artifice qui n'est bon à être employé qu'une fois, & qui s'accordoit assez mal avec le génie d'un Prince ponctuel en ses paroles, s'il en fut jamais, accoutumé depuis l'enfance à marquer avant ses voyages, & le jour du départ, & celui du retour, & jaloux de n'y point manquer, l'on pourroit dire jusqu'au scrupule, s'il n'importoit à ceux qui commandent, de donner en toutes choses, & aux moindres comme aux plus grandes, une impression générale de prévoyance & de fermeté.

La marche & les mouvemens des troupes, les unes allant du cœur du Royaume vers la frontiere, les autres de la frontiere dans le Royaume, le canon qu'on vit partir de Paris, les ordres donnés aux Gardes-Françoises & Suisses, & à la Maison du Roi, confirmerent bientôt après que ce n'étoit point une feinte, & firent connoître qu'il s'agissoit bien plutôt de guerre que de paix.....

Le Roi, très-habile, soit à couvrir, soit à découvrir ses desseins, ou ne répondoit rien aux demandes qu'on se permettoit de lui faire, ou faisoit entendre qu'on jugeoit avec témérité de ce qu'on ne connoissoit pas, ne craignant pas même de dire encore, comme il avoit fait d'abord, qu'on cherchoit inutilement ce qu'il vouloit faire, parce qu'on ne le sauroit trouver.

Et à la vérité il pouvoit hardiment

parler de la sorte dans les commencemens, puisqu'il n'avoit alors lui-même qu'un dessein vague & général, qui, entre plusieurs propositions, ne se déterminoit encore précisément à pas une, résolu pourtant, à quelque prix que ce fût, de ne point passer l'hiver sans entreprendre quelque chose de considérable, comme le savent ceux à qui il s'est donné la peine d'expliquer depuis lui-même ses plus particuliers sentimens sur ce sujet.

Ce Prince étoit né avec les inclinations droites & grandes, toute l'ambition que le devoir peut permettre, beaucoup d'amour pour la gloire, & non seulement pour une sorte de gloire, mais en général pour tout ce qui peut faire estimer un Roi; car au lieu que la plupart des bons Princes même ont accoutumé de séparer ce qu'il faut joindre, & prenant la route que le tempérament leur inspire, s'attachent, l'un à être juste, l'autre vaillant, l'autre pieux ou prudent, ou généreux, ou clément, ou magnifique, il avoit compris de tout temps que chacune de ces bonnes qualités devenoit mauvaise lorsqu'elle étouffoit les autres, & les empêchoit d'agir & d'éclater à leur tour. Ainsi, cette passion & cette avidité d'honneur, quoique grande violente en lui, balancée, pour ainsi dire, de tant de divers côtés, & se proposant tous ces objets ensemble, sans s'arrêter à pas un, qu'autant qu'il le falloit, sembloit beaucoup moins un mouvement impétueux de la Nature, qu'un effet réglé de la raison. Cent fois il s'étoit senti blessé jusqu'au fond du cœur, quand les Poëtes le louoient de ses conquêtes avant l'an 1660, où il ne croyoit pas avoir eu assez de part, & autant de fois il avoit ardemment désiré de pouvoir un jour mériter tous ces éloges & de plus grands ; mais en même temps il étoit persuadé qu'il n'y avoit point de guerre tout-à-fait glorieuse, si elle n'étoit juste, ni juste, si elle n'étoit nécessaire.....

Fragment d'une conversation de Louis XIV devant Lille.

(C'est le Monarque qui parle).

Les Rois, dans leur conduite, sont bien plus malheureux que les autres hommes, puisque leurs cœurs ne sont pas exposés aux yeux de leurs sujets, comme sont toutes leurs actions, dont ils ne jugent

jugent, la plupart du temps, que selon leurs intérêts & leurs passions, & presque jamais selon l'équité.

C'est ce qui fait qu'on les blâme souvent quand ils sont le plus estimables, & lorsque, pour satisfaire à leurs obligations, ils sont forcés de sacrifier toutes choses au bien de leur Etat.

Quand j'ai pris le gouvernement de mon Royaume, j'ai bien vu que ma réputation alloit être à la merci de tout le monde, qui peut-être ne me rendroit pas toujours justice.

Mais comme je ne songe qu'à me bien acquitter de tout ce que je dois à mes Peuples & à ma dignité, j'ai méprisé, pour faire mon devoir, toutes les autres gloires.

J'ai cru que la premiere qualité d'un Roi étoit la fermeté, & qu'il ne devoit jamais laisser ébranler sa vertu par le blâme ou par les louanges; que pour bien gouverner son Etat, le bonheur de ses sujets étoit le seul pôle qu'il devoit regarder, sans se soucier des tempêtes & des vents différens qui agiteroient continuellement son vaisseau.

J'ai fait ce que j'ai pu pour me bien affermir dans une maxime qui seule peut donner du repos à un Roy & à ſes Peuples.

Cependant, ſi ma conduite ne laiſſe pas de trouver des cenſeurs, & ſi même je fais quelque faute, comme il eſt bien mal-aiſé qu'un jeune Roy n'en puiſſe faire, Dieu n'a pas laiſſé de bénir mes bonnes intentions, puiſque je puis dire, ſans en vouloir tirer de vanité, qu'il n'y a point dans le monde de Royaume plus floriſſant que le mien, ni de Roi plus heureux.

Quand après avoir ſongé au bien de mon Etat, je trouve l'occaſion d'en faire à mes ſujets particuliers, je confeſſe que je ſens véritablement le plaiſir d'être Roy.

.... Comme je ſai qu'il n'y a rien de ſi aiſé à ſurprendre qu'un Roy qui croit jamais ne le pouvoir être, ſans me fier à mes lumieres, j'écoute tout le monde, afin que perſonne n'abuſe de l'honneur de ma confiance. La vérité eſt toujours bien reçue quand on me l'apporte avec reſpect & ſans paſſion ; & quand on n'a d'attachement qu'à ma perſonne, on peut aiſément ſe moquer de l'envie & des méchans offices de la Cour.

Je fais ce que je puis pour avoir des

amis aussi bien que des serviteurs ; & quoique je confesse que je me suis trompé dans le choix de quelques uns, mon cœur ne peut se refuser d'aimer & de faire du bien, qui sont les seuls plaisirs que je connoisse au monde......

L'amour de la gloire va assurément devant tous les autres dans mon ame.... Voilà l'esprit qui m'a conduit ; c'est ce qui m'a toujours fait agir.

Conjuration des Espagnols contre la République de Venise, par l'Abbé de Saint-Réal (1).

DE toutes les entreprises des hommes, il n'en est point de si grandes que les conjurations. Le courage, la prudence & la fidélité, qui sont également requises dans tous ceux qui y ont part, sont des qualités rares de leur nature ; mais il est encore plus rare de les trouver toutes

___

(1) L'Abbé de Saint-Réal est un des meilleurs Ecrivains du Siecle de Louis XIV. Ses Histoires de Don Carlos & de la Conjuration de Venise sont un peu romanesques, mais très-intéressantes.

dans une même personne. Comme on se flatte souvent d'être aimé plus qu'on ne l'est, sur tout quand on mérite de l'être, & qu'on a pris soin de se faire aimer, quelques Chefs de conjuration se reposent entiérement sur l'affection que leurs Conjurés ont pour eux ; mais il n'y a guere d'amitiés qui soient plus fortes que la crainte de la mort, qui, si cette affection est violente, prévient le jugement dans les rencontres inopinées : elle n'est pas accompagnée de la discrétion nécessaire ; & la plupart des gens qui veulent extrêmement quelque chose, témoignent trop de la vouloir. Si un Conjuré est si éclairé qu'il n'y ait aucune indiscrétion à craindre de sa part, il ne s'engage jamais si fortement d'affection que les autres ; il connoît trop l'étendue & la vraisemblance du péril où il est exposé, & les divers partis qu'il peut prendre pour s'en dégager : il voit enfin que les avantages qu'il peut tirer de l'entreprise sont incertains, & que s'il la veut découvrir à ceux contre qui elle est faite, sa récompense est assurée. D'ailleurs, la plus grande partie de la capacité des hommes n'est fondée que sur leur expérience, & ils raisonnent rarement juste dans la premiere affaire qui leur passe par les mains. Les plus sages sont ceux qui profitent des fautes qu'ils y commettent, & qui en tirent des lumieres & des conséquences pour se gouverner mieux à l'avenir. Mais comme il n'y a aucune comparaison, soit pour le péril, soit pour la difficulté, entre une conjuration & quelque autre affaire que ce soit, quelque expérience qu'on ait en toute autre matiere, on n'en sauroit tirer aucune lumiere ni conséquence certaine pour se bien conduire dans une conjuration. Pour n'y faire point de fautes considérables, il seroit nécessaire d'avoir déjà été d'une autre; mais il est rare qu'un même homme soit de deux en sa vie. Si la premiere réussit, les avantages qu'il en retire le mettent d'ordinaire en état de n'avoir plus besoin de s'exposer au même hasard. Si elle ne réussit pas, il y périt, ou s'il échappe, il n'arrive guere qu'il veuille courir le même risque une seconde fois. Il faut ajouter à ces inconvéniens, que quelque haine qu'on ait pour les Tyrans, on s'aime toujours plus soi-même qu'on ne hait les autres : que ce n'est pas assez que des Conjurés soient fideles, si chacun d'eux n'est persuadé que ses compagnons le font aussi; qu'un Chef doit avoir égard à toutes les terreurs paniques, & aux plus ridicules imaginations qui leur peuvent prendre, tout de même qu'aux difficultés les plus solides qui se rencontrent dans son entreprise, parce que les unes & les autres sont également capables de la ruiner ; qu'un mot dit pour un autre sujet, un geste fait sans dessein, peuvent faire croire qu'on est trahi, & précipiter l'exécution; qu'une circonstance du temps ou du lieu, qui ne sera d'aucune importance, suffit quelquefois pour effrayer les esprits, par cette seule raison qu'elle n'a pas été prévue; que de la maniere que les hommes sont faits, il leur semble toujours qu'on devine leur secret; ils trouvent des sujets de croire qu'ils sont découverts dans tout ce qui se dit & qui se fait devant eux; & qui se sent coupable prend tout pour lui : que si toutes ces difficultés sont presque insurmontables dans les conspirations, qui n'ont pour but que la mort d'une seule personne, que sera-ce dans celles qui en attaquent un grand nombre à la fois, qui tendent à l'usurpation d'une ville ou d'un Etat entier, & qui, par cette raison, demandent beaucoup plus de temps pour les disposer, & plus de gens pour les exécuter?

Caractere du Marquis de Bedemar.

Dom Alphonse de la Cueva, Marquis de Bedemar, Ambassadeur d'Espagne à Venise, étoit l'un des plus puissans génies & des plus dangereux esprits que l'Espagne ait jamais produits. On voit, par les Ecrits qu'il a laissés, qu'il possédoit tout ce qu'il y a dans les Historiens anciens & modernes, qui peut former un homme extraordinaire. Il comparoit les choses qu'il raconte avec celles qui se passoient de son temps : il observoit exactement les différences & les ressemblances des affaires, & combien ce qu'elles ont de différent, change ce qu'elles ont de semblable. Il portoit d'ordinaire son jugement sur l'issue d'une entreprise aussitôt qu'il en savoit le plan & les fondemens ; s'il trouvoit par la suite qu'il n'eût pas deviné, il remontoit à la source de son erreur, & tâchoit de découvrir ce qui l'avoit trompé. Par cette étude, il avoit compris quelles sont les voies sûres, les véritables moyens, & les circonstances capitales qui préfagent un bon succès aux grands defleins, & qui les font prefque toujours réuffir. Cette pratique continuelle de lecture, de méditation, & d'obfervations des chofes de ce monde, l'avoient élevé à un tel point de fagacité, que fes conjectures fur l'avenir paffoient prefque dans le Confeil d'Efpagne pour des prophéties. A cette connoiffance profonde de la nature des grandes affaires, étoient joints des talens finguliers pour les manier ; une facilité de parler & d'écrire avec un agrément inexprimable ; un inftinct merveilleux pour fe connoître en hommes ; un air toujours gai & ouvert, où il paroiffoit plus de feu que de gravité ; éloigné de la diffimulation, jufqu'à approcher de la naïveté ; une humeur libre & complaifante, d'autant plus impénétrable, que tout le monde croyoit la pénétrer ; des manieres tendres, infinuantes & flatteufes, qui attiroient le fecret des cœurs les plus difficiles à s'ouvrir ; toutes les apparences d'une entiere liberté d'efprit dans les plus cruelles agitations.

Discours d'un Conjuré à ses Compagnons.

Voilà, mes Compagnons, quels sont les moyens pour vous conduire à la gloire que vous cherchez : chacun de vous peut juger s'ils sont suffisans & assurés. Nous avons des voies infaillibles pour introduire dix mille hommes de guerre dans une ville qui n'en a pas deux cents à nous opposer, dont le pillage joindra avec nous tous les étrangers que la curiosité ou le commerce y a attirés, & dont le Peuple même nous aidera à dépouiller les Grands qui l'ont dépouillé tant de fois, aussi-tôt qu'il verra sûreté à le faire. Les meilleurs vaisseaux de la flotte sont à nous, & les autres portent dès à présent avec eux ce qui doit les réduire en cendres. L'Arsenal, la merveille de l'Europe, & la terreur de l'Asie, est presque déjà dans notre pouvoir. Les neuf vaillans hommes qui sont ici présens, & qui sont en état de s'en emparer depuis près de six mois, ont si bien pris leurs mesures pendant ce retardement, qu'ils ne croyent rien hasarder en répondant sur leur tête de s'en rendre maîtres. Quand nous n'aurions ni les troupes du Lazaret, ni celles de Terreferme, ni les cinq cents hommes de Dom Pedre, ni les grands vaisseaux du Duc d'Ossone, ni l'armée Espagnole de Lombardie, nous serions assez forts avec les intelligences & les mille soldats que nous avons; néanmoins tous ces différens secours que je viens de nommer, sont disposés de telle sorte que chacun d'eux pourroit manquer sans porter le moindre préjudice aux autres; ils peuvent bien s'entr'aider, mais ils ne sçauroient s'entre nuire; il est presque impossible qu'ils ne réussissent pas tous, & un seul nous suffit. Que si après avoir pris toutes les précautions que la prudence humaine peut suggérer, on peut juger du succès que la fortune nous destine, quelle marque peut-on avoir de sa faveur, qui ne soit au dessous de celles que nous avons ? Oui, mes amis, elles tiennent manifestement du prodige. Il est inoui, dans toutes les Histoires, qu'une entreprise de cette nature ait été découverte en partie sans être entiérement ruinée; & la nôtre a essuyé cinq accidens, dont le moindre, suivant toutes les apparences humaines, devoit la renverser. Qui n'eût cru que la perte de Spinola, qui tramoit la même chose que nous, seroit l'occasion de la nôtre !

.... Jamais repos si profond ne précéda un trouble si grand. Le Sénat est dans une sécurité parfaite : notre bonne destinée a aveuglé les plus clair-voyans de tous les hommes, rassuré les plus timides, endormi les plus soupçonneux, confondu les plus subtils. Nous vivons encore, mes chers amis; nous sommes plus puissans que nous n'étions avant ces désastres : ils n'ont servi qu'à éprouver notre constance. Nous vivons, & notre vie sera bientôt mortelle aux Tyrans de ces lieux. Un bonheur si extraordinaire, si obstiné, peut-il être naturel ? & n'avons-nous pas sujet de présumer qu'il est l'ouvrage de quelque Puissance au dessus des choses humaines ? Et en vérité, mes Compagnons, qu'est-ce qu'il y a sur la terre qui soit digne de la protection du Ciel, si ce que nous faisons ne l'est pas ? Nous détruisons le plus horrible de tous les Gouvernemens : nous rendons le bien à tous les pauvres sujets de cet Etat, à qui l'avarice des Nobles le raviroit éternellement sans nous. Nous sauvons l'honneur de toutes les femmes, qui naîtroient quelque jour sous leur domination avec assez d'agrément pour leur plaire : nous rappelons à la vie un nombre infini de malheureux, que leur cruauté est en possession de sacrifier à leurs moindres ressentimens pour les sujets les plus légers : en un mot, nous punissons les plus punissables de tous les hommes, également noircis de vices que la Nature abhorre, & de ceux qu'elle ne souffre qu'avec pudeur. Ne craignons donc point de prendre l'épée d'une main & le flambeau de l'autre, pour exterminer ces misérables ; & quand nous verrons ces palais, où l'impiété est sur le Trône, brûlant d'un feu plutôt feu du Ciel que le nôtre, ces Tribunaux souillés tant de fois des larmes & de la substance des innocens, consumés par les flammes dévorantes, le soldat furieux retirant ses mains fumantes du sein des méchans, la mort errante de toutes parts, & tout ce que la nuit & la licence militaire pourront produire de spectacles plus affreux, souvenons nous alors, mes chers amis, qu'il n'y a rien de pur parmi les hommes ; que les plus louables actions sont sujettes aux plus grands inconvéniens, & qu'enfin, au lieu des diverses fureurs qui désolpient cette malheureuse

Terre, les désordres de la nuit prochaine sont les seuls moyens d'y faire régner à jamais la paix, l'innocence & la liberté.

Histoire de Pierre d'Aubusson, Grand-Maître de Rhodes, par le Pere Bouhours (1).

Portraits de Pierre d'Aubusson & de l'Empereur Sigismond.

PIERRE d'Aubusson estoit fils de Renaud d'Aubusson, Seigneur du Monteil-au-Vicomte, dans la Marche, & de Marguerite de Comborn, tous deux des plus anciennes & des plus illustres Maisons du Royaume. Il receut de la Nature, avec un sang noble, un corps robuste & bien fait, un grand cœur, & capable des plus hautes entreprises ; un esprit très-éclairé, & des inclinations fort droites. Comme il estoit sur-tout né

---

(1) On a fait au P. Bouhours de grands reproches sur son style ; ils sont assez bien fondés : il y mettoit de l'affectation & trop d'esprit ; mais son meilleur Ouvrage est certainement celui dont on donne ici un morceau.

vaillant, & que sa complexion ardente ne s'accommodoit pas d'une vie oisive, il embrassa la profession des armes dès qu'il fut en âge de se servir d'une épée....

Aubusson ne s'attira pas seulement les louanges & les bienfaits de l'Empereur (Sigismond) par ses premiers exploits (dans la guerre de Hongrie), il en gagna aussi les bonnes graces par la conduite qu'il garda auprès de lui, & par le soin qu'il prit de lui plaire.

Sigismond possédoit toutes les qualités d'un grand Prince. Outre qu'il estoit vaillant, sage, religieux, il aimoit particuliérement les Belles-Lettres, & il avoit tant de considération pour les hommes doctes, que, dans toutes les rencontres, il les préféroit aux gens de qualitez, qui n'avoient rien de recommandable que leur naissance. Il estoit luymême sçavant : il avoit une parfaite connoissance de l'Histoire ; il entendoit & parloit bien la Langue Latine, comme il fit paroître au Concile de Constance, selon le témoignage de Gerson, Chancelier de l'Université de Paris, qui y assista, & qui fut charmé de la derniere harangue de ce Prince. Aussi ne pouvoit-il souffrir l'ignorance dans ses Courtisans;

& il disoit quelquefois qu'il avoit honte de celle des Electeurs, qui n'avoient aucune teinture des Lettres.

Quoique d'Aubusson eût l'ame toute martiale, & que sa grande passion fust la guerre, il ne laissoit pas d'avoir de l'inclination & du génie pour les Lettres : il avoit l'esprit vif & pénétrant, la mémoire heureuse, & le jugement solide; ainsi, il n'eust pas de peine à se conformer au goust de l'Empereur, & il se rendit capable, en peu de temps, de faire fort bien sa cour. Après avoir étudié les Langues autant qu'un Cavalier doit les sçavoir, il s'appliqua entiérement à toutes les connoissances honnestes; il apprit la Géographie, les Mathématiques, & sur-tout la partie qui regarde l'Art militaire ; mais l'Histoire fut son étude principale. Il s'en fit une espece d'occupation & d'exercice, lisant moins pour se divertir que pour s'instruire ; car il ne se contentoit pas de remplir sa mémoire de grands noms & de grands événemens, comme font la plupart de ceux qui lisent : il faisoit des réflexions judicieuses sur ce qu'il lisoit; il se proposoit pour modele les actions des hommes illustres ; il examinoit sur-tout la vie des Grands, & profitant de leurs vices aussi bien que de leurs vertus, il se servoit de maistre à luy-même pour la conduite de ses mœurs.

Quelque attachement qu'il eust à la lecture, & quelque plaisir qu'il y prist, il étudioit encore plus le Monde que l'Histoire, & mesme il n'étudioit rien tant que l'Empereur. Comme il avoit un accès libre auprès de lui, & qu'il le voyoit tous les jours, il pouvoit observer de près ses maximes, ses paroles, ses actions, tout son procédé. Mais entre les vertus de Sigismond, celle qui le toucha davantage, fut le zele que ce Prince avoit pour la Foi, & dont il donna tant de marques, non seulement dans les Conciles qu'il soutint par son autorité & par sa présence, mais encore dans les guerres qu'il entreprit ou contre les Infideles, ou contre les Hérétiques.

C'est ainsi que la Cour, qui a coutume de corrompre les jeunes gens, fut pour Aubusson une école de sagesse & de vertu. Outre qu'il s'y forma le goust par la lecture des bons Livres, & qu'il y apprit à juger sainement des choses, il y acquit de la probité, & y devint tout ensemble Courtisan & homme de bien.

bien. Sigifmond mourut, & d'Aubuffon abandonna l'Allemagne pour venir fervir fa Patrie. Dès qu'il parut à la Cour de Charles VII, fa bonne mine, fa phyfionomie fpirituelle, fon air noble, attirerent tous les yeux fur luy; mais fa conduite fage & honnefte, fon efprit, fa politeffe, fes manieres agréables, luy gagnerent bientôt tous les cœurs........... Mais outre qu'il aimoit naturellement la guerre, il avoit des principes de piété qui ne s'accordoient pas avec la vie molle & voluptueufe de la Cour. D'ailleurs, les victoires que Jean Huniade & Georges Caftriot venoient de remporter fur Amurat, luy infpirerent un nouveau zele pour la Religion. Les cruautés que les Turcs exercerent fur les Chreftiens à la bataille de Varne, réveillerent en luy la haine qu'il avoit conceüe dès fon enfance contre les ennemis de J. C....... Dans ces divers fentimens, il prit la réfolution de faire la guerre aux Infideles; & afin d'y être engagé indifpenfablement, il forma en même temps le deffein d'embraffer la Religion militaire de Saint-Jean de Jérufalem, dans laquelle, ayant paffé par toutes les charges, & étant parvenu à la dignité de Grand-Maître, il se distingua jusqu'à sa mort par les exploits les plus éclatans.

Les éloges que les Papes, les Princes & les Ecrivains donnent au fameux Pierre d'Aubuſſon, peuvent luy tenir lieu d'épitaphe. Sixte IV & Innocent VIII disent dans leurs Brefs, que le Saint-Siége luy a des obligations infinies, & qu'on ne peut aſſez reconnoître le service qu'il a rendu aux Fideles, en arreſtant par ses soins, & au prix de son sang meſme, les conquêtes de Mahomet II, ce redoutable ennemi de la Chreſtienté. Alexandre VI reconnoît dans le Grand-Maître une foy pure, une valeur héroïque, une prudence exquiſe, & une expérience conſommée dans tout ce qui regarde la guerre contre les Turcs. L'Empereur Maximilien, Ferdinand, Roy de Caſtille, & Matthias Corvin, Roy de Hongrie, le nomment ſouvent dans leurs lettres, le dompteur des Ottomans, & le ſoutien de l'Egliſe. Caourſin l'appelle le pere de la Patrie, le protecteur des malheureux, & l'invincible défenſeur des Rhodiens. Victorellus dit dans ſes Additions à Ciaconius, que tout étoit grand en luy, l'esprit, le courage, la piété: qu'étant revêtu de la pourpre sacrée (il étoit Cardinal), il ne s'étoit point relâché des fonctions militaires, & qu'il avoit fait tout à la fois les choses dignes d'un saint Cardinal & d'un Général guerrier. Le mesme Escrivain ajouste que le magnanime d'Aubusson n'avoit en vûe dans sa conduite, que la gloire de son Ordre & celle de Dieu: qu'il gouvernoit ses sujets avec autant de douceur que de justice, & que sa bonté paternelle éclatoit principalement envers les pauvres. L'Histoire Ecclésiastique parle de luy comme d'un homme admirable, & qui mérite toutes sortes de louanges. Enfin, l'Histoire des Chevaliers de Saint Jean le met au dessus de tous les Grands-Maistres, l'égale aux Héros de l'antiquité, & le propose pour modele aux Princes Chrétiens.

Histoire des Révolutions d'Angleterre, par le Pere d'Orléans (1).

Portrait de Cromwel.

C'étoit du nombre de ces derniers (les Sectaires indépendans) qu'étoit celui qui, dans la suite, parut le Chef de toute la cabale, & qui l'étoit déjà sans le paroître. Homme né sans penchant au crime, & sans inclination pour la vertu, avec une égale facilité à pratiquer toutes les vertus & à commettre tous les crimes, selon qu'il convenoit à ses desseins. On connoît à ce trait Olivier Cromwel. Son rare talent pour la guerre, déjà si fatal au parti du Roi, aïant donné un grand relief à celui qu'il avoit pour les affaires, il avoit acquis un tel ascendant sur tous ceux de la faction, qu'il en étoit devenu l'ame. La modestie & la dévotion, qui, de toutes les vertus

───────────────

(1) Quelque mal qu'aient voulu dire les Protestans des Révolutions d'Angleterre, du P. d'Orléans; c'est un bon Ouvrage, & il est bien écrit.

qu'il n'avoit pas, étoient celles qu'il sçavoit le mieux feindre, avoient d'autant plus solidement établi cette supériorité, qu'elle blessoit moins l'indépendance dont sa Secte faisoit profession, qu'il ne l'affectoit pas, & qu'il sembloit n'avoir en vue, dans tout ce qu'il entreprenoit, que la Religion & le bien public. La médiocrité de sa naissance contribuoit encore à ôter aux Sectaires zélez les ombrages qu'ils auroient pu prendre de lui ; car il en avoit assez pour ne s'attirer pas le mépris ; mais non pour être soupçonné de prétendre à la domination. Ce fut sous ce Chef que la cabale se rendit peu à peu maîtresse des affaires dans le Parlement......

Il n'y avoit qu'un attentat de la nature de celui de Cromwel (la mort de Charles I), dont l'horreur ne pût être effacée par des actions aussi éclatantes, par une conduite aussi suivie, par une prospérité aussi complette que celle de ce fameux Tyran. Les Héros que fait l'ambition menent rarement une vie exempte d'injustice & de cruauté. Si celle de Cromwel n'eût été souillé que des crimes ordinaires aux usurpateurs, elle n'auroit pas laissé d'éblouir ceux qui ne pesent pas si exactement les choses au poids du Sanctuaire; & l'Histoire n'est point assez dévouée à la pure vertu, pour refuser place parmi les grands Hommes à un génie si supérieur aux autres, s'il eût commis quelques crimes de moins.....

Cromwel étoit au comble de sa gloire, lorsqu'il fut attaqué d'une fievre, d'abord lente, & ensuite tierce, qui vérifia l'oracle de l'Ecriture, que la joie de l'hypocrite n'est qu'un point. Il le fut jusqu'au dernier moment, contrefaisant le dévot jusqu'à la mort, & ne l'étant pas même en mourant..... On crut que des chagrins domestiques avoient contribué à sa maladie...... Ce fut l'an 1656, le treizieme jour de Septembre, qui lui avoit été si heureux par le gain des deux belles batailles de Dumbar & de Worchester, que finit sa prospérité avec sa vie, pleine de tout ce qui peut donner de la célébrité à un méchant homme : on dit que le Cardinal Mazarin le définissoit un fou heureux : je ne vois pas que ce soit bien le peindre. Des démarches si mesurées, si concertées, toujours faites si à propos, ne sont point d'un Aventurier, qui vient à bout de tout parce qu'il ne ménage rien, à qui des projets sans prudence réussissent par hazard, & qui ne s'éleve que parce qu'il s'est mis cent fois en danger de se précipiter. Lorsque Cromwel commença à suivre le mouvement de son ambition, qui fut sa passion dominante, il ne se mit point dans l'esprit de supplanter les Rois d'Angleterre, & de mettre sa famille, qui étoit d'une mince noblesse dans le Comté d'Huntington, sur le trône des Stuarts & des Plantagenetes. Chacun convient que cette chimere ne lui entra point dans l'esprit ; mais il eut toute sa vie en tête de faire fortune, & d'en tenter toutes les voies. Ce fut l'unique plan qu'il se forma, quand il entra dans cette carriere : heureux si celle qu'ouvre la vertu se fût présentée la premiere à lui ! il y a apparence qu'il l'eût suivie aussi aisément que celle du crime, s'il y eût vu des routes aussi sûres pour s'élever & pour réussir : indifférent à prendre l'une ou l'autre, & ayant des qualités propres à s'avancer dans toutes les deux, son malheur voulut que les troubles lui présentassent de grandes occasions de briller parmi ceux qui en étoient les auteurs : il jugea que c'étoit un moyen de se faire connoître, & de se rendre nécessaire dans un parti qui s'emparoit de l'autorité. Quand il y fut, il voulut régner ; mais souple autant qu'il étoit ambitieux, il régna en paroissant soumis, montrant toujours au Public de grands noms, revêtus du dehors des charges dont il faisoit les fonctions. Allant toujours ainsi par degrez, & faisant ses plans à mesure que les événemens lui en donnoient l'occasion, il parvint, par un parricide, par de grandes victoires, par tous les raffinemens d'une délicate politique, à la souveraine puissance, qu'il conserva par des voies pareilles, & en possession de laquelle il mourut. Un tel homme est moins, à mon sens, un heureux fou, qu'un habile scélérat.

Histoire de Théodose le Grand, par M. Fléchier, de l'Académie Françoise (1).

Portrait de Théodose le Grand.

CE fut vers la neuvieme année des Empereurs Constantius & Constans, que naquit Théodose à Italique, petite ville d'Espagne, sur les bords du Bétis. Il étoit d'une Maison très-noble, & descendoit de la race de Trajan, à qui il fut toujours bien aise de ressembler. Son pere se nommoit Théodose, & sa mere Termancie, doüez l'un & l'autre de toutes les vertus qui convenoient à leur sexe. Il fit d'abord paroître un beau naturel, & il fut élevé avec beaucoup de soin : on lui donna pour Précepteur Anatole, homme sçavant, qui méprisoit les ri-

___

(1) On reproche avec quelque raison à M. Fléchier d'écrire plutôt du style du Panégyrique que de celui propre à l'Histoire, qui doit être noble & simple; cependant son Histoire de Théodose a été dans le temps aussi admirée que ses Oraisons funebres.

cheffes, mais qui n'oublioit rien pour s'avancer dans les honneurs. Ce Philofophe....... s'appliqua fur-tout à lui infpirer des fentimens honneftes & généreux, en luy marquant dans l'Hiftoire les exemples qu'il devoit fuivre, & luy donnant ces premieres impreffions d'honneur & de probité qui réglerent depuis toutes les actions de fa vie.....

L'an 379, l'Empereur Gratien déclara à fes foldats, que préférant le plaifir d'avoir un Collegue fidele à l'ambition de régner feul, & eftant dans le deffein de faire un choix qui fuft avantageux à l'Eftat, & qui puft leur plaire, il avoit jeté les yeux fur Théodofe. A ce nom, les troupes l'interrompirent, & témoignerent leur joye par de longs applaudiffemens. Gratien reprit fon difcours, & après avoir fait l'éloge de Théodofe, il luy donna la pourpre & la couronne. Alors les foldats, qui l'avoient déjà eftimé digne de l'Empire, redoublerent leurs acclamations, & les Officiers vinrent en foule faluer le nouvel Empereur, qui, n'eftant âgé que de trente-trois ans, & joignant à la force & à la vigueur une grande expérience & une fageffe confommée, faifoit efpérer le rétabliffement ertier des affaires......

Après un regne de quinze ans, ce grand Empereur partagea l'Empire entre les fils Arcadius & Honorius : il leur recommanda sur toutes choses la piété envers Dieu & le zele pour la Religion. Il les fit ressouvenir de ce qu'il leur avoit dit plusieurs fois, " qu'ils devoient se
" distinguer de leurs sujets plus par la
" sagesse & par la vertu, que par la
" grandeur & l'autorité ; que c'estoit un
" grand aveuglement de prétendre don-
" ner des loix à tout le monde, si l'on
" ne sçavoit s'en donner à soy-mesme ;
" qu'on ne méritoit pas de commander
" aux hommes, si l'on n'avoit appris à
" obéir à Dieu ; qu'ils devoient fonder
" la félicité de leurs regnes, non pas
" sur la prudence de leurs Conseils, ni
" sur la force de leurs armes, mais sur
" la fidélité qu'ils garderoient à Dieu,
" & sur le soin qu'ils prendroient de son
" Eglise ; que c'estoit la source des vic-
" toires, du repos, & de tout le bon-
" heur des Souverains ". Alors se tournant vers Saint Ambroise, qui estoit présent : " Ce sont-là, luy dit-il, des
" vérités que vous m'avez apprises, &
" que j'ay moy-mesme éprouvées ; c'est à
" vous à les faire passer dans ma famille,

» & à instruire, comme vous avez ac
» coustumé, ces jeunes Empereurs qu
» je vous laisse «.

Dans l'Oraison funebre que Saint Ambroise prononça de Théodose (à Milan), il représente à ses Auditeurs, » qu'ils
» viennent de perdre un Empereur ;
» mais que Dieu l'ayant retiré dans ses
» tabernacles éternels, on pouvoit dire
» qu'il n'avoit fait que changer d'Empire;
» que sa piété vivoit encore; qu'il avoit,
» par la fermeté de sa foy, aboli toutes
» les superstitions des Gentils ; que
» n'ayant plus rien à donner à ses en-
» fans, qu'il avoit faits Empereurs, il
» n'avoit pensé, en mourant, qu'à laisser
» la paix & l'abondance à ses sujets,
» en remettant les injures qu'on lui avoit
» faites, ou les tributs qu'on leur avoit
» imposés; que ses dernieres volontés
» avoient esté des regles de charité &
» de miséricorde, & que c'estoient plu-
» tost des Loix que des articles du testa-
» ment «...... Il ne put se lasser sur-tout
de louer sa clémence : » Que c'est un
» grand & rare bonheur, disoit-il, de
» trouver un Prince pieux & fidele, qui,
» estant porté par sa puissance à se ven-
» ger de ses ennemis, soit retenu par sa

» bonté. Théodose, d'auguste mémoire,
» croyoit recevoir une faveur lorsqu'on
» le prioit de pardonner quelque offense
» qu'on avoit commise contre luy. Plus
» il avoit fait paroître d'émotion, plus
» il étoit disposé à accorder le pardon
» qu'on luy demandoit; la chaleur de
» son indignation estoit un présage du
» pardon prochain. Au lieu qu'on craint
» dans les autres Princes, qu'ils ne se
» mettent en colere, on souhaitoit au
» contraire qu'il s'y mist. Nous avons
» veu des gens convaincus par luy de
» leurs crimes, effrayés & abattus des
» reproches qu'il leur faisoit, obtenir
» tout d'un coup leur grace : il les vou-
» loit vaincre, & non pas les punir. Il
» se rendoit arbitre d'équité, & non pas
» Juge de rigueur; il n'a jamais refusé
» de pardonner à ceux qui confessoient
» leur faute. Pour ceux qui luy cachoient
» quelque chose, qu'ils retenoient dans
» le fond de leur conscience, il leur
» disoit qu'il en laissoit le jugement à
» Dieu. On appréhendoit plus cette pa-
» role de luy que le châtiment, parce
» qu'on voyoit cet Empereur si modéré
» & si retenu, qu'il aimoit mieux atta-

» cher les hommes à son service par la
» Religion que par la crainte «......

Les Auteurs Ecclésiastiques, & les Païens même, demeurent d'accord que Théodose fut un Prince très-accompli. Ceux qui avoient veu les Histoires, ou veu les portraits des anciens Empereurs, trouvoient qu'il ressembloit à Trajan, de qui il tiroit son origine. Il avoit comme luy la taille haute, la teste belle, l'air grand & noble, le tour & les traits du visage réguliers, & tout le corps bien proportionné.

Pour les qualités de l'ame, il posséda toutes les perfections de cet Empereur, & n'eut aucun de ses défauts. Il estoit, comme luy, bienfaisant, juste, magnifique, humain, & toujours prest à assister les malheureux ; il se communiquoit à ses Courtisans, & ne se distinguoit d'eux que par la pourpre dont il estoit revestu. Sa civilité pour les Grands de sa Cour, & son estime pour les gens de mérite & de vertu, luy acquirent l'amitié des uns & des autres. Il aimoit les esprits francs & sinceres, & il admiroit tous ceux qui excelloient dans les Lettres ou dans les Beaux-Arts, pourveu qu'il ne remarquaſt en eux ni orgueil ni malignité. Tous ceux qui mériterent d'avoir part à ſes libéralités, en reſſentirent les effets. Il faiſoit de grands préſens, & les faiſoit avec grandeur; il ſe plaiſoit à publier juſqu'aux moindres offices qu'il avoit receus des particuliers dans ſa premiere fortune, & n'épargnoit rien pour leur témoigner ſa reconnoiſſance. L'ambition ne luy fit pas entreprendre de conquérir les provinces de ſes voiſins; mais il ſceut chaſtier ceux qui uſurpoient les ſiennes ou celles de ſes Collegues. Auſſi ne ſe fit-il point d'ennemis; mais il vainquit ceux qui le devinrent. Il avoit aſſez de connoiſſances des Belles-Lettres, & s'en ſervoit ſans affectation. La lecture des Hiſtoires ne luy fut pas inutile, & il s'appliqua à former ſes mœurs ſur les vertus des grands Princes qui l'avoient précédé. Il déteſtoit ſouvent en public l'orgueil, la cruauté, l'ambition, la tyrannie de Cynna, de Marius, de Sylla, & de leurs ſemblables, afin de s'impoſer une heureuſe néceſſité de ſuivre une conduite oppoſée à celle qu'il blaſmoit; ſur-tout il eſtoit ennemi déclaré des traiſtres & des ingrats.

On peut luy reprocher qu'il ſe laiſſoit

quelquefois emporter à la colere ; mai il falloit qu'il en eût de grands sujets, encore estoit-il bientôt appaisé. Son abord estoit agréable & facile ; &, ce qui est rare parmi les Grands, ses prospérités & ses victoires, au lieu de l'enfler & de le corrompre, ne firent que le rendre plus doux & plus obligeant. Il eut soin qu'on fournît des vivres en abondance aux provinces que la guerre avoit ruinées, & restitua de son argent des sommes considérables que les Tyrans avoient enlevées à des particuliers. Dans la guerre, il marchoit toujours à la tête de ses armées, s'exposant au péril, & partageant toutes les fatigues avec les moindres soldats......

C'est-là le portrait que nous ont laissé du grand Théodose des Auteurs Païens qui ont vescu de son temps, quoique prévenus contre luy pour l'intérest de leur Religion.

Ce n'est pas que Théodose n'ait eu des défauts. Ses emportemens de colere, sa facilité à croire ceux en qui il avoit quelque confiance, & sa prévention en faveur de ceux qu'il avoit choisis pour ses principaux amis, sont des taches qui terniroient un peu la vie de cet Empereur,

pereur, si elles n'étoient rachetées par une infinité d'actions éclatantes, ou effacées par une pénitence très-sincere.

Discours sur l'Histoire Universelle à Monseigneur le Dauphin, par Messire Jacques-Bénigne Bossuet, Evêque de Meaux, &c (1).

QUAND l'Histoire seroit inutile aux autres hommes, il faudroit la faire lire aux Princes. Il n'y a pas de meilleur moyen de leur découvrir ce que peuvent les passions & les intérêts, les temps & les conjonctures, les bons & les mauvais conseils. Les Histoires ne sont composées que des actions qui les occupent, & tout semble y être fait pour leur usage. Si l'expérience leur est nécessaire pour acquérir cette prudence qui fait bien régner, il n'est rien de plus utile à leur instruction, que de joindre aux exemples

---

(1) M. Bossuet n'est point tombé dans le défaut de M. Fléchier ; son Discours sur l'Histoire Universelle est écrit du bon ton de l'Histoire, & non de celui des Oraisons funebres.

des siecles passés, les expériences qu'ils font tous les jours, au lieu qu'ordinairement ils n'apprennent qu'aux dépens de leurs sujets & de leur propre gloire, à juger des affaires dangereuses qui leur arrivent. Par le secours de l'Histoire, ils forment leur jugement, sans rien hazarder, sur les événemens passés. Lorsqu'ils voyent jusqu'aux vices les plus cachés des Princes, malgré les fausses louanges qu'on leur donne pendant leur vie, exposés aux yeux de tout le monde, ils ont honte de la vaine joye que leur cause la flatterie, & ils connoissent que la vraye gloire ne peut s'accorder qu'avec le mérite.

D'ailleurs il seroit honteux, je ne dis pas à un Prince, mais à tout honnête homme, d'ignorer le genre humain & les changemens mémorables que la suite des temps a faits dans le monde. Si l'on n'apprend de l'Histoire à distinguer les temps, on représentera les hommes sous la Loi de Nature, ou sous la Loi écrite, tels qu'ils sont sous la Loi évangélique : on parlera des Perses vaincus sous Alexandre, comme on parle des Perses victorieux sous Cyrus; on fera la Grèce aussi libre du temps de Philippe que du temps de Thémistocle ou de Miltiade ; le Peuple Romain aussi fier sous les Empereurs que sous les Consuls; l'Eglise aussi tranquille sous Dioclétien que sous Constantin ; & la France, agitée de guerres civiles du temps de Charles IX & de Henri III, aussi puissante que du temps de Louis XIV, où, réunie sous un si grand Roi, seule elle triomphe de toute l'Europe.

C'est, Monseigneur, pour éviter ces inconvéniens que vous avez lu tant d'Histoires anciennes & modernes. Il a fallu, avant toutes choses, vous faire lire dans l'Ecriture l'Histoire du Peuple de Dieu, qui fait le fondement de la Religion. On ne vous a pas laissé ignorer l'Histoire Grecque ni la Romaine ; &, ce qui vous étoit plus important, on vous a montré avec soin l'histoire de ce grand Royaume, que vous êtes obligé de rendre heureux; mais de peur que ces Histoires, & celles que vous avez encore à apprendre, ne se confondent dans votre esprit, il n'y a rien de plus nécessaire que de vous représenter distinctement, mais en raccourci, toute la suite des siecles.

Cette maniere d'Histoire Universelle est, à l'égard des Histoires de chaque Pays

& de chaque Peuple, ce qu'eſt une Carte générale à l'égard des Cartes particulieres. Dans les Cartes particulieres, vous voyez tous les détails d'un Royaume ou d'une Province en elle-même. Dans les Cartes univerſelles, vous apprenez à ſituer ces parties du Monde dans leur tout ; vous voyez que Paris ou l'Iſle de France eſt dans le Royaume ce que le Royaume eſt dans l'Europe, & ce que l'Europe eſt dans l'Univers.

Ainſi les Hiſtoires particulieres repréſentent la ſuite des choſes qui ſont arrivées à un Peuple dans tout leur détail; afin de tout entendre, il faut ſçavoir le rapport que chaque Hiſtoire peut avoir avec les autres, ce qui ſe fait par un abrégé où l'on voit, comme d'un coup-d'œil, tout l'ordre des temps.

Un tel abrégé, Monſeigneur, vous propoſe un grand ſpectacle : vous voyez tous les ſiecles précédens ſe développer, pour ainſi dire, devant vous ; vous voyez comme les Empires ſe ſuccedent les uns aux autres, & comme la Religion, dans ſes différens Etats, ſe ſoutient également depuis le commencement du Monde juſqu'à notre temps.

C'est la suite de ces deux choses, je veux dire celle de la Religion & celle des Empires, que vous devez imprimer dans votre mémoire; & comme la Religion & le gouvernement politique sont les deux points sur lesquels roulent les choses humaines, voir ce qui regarde ces choses renfermées dans un abrégé, & en découvrir par ce moyen tout l'ordre & toute la suite, c'est comprendre dans sa pensée tout ce qu'il y a de grand parmi les hommes, & tenir, pour ainsi dire, le fil de toutes les affaires de l'Univers.

Histoire de l'Église, par l'Abbé de Choisy, Tome V, Livre XIX (1).

JAMAIS l'antiquité fabuleuse ne s'est imaginé un Héros aussi parfait que la vérité de l'Histoire nous représente Godefroi de Bouillon. Sa naissance étoit illustre; mais ce fut son mérite qui l'éleva au dessus des autres; & l'on peut dire de lui que sa grandeur fut l'ouvrage de

───────────────

(1) Le style de l'Abbé de Choisy est toujours très-agréable, quelquefois un peu négligé.

sa vertu. Il étoit fils d'Euftache, Comte de Boulogne, & d'Ide, sœur de Godefroi le Boſſu, Duc de Bouillon, Comte de Verdun, & Duc de la Baſſe-Lorraine ou Brabant. Il avoit laiſſé voir en naiſſant des marques certaines de ce qu'il devoit être un jour; une force bien au deſſus de l'ordinaire, ſous un viſage aimable, & dont tous les traits étoient fort délicats, un port majeſtueux, des manieres nobles, prévenoient en ſa faveur, & ſon eſprit inſinuant, doux & flatteur, engageoit encore davantage ceux que la premiere vue avoit gagnés. Son pere lui voyant un ſi beau naturel, ne voulut rien épargner pour ſon éducation. Il apprit à bien faire tous ſes exercices; & ſi dans la ſuite il ſe piqua peu d'être ſçavant (ce n'étoit pas la mode en ce temps-là), il fut vaillant, libéral, magnifique, & ſur-tout homme de bien, d'une piété ſolide, ſans hypocriſie & ſans foibleſſe. Il oublia ou n'apprit que ſupérficiellement la plupart des ſciences humaines, & ne retint que la plus néceſſaire, la ſcience du ſalut, & les ſentimens de piété, qu'il préféra toujours à ſa vie. Il commença ſon apprentiſſage de guerre ſous le Duc de Lorraine ſon oncle. Ce Prince, qui n'avoit point d'enfans, l'aimoit comme son fils, & lui ayant vu faire des prodiges de valeur dans une bataille qu'il gagna contre le Comte de Flandre, il le déclara son héritier par son testament, & mourut peu de temps après. La succession étoit grande; mais Godefroi n'en eut que le Duché de Bouillon, dont il prit le nom, & le Comté de Verdun. L'Empereur Henri IV s'empara de la Basse - Lorraine comme d'un fief de l'Empire, vacant par la mort du dernier Prince de la Maison d'Ardenne. C'étoit un beau prétexte de faire la guerre; Godefroi ne manquoit pas ni de courage ni de forces; il eût trouvé de la protection à la Cour de France : mais la Justice s'y opposoit; il jugea lui-même sa cause, & fit assurer l'Empereur d'une entiere soumission. Il en reçut une récompense à quoi il ne s'attendoit pas; l'Empereur lui donna le Marquisat d'Anvers, & l'engagea, par ses bienfaits, à prendre son parti contre tous ses ennemis. Godefroi le servit douze ans, & se fit connoître dès la premiere année. Il portoit l'aigle Impériale dans la bataille que l'Empereur gagna contre les Saxons; & quelques

Historiens assurent qu'il tua de sa main Rodolphe de Suabe, qui prétendoit à l'Empire, & le perça du fer même de sa cornette, dans le temps que la victoire avoit peine à se déclarer. On lui avoit donné d'abord des emplois proportionnés à son âge ; il fallut bientôt lui confier le commandement des armées ; la valeur étoit la moindre de ses qualités : sage, prudent, il prenoit toutes les précautions qui pouvoient lui assurer un bon succès ; il ne se commettoit pas légérement ; mais quand l'affaire étoit hasardée, il ne se ménageoit plus, & dans le fort de l'action il se laissoit aller, comme un simple soldat, à tout l'emportement de son courage. Enfin, par ses services, il mérita que l'Empereur de lui-même lui donnât l'investiture du Duché de la Basse-Lorraine ; & ce pays, qu'il n'avoit pas voulu conquérir par une guerre injuste, devint la récompense de ses belles actions.

Ce fut alors qu'il mit en pratique ce qu'il avoit osé plusieurs fois représenter à l'Empereur ; il montra, par sa conduite, qu'un bon Prince peut se faire craindre & se faire aimer en même temps. Il rendoit lui-même la justice, & faisoit continuellement des graces; il connoissoit toute l'étendue de ses droits, & ne les poussoit jamais jusqu'où ils pouvoient aller; ses voisins se soumettoient à ses jugemens avec autant de docilité que ses sujets. Il vivoit tranquille; & quoiqu'il eût beaucoup d'inclination & de grands talens pour la guerre, il seroit demeuré dans une profonde paix, si le zele de la Maison de Dieu ne l'eût obligé à prendre les armes. Il donna l'exemple à tous les Croisés, & fut le premier qui témoigna son zele en cette occasion, & celui qui le poussa le plus loin. Il étoit à la fleur de son âge; il n'avoit que trente-cinq ans, & cependant il sacrifia tout, biens & plaisirs, à la gloire de son Dieu. Mais comme il voyoit une multitude presque infinie de paysans, tous sans expérience, des femmes & des enfans, & qu'il prévoyoit assez qu'il en seroit embarrassé, il persuada à Pierre l'Ermite de prendre les devants avec des gens qui le regardoient avec admiration comme un Prophete envoyé de Dieu. L'Ermite se crut alors devenu Général, & partit: son voyage fut malheureux: on n'observa dans son armée aucune discipline; on s'abandonna à toutes sortes de débauches; on pilla en passant la Hongrie & la Bulgarie. Tout se réunit contre ces indignes Croisés ; on les attendit, on les massacra dans tous les défilés des montagnes, & il n'en arriva auprès de Constantinople au plus que trente mille, qui passerent en Natolie, où les Turcs les taillerent en pieces.

Godefroi, suivi de troupes aguerries & disciplinées, traversa heureusement l'Allemagne & la Hongrie, & arriva aux portes de Constantinople.

L'Empereur Alexis commençoit à craindre ce grand nombre de Croisés, qui, en voulant aller prendre Jérusalem, pouvoient aisément se saisir de Constantinople. Il s'étoit formé une autre armée, qui avoit pris le chemin d'Italie pour passer en Empire : elle étoit conduite par Hugues le Grand, accompagné de Robert, Duc de Normandie, d'Etienne, Comte de Chartres & de Blois, & de plusieurs autres grands Seigneurs de France & d'Italie ; mais l'hiver les ayant surpris dans la Pouille avant qu'ils pussent s'embarquer, il fallut y passer quatre à cinq mois. Hugues le Grand, par une impatience Françoise, se commit à la foi

Grecque, & paſſa preſque ſeul à Duras, dont le Gouverneur l'arrêta, & l'envoya à Conſtantinople. Il y étoit priſonnier depuis quelques mois, lorſque Godefroi de Bouillon y arriva, & par menaces autant que par prieres, le fit mettre en liberté. Quelque temps après, les autres Croiſés arriverent de toutes parts, le Duc de Normandie, le Comte de Toulouſe, & Bohemond, Prince de Tarente, fils du fameux Robert Guiſcard, qui, à la tête de quelques Gentilshommes Normands, avoit établi une nouvelle domination dans le bas de l'Italie. Le brave Tancrede, neveu de Bohemond, le ſuivit avec l'élite des ſoldats Normands & Italiens.

Quand l'armée Chrétienne fut aſſemblée, elle ſe trouva de cent mille chevaux & de cinq cent mille hommes de pied, & marcha au ſiége de Nicée, ville renommée par le premier Concile général, tenu en 325. Tous les Princes qui étoient à la tête des Croiſés, ne voulurent point de Général ; ils obéiſſoient au Conſeil de guerre, qui, au plus de voix, déterminoit les entrepriſes. Le zele de la Religion faiſoit taire la jalouſie du commandement, & chacun travailloit au bien commun sans songer à sa gloire particuliere. La ville de Nicée, que les Turcs avoient fortifiée comme la capitale de leur Empire, fut attaquée dans les formes, & prise à la vue de Soliman, Soudan des Turcs, qui avoit mis ensemble quatre cent mille hommes pour la secourir. Il perdit ensuite deux batailles, & ne put empêcher que les Chrétiens n'arrivassent en Syrie, malgré la difficulté des passages & l'incommodité des vivres, qui leur manquerent souvent. Les villes d'Iconium, de Césarée, d'Héraclée, & quantité d'autres, ouvrirent leurs portes. Antioche fut bien attaquée & bien défendue, le siége dura sept mois. Les Croisés y souffrirent les extrémités de la faim avec une patience héroïque, & la ville ne fut prise, après plusieurs assauts inutiles, que par une intelligence que Bohemond y ménagea, & qui lui en valut la souveraineté; il lui fallut donner bien des combats pour en demeurer en possession. Les Turcs l'attaquerent avec des forces innombrables; il les défit en plusieurs batailles avec peu de troupes; mais il avoit à ses côtés son neveu le brave Tancrede. Après la prise d'Antioche, on se prépara à marcher à Jérusalem, pour la délivrance du Saint-Sépulcre, principal objet de la Croisade.

La ville de Jérusalem, fameuse par le Sépulcre du Sauveur du Monde, étoit alors entre les mains du Soudan d'Egypte, qui s'en étoit emparé sur les Turcs, affoiblis par toutes les batailles qu'ils avoient perdues contre les Chrétiens. Il y avoit mis quarante mille hommes de garnison, avec toutes sortes de munitions de guerre & de bouche, & l'armée Chrétienne n'étoit pas de trente mille hommes. Cette multitude presque infinie de Croisés avoit péri dans les combats, ou étoient morts de maladies & de miseres, ou s'en étoient retournés dans leurs pays. Les Chrétiens ne laisserent pas d'attaquer la ville avec une ardeur incroyable, dans la résolution de l'emporter ou de mourir. Un Solitaire en réputation de sainteté, leur promettoit une victoire assurée : ils donnerent, sur sa parole, un assaut, où ils perdirent beaucoup de monde, & apprirent à leurs dépens qu'avec ces sortes de révélations il est bon de prendre encore les précautions nécessaires. Godefroi leur persuada de suivre les regles de la guerre ; il fit bâtir trois grands châteaux de bois plus hauts que les murailles de la ville, & l'on régla que l'on feroit trois attaques, à chacune desquelles il y auroit un de ces châteaux. Godefroi & son frere Eustache, Comte de Boulogne, monterent sur le premier ; le Duc de Normandie, le Comte de Flandre & Tancrede eurent le second, & l'on donna le troisieme au Comte de Toulouse, qui, quoique d'un âge fort avancé, avoit autant & plus d'ardeur que les plus jeunes guerriers.

Quand tout fut disposé pour l'assaut, chacun songea à faire son devoir : le siége ne pouvoit pas durer long-temps ; on commençoit à manquer de vivres ; il falloit aller chercher de l'eau à une lieue du camp ; les Egyptiens venoient au secours de la place avec une armée formidable. Tant de raisons de désespérer du succès, augmentoient le courage des Croisés, & les moindres soldats paroissoient aussi animés que leurs Chefs. L'assaut avoit duré deux jours sans relâche, & les soldats commençoient à se rebuter, lorsque Godefroi s'écria avec une voix éclatante : » Courage, mes enfans, le » Ciel vient à notre secours, & je vois » sur la montagne des Oliviers un cava-

» lier couvert d'armes blanches ; il nous
» montre le chemin de la ville, & nous
» n'avons qu'à le fuivre «. Ces paroles,
prononcées par un Prince dont la fincérité étoit connue, firent fur les efprits des foldats une impreffion fi forte,
qu'ils fe crurent tous animés d'un efprit
divin. Ils virent ou crurent voir le cavalier célefte, & ne doutant plus de la
victoire, puifque le Ciel s'en mêloit,
ils retournerent à l'affaut avec plus de
furie qu'auparavant. Godefroi commanda
auffi-tôt qu'on fît avancer le château de
bois fur lequel il combattoit ; il y avoit
fur le haut de ce château une efpece
de pont à bafcule, qui s'abattit tout d'un
coup fur la muraille de la ville. Godefroi,
fans compter les ennemis, fe précipita
au milieu d'eux le fabre à la main, &
fe fit jour en renverfant tout ce qui fe
trouva à fon paffage. Dans le même temps,
le Duc de Normandie, le Comte de
Flandre & Tancrede avoient fait la
même chofe de leur côté, & s'étant
jetés fur les remparts, ils s'étoient rendus
maîtres des portes & les avoient ouvertes aux troupes. Enfin, le Comte de
Touloufe ayant appris que la ville avoit
été forcée aux deux autres attaques, fit

des efforts extraordinaires, & y entra aussi de son côté.

Ainsi fut prise Jérusalem ; tous les Egyptiens qui étoient en garnison furent passés au fil de l'épée : on y trouva de grandes richesses en or & en argent ; mais pendant que chacun songeoit à se venger ou à s'enrichir, Godefroi, dont les pensées étoient plus nobles & plus chrétiennes, alla nus pieds & sans armes, se prosternant devant le Saint - Sépulcre : » Seigneur, s'écria-t-il en versant des lar- » mes, votre nom soit béni à jamais ; » vos ennemis ne profaneront donc plus » les lieux saints, & nous pouvons mou- » rir contens, puisque notre vœu est ac- » compli «. Une action si édifiante toucha toute l'armée ; Princes, Officiers, Soldats, tout suivit un si grand exemple ; tous les cœurs parurent attendris & pénétrés d'une véritable dévotion ; & ce fut une espece de miracle, que dans un moment ces Conquérans si fiers, ne respirant que le carnage, se virent transformés en des pénitens publics, qui se battoient la poitrine & demandoient pardon de leurs péchés. Il n'y eut plus parmi les Croisés d'inimitiés ni de jalousie ; la grace de Jésus-Christ remporta

une

une pleine victoire, & l'intérêt de la gloire de Dieu fit taire toutes les passions humaines.

Huit jours après, les Princes & les Seigneurs s'assemblerent pour régler les affaires publiques : il falloit élire un Roi de Jérusalem, qui rétablît toutes choses, & qui, par sa prudence, achevât ce qu'ils avoient commencé par leur valeur. Ce choix rouloit entre trois personnes, Raymond, Comte de Toulouse, Robert, Duc de Normandie, & Godefroi de Bouillon. Raymond sentoit assez que la voix du Peuple n'étoit pas pour lui; sa fierté faisoit qu'on ne l'aimoit pas, malgré toutes ses grandes qualités; il s'excusoit sur son âge déjà fort avancé : le modeste Godefroi restoit dans le silence; & le Duc de Normandie, plus puissant & aussi brave que les deux autres, sembloit y avoir la meilleure part, lorsque s'abandonnant à son zele : ,, Seigneurs, leur
,, dit-il avec fermeté, donnons le Royau-
,, me de Jérusalem à celui qui en est le
,, plus digne ; qu'il soit aussi sage que
,, vaillant, grand Capitaine, redoutable
,, aux ennemis du nom Chrétien : qu'il
,, soit encore dans la force de son âge ;
,, que son port majestueux, que sa seule

„ préfence impofe la néceffité de lui obéir,
„ & qu'une piété folide couronne toutes
„ fes vertus «.

A ces paroles, toute l'affemblée tourna les yeux fur Godefroi : „ Je le vois bien,
„ Seigneurs, s'écria le Duc de Norman-
„ die ; au portrait que je viens de faire,
„ vous reconnoiffez le grand Godefroi,
„ c'eft lui que le Ciel ...... « Il n'en put pas dire davantage ; mille voix confufes crierent en même temps : „ Godefroi,
„ Godefroi, vive Godefroi, très-puiffant
„ & très-pieux Roi de Jérufalem « ! Il fut conduit en même temps, prefque malgré lui, dans l'églife du Saint-Sépulcre, & proclamé Roi. Les Chefs & les foldats l'aimoient également, & verfoient des larmes de joie. On lui préfenta une couronne d'or : „ A Dieu ne
„ plaife, dit-il en s'humiliant profon-
„ dément, que je porte une couronne
„ d'or, dans un lieu où le Roi des Rois
„ n'en a porté qu'une d'épines «! Sa nouvelle dignité ne lui fit rien perdre de fa modeftie & de la douceur qui accompagnoient toutes fes actions ; il ne changea rien dans fa maniere de vivre, & ne voulut pas même porter la qualité de Roi, quoique tous les Princes, les Ca-

pitaines & les soldats la lui déférassent avec autant de joie que s'il avoit été leur pere.

Godefroi, après avoir défait, en bataille rangée, l'armée du Soudan d'Egypte, forte de trois cent mille hommes, mourut à Jérusalem, la quarantieme année de son âge, & la premiere de son regne; Prince aussi parfait qu'on peut l'être en cette vie, & à qui personne, même après sa mort, n'a jamais pu reprocher un seul défaut.

―――――――――――――

Histoire ancienne des Egyptiens, des Carthaginois, &c. par M. Rollin (1).

Origine & progrès de l'établissement des Royaumes.

Pour connoître comment se sont formés les Etats & les Royaumes qui ont

―――

(1) M. Rollin écrit avec beaucoup de sagesse; mais on l'accuse de mêler dans ses Histoires trop de réflexions morales. Rarement son style est-il vif & élevé; le morceau que je vais citer, qui n'est qu'une introduction, est certainement des plus beaux.

partagé l'Univers, par quels degrés ils sont parvenus à ce point de grandeur que l'Histoire nous montre, par quels liens les familles & les villes se sont réunies pour composer un corps de Société, & pour vivre ensemble sous une même autorité & sous des Loix communes; il est à propos, pour ainsi dire, de remonter à l'enfance du Monde, jusqu'au temps où les hommes, répandus en différentes contrées, après la division des Langues, commencerent à peupler la terre.

Dans ces premiers-temps, chaque pere étoit le chef souverain de sa famille, l'arbitre & le juge des différens qui y naissoient, le législateur né de la petite Société qui lui étoit soumise, le défenseur & le protecteur de ceux que la naissance, l'éducation & leur foiblesse mettoient sous sa sauve-garde, & dont la tendresse lui rendoit les intérêts aussi chers que les siens propres.

Quelque indépendante que fût l'autorité de ces Maîtres, ils n'en usoient qu'en peres, c'est-à-dire, avec beaucoup de modération. Peu jaloux de leur pouvoir, ils ne songeoient point à dominer avec hauteur, ni à décider avec empire.

Comme ils se trouvoient nécessairement obligés d'associer les autres à leurs travaux domestiques, ils les associoient aussi à leurs délibérations, & s'aidoient de leurs conseils dans les affaires. Ainsi tout se faisoit de concert & pour le bien commun.

Les Loix que la vigilance paternelle établissoit dans ce petit Sénat domestique, étant dictées par le seul motif de l'utilité publique, concertées avec les enfans les plus âgés, acceptées par les inférieurs avec un plein & libre consentement, étoient gardées avec religion, & se conservoient dans les familles comme une police héréditaire, qui en faisoit la paix & la sûreté.

Différens motifs donnerent lieu à différentes Loix. L'un, sensible à la joie de la naissance d'un fils, qui, le premier, l'avoit rendu pere, songea à le distinguer parmi ses freres par une portion plus considérable dans ses biens, & par une autorité plus grande dans sa famille. Un autre, plus attentif aux intérêts d'une épouse qu'il chérissoit, ou d'une fille tendrement aimée, qu'il vouloit établir, se crut obligé d'assurer leurs droits & d'augmenter leurs avantages. La solitude &

l'abandon d'une épouse qui pouvoit devenir veuve, toucha davantage un autre, & il pourvut de loin à la subsistance & au repos d'une personne qui faisoit la douceur de sa vie. De ces différentes vûes, & d'autres pareilles, sont nés les différens usages des Peuples, & les droits des Nations, qui varient à l'infini.

A mesure que chaque famille croissoit par la naissance des enfans & par la multiplicité des alliances, leur petit domaine s'étendoit, & elles vinrent peu à peu à former des villes & des bourgs.

Ces sociétés étant devenues fort nombreuses par la succession des temps, & les familles s'étant partagées en diverses branches, qui avoient chacune leurs chefs, & dont les intérêts & les caracteres différens pouvoient troubler l'ordre public, il fallut nécessairement confier le gouvernement à un seul, pour réunir tous ces chefs sous une même autorité, & pour maintenir le repos public par une conduite uniforme. L'idée qu'on conservoit encore du gouvernement paternel, & l'heureuse expérience qu'on en avoit faite, inspirerent la pensée de choisir parmi les plus gens de bien & les plus sages, celui en qui l'on reconnoissoit davantage l'esprit & les sentimens de père. L'ambition & la brigue n'avoient point de part dans ce choix : la probité seule & la réputation de vertu & d'équité en décidoient, & donnoient la préférence aux plus dignes.

Pour relever l'éclat de leur nouvelle dignité, & pour les mettre plus en état de faire respecter les Loix, de se consacrer tout entiers au bien public, de défendre l'État contre les entreprises des voisins & contre la mauvaise volonté des Citoyens mécontens, on leur donna le nom de Roi, on leur érigea un trône, on leur mit un sceptre à la main, on leur fit rendre des hommages, on leur assigna des Officiers & des Gardes, on leur assigna des tributs, on leur confia un plein pouvoir pour administrer la Justice, &, dans cette vûe, on les arma du glaive pour réprimer les injustices & pour punir les crimes.

Chaque ville, dans les commencemens, avoit son Roi, qui, plus attentif à conserver son domaine qu'à l'étendre, renfermoit son ambition dans les bornes du pays qui l'avoit vu naître. Les démêlés, presque inévitables entre les voisins, la jalousie contre un Prince puissant, un esprit remuant & inquiet, des inclinations martiales, le désir de s'agrandir & de faire éclater ses talens, donnerent occasion à des guerres qui se terminoient souvent par l'entier assujettissement des vaincus, dont les villes passoient sous le pouvoir du Conquérant, & grossissoient peu à peu son domaine. De cette sorte, une premiere victoire servant de degré & d'instrument à la seconde, & rendant le Prince plus puissant & plus hardi pour de nouvelles entreprises, plusieurs villes & plusieurs Provinces, réunies sous un même Monarque, formerent des Royaumes plus ou moins étendus, selon que le vainqueur avoit poussé ses conquêtes avec plus ou moins de vivacité.

Parmi ces Princes, il s'en rencontra dont l'ambition se trouvant trop resserrée dans les limites d'un simple Royaume, se répandit par-tout comme un torrent & comme une mer, engloutit les Royaumes & les Nations, & fit consister la gloire à dépouiller de leurs Etats des Princes qui ne leur avoient fait aucun tort, à porter au loin les ravages & les incendies, & à laisser par-tout des traces sanglantes de leur passage. Telle a été l'origine de ces fameux Empires qui embrassoient une grande partie du Monde.

Les Princes usoient diversement de la victoire, selon la diversité de leurs caracteres ou de leurs intérêts. Les uns se regardant comme absolument les maîtres des vaincus, & croyant que c'étoit assez faire pour eux que de leur laisser la vie, les dépouilloient eux & leurs enfans de leurs biens, de leur patrie, de leur liberté, les réduisoient à un dur esclavage, les occupoient aux arts nécessaires pour la vie, aux plus vils ministeres de la maison, aux pénibles travaux de la campagne, & souvent même les forçoient, par des traitemens inhumains, à creuser les mines, & à fouiller dans les entrailles de la terre pour satisfaire leur avarice; & de là le genre humain se trouva partagé comme en deux especes d'hommes, de libres & de serfs, de maîtres & d'esclaves.

D'autres introduisirent la coutume de transporter les Peuples entiers avec toutes leurs familles dans de nouvelles contrées, où ils les établissoient & léur donnoient des terres à cultiver.

D'autres encore plus modérés se contentoient de faire racheter aux Peuples vaincus leur liberté, & l'ufage de leurs Loix & de leurs priviléges, par des tributs annuels qu'ils leur impofoient, & quelquefois même ils laiffoient les Rois fur leur trône, & exigeoient d'eux feulement quelques hommages.

Les plus fages & les plus habiles en matiere de politique, fe faifoient un honneur de mettre une efpece d'égalité entre les Peuples nouvellement conquis & les anciens fujets, accordant aux premiers le droit de bourgeoifie, & prefque tous les mêmes droits & les mêmes priviléges dont jouiffoient les autres; & par-là d'un grand nombre de Nations répandues dans toute la terre, ils ne faifoient plus, en quelque forte, qu'une ville, ou du moins qu'un Peuple.

Voilà une idée générale & abrégée de ce que l'Hiftoire du genre humain nous préfente.

Histoire des Révolutions de la République Romaine, par l'Abbé de Vertot (1).

Coriolan, proscrit par ses Concitoyens, se présente devant Rome à la tête des Volsques, Livre II.

TELLE étoit la situation de la ville (Rome), lorsqu'une Romaine, appelée *Valérie*, sœur de Valerius Publicola, comme émue par une inspiration divine, sortit du Capitole, accompagnée d'un grand nombre de femmes de sa condition, auxquelles elle avoit communiqué son dessein, & fut droit à la maison de Véturie, mere de Coriolan. Elles la trouverent avec Volumnie, femme de ce Romain, qui déploroient leurs propres malheurs & ceux de Rome.

Valérie les aborda avec un air de tristesse convenable à l'état présent de la

———

(1) L'Abbé de Vertot est certainement un de nos meilleurs Ecrivains d'Histoire : on pourroit citer presque indifféremment des morceaux de presque toutes celles qu'il a écrites.

République : " Ce sont des Romaines,
" leur dirent-elles, qui ont recours à
" deux Romaines pour le salut de leur
" Patrie commune. Ne souffrez pas, fem-
" mes illustres, que Rome devienne la
" proie des Volsques, & que nos enne-
" mis triomphent de notre liberté. Ve-
" nez avec nous jusque dans le camp
" de Coriolan, lui demander la paix pour
" ses Concitoyens : toute notre espé-
" rance est dans ce respect si connu &
" dans cette tendre affection qu'il a tou-
" jours eus pour une mere & pour une
" femme si vertueuses. Un si homme de
" bien ne pourra résister à vos larmes :
" nous vous suivrons toutes avec nos
" enfans : nous nous jetterons à ses pieds ;
" & qui sçait si les Dieux, touchés de
" notre juste douleur, ne conserveront
" point une ville, dont il semble que
" les hommes abandonnent la défense " ?

Les larmes que Valérie répandoit en abondance, interrompirent un discours si touchant, auquel Véturie répondit avec une tristesse égale : " Vous avez recours,
" Valérie, à une foible ressource, en
" vous adressant à deux femmes abîmées
" dans la douleur. Depuis ce malheureux
" jour où le Peuple furieux bannit si in-

» justement Coriolan, nous vîmes dispa-
» roître ce respect filial & cette tendre
» affection qu'il avoit eus jusqu'alors
» pour sa mere & pour une femme très-
» chere. Au sortir de l'assemblée où il
» venoit d'être condamné, il nous aborda
» d'un air farouche, & après être de-
» meuré quelque temps dans un morne
» silence : C'en est fait, nous dit-il,
» Coriolan est condamné : des Citoyens
» ingrats viennent de me bannir pour
» toujours du sein de ma Patrie : sou-
» tenez ce coup de la fortune avec un
» courage digne de deux Romaines. Je
» vous recommande mes enfans : Adieu,
» je pars, & j'abandonne sans peine une
» ville où l'on ne peut souffrir les gens
» de bien. Il s'échape en disant ces mots :
» nous nous mîmes en état de le suivre ;
» je tenois l'aîné de mes petits-fils par
» la main, & Volumnie, qui fondoit
» en larmes, tenoit le plus jeune dans
» ses bras. Pour lors se tournant : N'allez
» pas plus loin, nous dit-il, & finissez
» vos plaintes inutiles. Vous n'avez plus
» de fils, ma mere ; & vous, Volum-
» nie, la meilleure de toutes les fem-
» mes, votre mari est perdu pour vous.
» Fasse les Dieux que vous en trouviez

» bientôt un autre digne de votre vertu, &
» plus heureux que Coriolan ! Sa femme,
» à un discours si dur & si inhumain, tombe
» évanouie ; & pendant que je cours à
» son secours, il nous quitte brusque-
» ment avec la dureté d'un barbare, sans
» daigner recevoir nos derniers embras-
» semens, & sans nous donner, dans
» une si grande affliction, la plus lé-
» gere marque de compassion pour nos
» malheurs. Il sort de Rome, seul,
» sans domestiques, sans argent, & sans
» nous dire seulement de quel côté il
» tournoit ses pas. Depuis qu'il nous a
» abandonnées, il ne s'est point informé
» de sa famille, & ne nous a point donné
» de ses nouvelles ; en sorte qu'il semble
» que dans la haine générale qu'il fait
» paroître contre sa Patrie, sa mere &
» sa femme soient ses plus grands enne-
» mis.

» Quel succès pouvez-vous donc espérer
» de nos prieres auprès d'un homme si
» implacable ? Deux femmes pourront-
» elles fléchir ce cœur si dur, que les
» Ministres mêmes de la Religion n'ont
» pu adoucir ? Et, après tout, que lui
» dirai-je ? que puis-je honnêtement exi-
» ger de lui ? Qu'il pardonne à des Ci-

» toyens ingrats, qui l'ont traité comme
» un homme noirci des plus grands cri-
» mes ? qu'il ait pitié d'une populace fu-
» rieuse qui n'en a point eu de son inno-
» cence ? & qu'il trahisse une Nation qui
» non seulement lui a ouvert un azile,
» mais même qui l'a préféré à ses plus
» illustres Citoyens dans le commande-
» ment des armées ? De quel front ose-
» rai-je lui proposer d'abandonner de si
» généreux protecteurs, pour se livrer
» de nouveau à ses plus cruels ennemis ?
» Une mere & une femme Romaines
» peuvent-elles exiger d'un fils & d'un
» mari des choses qui le déshonoreroient
» devant les Dieux & devant les hom-
» mes ? Triste situation, où il ne nous
» est pas permis de haïr le plus redou-
» table ennemi de notre Patrie ! Aban-
» donnez-nous donc à nos malheureuses
» destinées, laissez-nous ensevelies dans
» notre juste douleur ».

(Véturie & Volumnie cedent aux ins-
tances de Valérie, &, du consentement du Sénat, suivies des principales
Dames Romaines, elles se rendent
au camp des Volsques. Voici la fin
du discours que l'Abbé de Vertot fait

tenir à Véturie, après avoir proposé à Coriolan de ménager une paix entre les deux Nations).

» Eh! pouvez-vous, mon fils, ajouta-
» t-elle en élevant la voix, refuser une
» proposition si équitable, à moins que
» vous ne vouliez préférer une vengeance
» cruelle & opiniâtre aux prieres & aux
» larmes de votre mere ? Songez que
» votre réponse va décider de ma gloire
» & même de ma vie. Si je remporte
» à Rome l'espérance d'une paix pro-
» chaine, si j'y rentre avec l'assurance
» de votre réconciliation, avec quel trans-
» port de joie ne serai-je pas reçue par
» nos Concitoyens ? Le peu de jours que
» les Dieux me destinent encore à passer
» sur la Terre, seront environnés de
» gloire & d'honneurs. Mon bonheur
» ne finira pas même avec cette vie mor-
» telle ; & s'il est vrai qu'il y ait diffé-
» rens lieux pour nos ames après la mort,
» je n'ai rien à craindre de ces endroits
» obscurs & ténébreux, où sont relégués
» les méchans : les Champs Elysées, ce
» séjour délicieux, destiné pour les gens
» de bien, ne suffiront pas même pour
» ma récompense. Après avoir sauvé

Rome,

» Rome, cette ville si chere à Jupiter,
» j'ose espérer une place dans cette ré-
» gion pure & sublime de l'air, qu'on
» dit être habitée par les enfans des
» Dieux. Mais je m'abandonne trop à
» des idées si flatteuses. Que deviendrai-
» je, si tu persistes dans cette haine im-
» placable dont nous n'avons que trop
» ressenti les effets ? Nos Colonies,
» chassées par tes armes de la plupart
» des villes qui reconnoissoient l'Empire
» de Rome, tes soldats furieux répandus
» dans la campagne, & portant le fer
» & le feu de tous côtés, ne devroient-
» ils pas avoir assouvi ta vengeance ? As-
» tu bien eu le courage de venir piller
» cette terre qui t'a vu naître, & qui
» t'a nourri si long-temps ? De si loin
» que tu as pu appercevoir Rome, ne
» t'est-il pas venu dans l'esprit que tes
» Dieux, ta maison, ta mere, ta femme
» & tes enfans, étoient renfermés dans
» ses murailles ? Crois-tu que, couvert
» de la honte d'un refus injurieux, j'at-
» tende paisiblement que tes armes ayent
» décidé de notre destinée ? Une femme
» Romaine sait mourir quand il le faut ;
» & si je ne puis te fléchir, apprends
» que j'ai résolu de me donner la mort

Tome I.   C c

» en ta préfence. Tu n'iras à Rome
» qu'en paffant fur le corps de celle qui
» t'a donné la vie ; & fi un fpectacle
» auffi funefte n'eft pas capable d'arrêter
» ta fureur, fonge au moins qu'en vou-
» lant mettre Rome aux fers, ta femme
» & tes enfans ne peuvent éviter une
» prompte mort ou une longue fervitude «.

Coriolan, agité de différentes paffions, paroiffoit interdit : la haine & le défir de la vengeance balançoient dans fon cœur l'impreffion qu'y faifoit malgré lui un difcours fi touchant. Véturie, qui le voyoit ébranlé, mais qui craignoit que la colere ne l'emportât fur la pitié :
» Pourquoi ne me réponds - tu point,
» mon fils, lui dit-elle ? Méconnois-tu
» ta mere ? As-tu oublié les foins que
» j'ai pris de ton enfance ? Et toi, qui
» ne fais la guerre que pour te venger
» de l'ingratitude de tes Concitoyens,
» peux-tu, fans te noircir du même cri-
» me que tu veux punir, refufer la pre-
» miere grace que je t'aye jamais de-
» mandée ? Si j'exigeois que tu trahiffe
» les Volfques, qui t'ont reçu fi géné-
» reufement, tu aurois un jufte fujet
» de rejeter une pareille propofition ;
» mais Véturie eft incapable de propofer

« rien de lâche à son fils, & ta gloire
» m'est encore plus chere que ma propre
» vie. Je demande seulement que tu éloi-
» gnes tes troupes des murailles de Ro-
» me : accorde-nous une treve d'un an,
» pendant lequel on puisse travailler à
» établir une paix solide. Je t'en con-
» jure, mon fils, par Jupiter, tout bon
» & tout puissant, qui préside au Capi-
» tole, par les manes de ton pere & de
» tes ancêtres. Si mes prieres & mes lar-
» mes ne sont pas capables de te fléchir,
» vois ta mere à tes pieds qui te de-
» mande le salut de ta Patrie «. En disant ces mots, & fondant en larmes,
elle lui embrasse les genoux ; sa femme
& ses enfans en font autant, & toutes
les femmes Romaines qui les accompa-
gnent demandent grace par leurs larmes
& par leurs cris.

Coriolan, transporté & comme hors
de lui de voir Véturie à ses pieds, s'é-
crie : » Ah ! ma mere, que faites-vous ?
» & lui serrant tendrement la main en
» la relevant : Rome est sauvée, lui dit-
» il ; mais votre fils est perdu «, prévoyant bien que les Volsques ne lui
pardonneroient pas la déférence qu'il
alloit avoir pour ses prieres.

Histoire du Traité de Westphalie, par le Pere Bougeant (1).

Caracteres des Ministres envoyés par les Cours ou médiatrices, ou belligérantes, au Congrès de Munster.

FABIO Chigi, Noble Siennois, Evêque de Nardo, après avoir déjà donné des marques de sa capacité dans plusieurs emplois considérables qu'il avoit exercés à Ferrare, à Malte & à Cologne, faisoit à Munster la fonction de Médiateur au nom du Pape Urbain VIII, avec la qualité de Nonce extraordinaire. Quoique ce Prélat ne fût pas peut-être un génie du premier ordre, il avoit, au jugement des Plénipotentiaires François, beaucoup de cette habileté & de cet esprit insinuant, qui est le plus nécessaire pour la négociation, & il sut en faire usage pour son avancement, en témoi-

---

(1) Cette Histoire est une des plus belles pour le fond, & des mieux écrites que nous ayons en françois.

gnant de l'attachement à la France, autant qu'il en falloit pour perfuader aux François qu'il leur feroit favorable, fans donner lieu à l'autre parti de l'accufer de partialité. Ce fut fur-tout par cette adreſſe qu'il fut fe conferver à Munfter l'emploi de Médiateur, dont on ne l'avoit d'abord chargé qu'en attendant l'arrivée d'un Légat......

Le Chevalier Louis-Contarini, Noble Vénitien, Ambaſſadeur de fa République, s'étoit rendu à Munfter plufieurs mois avant le Nonce, pour partager avec lui l'honneur de la médiation. Ce Miniſtre foutenoit depuis près de vingt ans le titre d'Ambaſſadeur à la Haye, en Angleterre, en France & à Conftantinople, avec beaucoup de réputation, d'adreſſe & de capacité. Il négocioit le plus fouvent avec cette retenue & ce flegme qui eft fi commun aux Vénitiens, quelquefois avec beaucoup de vivacité, felon que l'occafion l'exigeoit, & il y joignoit toute la diſſimulation & la fubtilité ordinaire des Italiens. Quand il ne pouvoit pas faire expliquer les Impériaux à Munfter, il fe fervoit du Réfident de Venife à Vienne, pour faire parler les Miniftres de cette Cour. Il employoit apparemment la même ruse avec la France.......

Le Comte de Nassau & M. Volmar étoient les Plénipotentiaires de l'Empereur. Jean-Louis, Comte de Nassau-Hadamar, étoit un Prince affable & poli, d'un caractere doux & bienfaisant; mais le peu de part qu'il avoit eu jusqu'alors aux affaires, ne lui avoit permis d'acquérir toute l'expérience nécessaire pour soutenir le poids d'une négociation aussi importante que celle de Munster; car il n'avoit encore eu qu'un vain titre de Plénipotentiaire à Cologne, où il avoit demeuré quelques années dans une entiere inaction. M. Isaac Volmar, qu'on lui avoit donné pour Adjoint, étoit, disent quelques Historiens, un Jurisconsulte qui avoit corrigé le pédantisme des Universités, par l'usage de la Cour & le commerce des Grands, & qui avoit appris à manier les affaires avec assez d'habileté........

Il y avoit trois Plénipotentiaires d'Espagne; mais le Comte de Zapata, l'un des trois, étant mort, le Comte Diego Saavedra, & M. Brun, se trouvoient seuls chargés de la négociation. Le Comte de Saavedra, prévenu en faveur de sa

Nation & de son Prince, avoit, dans sa maniere de négocier, beaucoup de hauteur & de fierté. Il avoit d'ailleurs de l'adresse, & il savoit dissimuler; mais il parut qu'il n'avoit été envoyé à Munster que pour y attendre l'arrivée d'un Ministre plus expérimenté. Antoine Brun, son Collegue, étoit un des plus habiles Ministres que le Roi d'Espagne pût employer dans cette négociation. Il étoit né à Dole, où il avoit exercé la charge de Procureur-Général au Parlement. Il avoit l'esprit cultivé par l'étude des Sciences & des Belles-Lettres; il écrivoit avec beaucoup d'élégance en latin & en françois, & il étoit en relation avec tous les beaux esprits de son temps. Il avoit aussi donné plusieurs preuves de valeur & de courage, lorsque les troupes Françoises porterent la guerre dans sa patrie, alors sujette de l'Espagne. Mais le grand talent de ce Ministre étoit de négocier : il avoit l'esprit doux, souple & vif; il s'exprimoit avec grace & avec force; il connoissoit toutes les ruses qu'on peut employer dans une négociation, & il n'en fit peut-être que trop d'usage. Il étoit sur-tout bien instruit des affaires des Pays-Bas & du Comté de Bourgogne fa patrie ; & comme il fut le principal Agent du Traité des Efpagnols avec les Provinces-Unies, on peut dire que l'Efpagne lui fut redevable de fon falut.....

Claude de Melme, Comte d'Avaux, Surintendant des Finances & Miniftre d'Etat, & Abel Servien, Comte de la Roche des Aubiers, qui fut auffi enfuite Miniftre d'Etat, étoient les deux Plénipotentiaires à qui la Cour de France, qui connoiffoit leur capacité, avoit confié fes intérêts..... La Cour en nomma un troifieme, qui furprit tout le monde en acceptant un emploi qui paroiffoit au deffous de lui ; ce fut Henri d'Orléans, Duc de Longueville. Rien ne fembloit d'ailleurs plus contraire à l'inclination que ce Prince avoit pour le plaifir, & à fon humeur inquiete, fur-tout dans un temps où la fituation de la Cour pouvoit fournir des occafions de lier des intrigues & de former des cabales ; mais il fe laiffa perfuader que le bien du Royaume demandoit fa préfence dans une affemblée auffi importante que celle de Munfter ; & la chofe étoit vraie par rapport aux vûes du Cardinal Mazarin, qui étoient d'éloigner de la Cour un Prince capable d'y exciter des troubles. On comptoit si peu sur sa capacité, quoique ce Prince eût d'ailleurs du mérite, que la négociation étoit déjà avancée lorsqu'il se rendit à Munster, & qu'on lui permit d'en sortir avant la conclusion du Traité. On avoit même lieu d'appréhender de sa part quelques fausses démarches, parce que les Princes ont une maniere de traiter décisive & indépendante, qui pouvoit déconcerter la politique raffinée du Cardinal Mazarin ; mais le crédit que le Comte d'Avaux avoit sur l'esprit du Duc, rassuroit la Cour.

Les Plénipotentiaires de Suede étoient le Baron Jean Oxenstiern, & M. Salvius ; ce dernier connu pour avoir beaucoup d'adresse & d'habileté. Le Baron étoit fils d'Axel Oxenstiern, Grand Chancelier du Royaume de Suede, un des plus habiles Ministres de son siecle, & comparable à ceux qui firent de son temps l'admiration de l'Europe. Quoiqu'on ne remarquât pas en lui cette étendue de connoissances, cette solidité de jugement, & cette politique adroite & déliée, qui avoient acquis tant de gloire au Chancelier de Suede, il avoit assez de mérite personnel pour être à couvert du reproche d'avoir dégénéré. Il avoit été formé aux affaires par un trop habile Maître pour n'en pas connoître tous les ressorts, & ce qu'on appelle les finesses de l'Art ; & comme il avoit apporté à cette étude beaucoup d'esprit & de pénétration, il y avoit fait assez de progrès pour qu'on le jugeât capable de la plus importante négociation que la Suede pût confier à ses Ministres. Mais il est vrai que ces belles qualités perdoient en lui un peu de leur éclat par le mélange de quelques défauts ; c'étoient une opiniâtreté invincible, beaucoup de hauteur & de fierté ; défauts qui ne peuvent jamais bien s'allier avec le caractere de Négociateur, & que nos mœurs pardonnent tout au plus à des Ambassadeurs de Rois barbares. On lui reproche encore d'avoir trop aimé le faste & l'éclat ; & en effet il ne faisoit jamais de visites que dans un carrosse de la Reine de Suede, suivi de douze hommes armés de hallebardes, accompagné d'un grand nombre de Gentilshommes bien faits, qui marchoient à pied devant le carrosse, & d'un égal nombre de Pages & de Valets de pied, tous richement habillés. Les trompettes & les timbales annonçoient tous les jours au public l'heure à laquelle il se levoit, se couchoit, ou se mettoit à table.......

Voici ce que le Cardinal Mazarin pensoit des Députés de la République de Hollande ; c'étoient MM. Meinderswick, Baron de Ghent, Mathenez, Paw, Seigneur de Heemsteede, Knuyth, Nidershort, Riperda, & Klandt. Le Cardinal, qui regardoit comme une affaire d'une extrême importance, de retenir les Provinces Unies dans le parti de la France, fut fort attentif au choix qu'elles firent de leurs Députés pour le Traité de Munster, persuadé que les sentimens particuliers de ces Députés influeroient beaucoup sur les résolutions que prendroit la République. Dès qu'ils furent nommés, il fit connoître aux Plénipotentiaires François ce qu'il pensoit de leur caractere & de leurs dispositions, afin qu'ils traitassent avec eux suivant ces connoissances. Il jugeoit que le premier seroit disposé à faire la paix, parce qu'il étoit fils d'un pere qui avoit été un des principaux auteurs de la treve de 1609, & qui étoit mort dans la Communion de l'Eglise Romaine. Cette derniere raison lui faisoit croire que M. Mathenez inclineroit aussi pour la paix encore plus sûrement que l'autre, parce qu'il étoit tout dévoué au Prince d'Orange. M. Paw étoit de tous les Députés celui que le Cardinal redoutoit le plus. *C'est*, dit-il, *un personnage accrédité dans sa Province, & dont il faudra tâcher de ménager l'esprit le mieux que l'on pourra*. Mais il n'en espéroit rien de bon, parce qu'il avoit été de tout temps ennemi du Prince d'Orange, & qu'on n'avoit pas lieu de croire qu'il eût quelque inclination pour la France. On n'avoit été content de lui à la Cour, lorsqu'il avoit été Ambassadeur, qu'à proportion qu'on y étoit mécontent du Prince d'Orange ; & comme on étoit alors extrêmement satisfait de ce Prince, on ne doutoit pas que M. Paw ne suivît une route toute opposée pour ne pas se rencontrer avec son ennemi. Les François prétendirent même que l'or d'Espagne entretenoit & avoit augmenté dans la suite cette opposition, que la haine avoit fait naître. Mais autant que le Cardinal se défioit de ce Député, autant comptoit-il sur MM. Knuyth, Nidershort & Riperda ; ils étoient tous trois créatures du Prince d'Orange, & il ne doutoit pas qu'ils ne suivissent aveuglément ses avis. Il pensoit de M. Klandt que c'étoit un bon homme, bien intentionné, qui suivroit toujours la pluralité des voix; mais M. Donia lui étoit suspect, parce qu'il paroissoit désirer trop passionnément la paix, & encore plus parce qu'il témoignoit tant de zele pour les intérêts des Espagnols, qu'on avoit lieu de soupçonner qu'il s'étoit laissé gagner.....

La France & la Suede consignent leurs propositions.

La première nouvelle de la consignation des propositions de la France & de la Suede causa une joie universelle à Munster & à Osnabrug, & dans toute l'Europe, qui commença enfin à espérer voir bientôt les fruits d'une si longue négociation; mais les habiles gens n'en jugerent pas ainsi. Le Chancelier Oxenstiern les ayant lues à Stockholm, & prévoyant combien il seroit difficile de concilier des partis si opposés dans leurs prétentions, dit: *Qu'il y avoit là bien des nœuds qu'on ne pourroit trancher qu'avec l'épée.* Les intéressés n'en parurent pas aussi contens. Quoique les François eussent lieu de s'applaudir de la complaisance que les Suédois avoient eue de supprimer dans leurs propositions quelques articles trop ouvertement contraires à la Religion Catholique, ils s'appercevoient cependant avec chagrin qu'ils avoient adroitement insinué des principes dont ils déduiroient dans la suite des conséquences trop favorables aux Sectateurs de Luther & de Calvin. Les Suédois, de leur côté, renouvelerent leurs plaintes sur ce que la proposition de la France n'étoit pas assez conforme au projet qu'on leur avoit communiqué ; mais ces petits différens entre des Alliés ne troublerent en rien la bonne intelligence. Les Impériaux ne furent pas, à beaucoup près, si aisés à calmer ; ils crurent voir dans la teneur des propositions, un dessein formé par les deux Couronnes, d'anéantir l'autorité Impériale, de soumettre tous les droits de l'Empire à leur direction, avec une espece de domination, & d'y renverser les fondemens les plus solides du Gouvernement, en y introduisant une sorte d'anarchie jusqu'alors inconnue........ M. Contarini soutenoit aux Plénipotentiaires François, que dans l'état florissant où étoient les armes du Roi en Allemagne, la France ne devoit pas craindre de s'expliquer avec liberté, & que peut-être il y avoit moins de danger pour elle de choquer les Allemands par les demandes qu'elle vouloit leur faire, que par l'incertitude où elle les laiſſoit ſur ſes prétentions.

Mais rien n'étoit plus oppoſé au caractere & à la méthode du Cardinal Mazarin, que cette maniere d'agir franche & ouverte. Il y a des hommes naturellement diſſimulés (& on croit aſſez communément que le Cardinal Mazarin étoit de ce nombre), qui, dans le choix de deux moyens également efficaces, l'un ſimple & naturel, l'autre artificieux & détourné, ne manquent jamais de préférer le ſecond. Il paroît que la maxime du Cardinal étoit de laiſſer deviner ſa penſée à ceux avec qui il traitoit, & de les laſſer juſqu'à leur faire déſirer & propoſer eux-mêmes ce qu'il ſouhaitoit. Il ſuivit du moins aſſez conſtamment cette conduite dans ce Traité, & il eſt vraiſemblable que M. Contarini ne la blâmoit que par l'intérêt particulier qu'il avoit de voir avancer la négociation.

Les Mœurs des Chrétiens, par *l'Abbé de Fleury* (1).

Raisons de l'extérieur singulier des Moines.

MAIS, dira-t-on, si les Moines ne prétendoient que de vivre en bons Chrétiens, pourquoi ont-ils affecté un extérieur si éloigné de celui des autres hommes ? A quoi bon se tant distinguer dans les choses indifférentes ? Pourquoi cet habit, cette figure, cette singularité dans la nourriture, dans les heures du sommeil, dans les logemens ? En un mot, à quoi sert tout ce qui les fait paroître des Nations différentes, répandues entre les Nations Chrétiennes ? Pourquoi tant de diversité entre les divers Ordres Religieux, en toutes ces choses qui ne sont ni commandées ni défendues par la Loi de Dieu ? Ne semble-t-il pas qu'ils aient voulu frapper les yeux du Peuple, pour

___

(1) Le style de l'Abbé de Fleury n'est pas ordinairement bien vif, mais il est pur ; & son Histoire de l'Eglise est sage.

s'attirer du respect & des bienfaits ? Voilà ce que plusieurs pensent, & ce que quelques-uns disent, jugeant témérairement faute de connoître l'antiquité ; car si l'on veut se donner la peine d'examiner cet extérieur des Moines, on verra que ce sont seulement des restes des mœurs antiques, qu'ils ont conservées fidélement durant plusieurs siecles, tandis que le reste du monde a prodigieusement changé.

Pour commencer par l'habit, Saint Benoît dit que les Moines doivent se contenter d'une tunique, avec une cucule & un scapulaire pour le travail. La tunique sans manteau étoit, depuis long-temps, l'habit des petites gens, & la cucule étoit un capot que portoient les Paysans & les Pauvres.

Cet habillement de tête devint commun à tout le monde dans les siecles suivans, & étant commode pour le froid, il a duré dans notre Europe jusqu'à deux cents ans d'ici. Non seulement les Clercs, mais les Gens de Lettres, mais les Nobles mêmes & les Courtisans, portoient des capuches & des chaperons de diverses sortes. La cucule, marquée par la Regle de Saint-Benoît, servoit de manteau ; c'est la coule des Moines de Cîteaux ;

le nom même en vient, & le froc des autres Bénédictins vient de la même origine.

Il paroît donc que Saint Benoît ne leur avoit donné que les habits communs des pauvres de son pays, & ils n'étoient guere distingués que par l'uniformité entiere, qui étoit nécessaire, afin que les mêmes habits puſſent servir indifféremment à tous les Moines du même couvent. Or on ne doit pas s'étonner si, depuis près de douze cents ans, il s'est introduit quelque diversité pour la couleur & la forme des habits entre les Moines qui suivent la Regle de Saint Benoît, selon les pays & les différentes réformes; & quant aux Religieux qui sont établis depuis cinq cents ans, ils ont conservé les habits qu'ils ont trouvés en usage. Ne point porter de linge, paroît aujourd'hui une grande austérité; mais l'usage du linge n'est devenu commun que long-temps après Saint Benoît. On n'en porte point encore en Pologne, & par toute la Turquie on couche sans draps, à demi vêtu. Toutefois même avant l'usage des draps de linge, il étoit ordinaire de coucher nu, comme on fait encore en Italie, & c'est pour cela que la Regle ordonne aux Moines de dormir vêtus, sans ôter même leur ceinture.

Quant à la nourriture, j'ai déjà remarqué qu'il étoit ordinaire, non seulement aux Chrétiens, mais aux Païens même les plus raisonnables, de vivre de légumes & de poissons, & de faire lire pendant le repas....... Les heures des repas & du sommeil que les Moines observent, étoient les mêmes pour tout le monde jusqu'à ce dernier siecle........ Quoi qu'il en soit, il est certain que les Saints qui ont donné des Regles aux Moines, n'ont point cherché à introduire des nouveautés, ni à se distinguer par une vie singuliere. Ce qui fait paroître aujourd'hui les Moines si extraordinaires, est le changement qui est arrivé dans les mœurs des autres hommes; comme les édifices les plus anciens sont devenus singuliers, parce que ce sont les seuls qui ont résisté à une longue suite de siecles.

Douzieme discours de l'Abbé Fleury, sur l'Histoire Ecclésiastique, où il est traité des libertés de l'Eglise Gallicane.

L'EGLISE Gallicane s'est mieux défendue que les autres du relâchement de la discipline, introduit depuis quatre ou cinq cents ans, & a résisté avec plus de force aux entreprises de la Cour de Rome. La Théologie a été enseignée plus purement dans l'Université de Paris que par-tout ailleurs. Les Italiens mêmes y venoient étudier; & la principale ressource de l'Eglise contre le grand schisme d'Avignon, s'est trouvée dans cette Ecole. Les Rois de France, depuis Clovis, ont été Chrétiens Catholiques, & plusieurs très-zélés pour la Religion. Leur puissance, qui est la plus ancienne & la plus ferme de la Chrétienté, les a mis en état de mieux protéger l'Eglise.

Depuis que les Empereurs ont perdu l'Italie, & que les Papes y ont acquis un Etat temporel, qui en a fait la meilleure partie, il n'y est point resté de Souverain capable de résister à leurs prétentions; & l'intérêt commun de s'avancer à la Cour de Rome, a fait embrasser à tous les Italiens les intérêts de cette Cour. La dignité des Cardinaux y efface celle des Evêques, qui sont en très-grand nombre, & pauvres pour la plupart : les réguliers y ont le dessus sur le Clergé séculier. Il n'y a que les Vénitiens qui se soient mieux défendus des nouveautés.

En Espagne, depuis l'invasion des Mores, les Chrétiens ont été long-temps foibles, obligés d'implorer le secours des autres, & de recourir aux Papes pour avoir des croisades & des indulgences, afin d'encourager leurs troupes. Ce n'est que depuis deux cents ans que leur puissance est rétablie & réunie ; & c'est alors qu'ils ont reçu l'Inquisition, & se sont soumis à la plupart des usages modernes.

L'Angleterre, avant le schisme d'Henri VIII, étoit soumise au Pape, même pour le temporel ; le *denier de Saint-Pierre* y étoit établi dès le temps des premiers Anglois ; & Jean sans Terre avoit achevé de se rendre sujet du Pape, en lui faisant hommage de son Royaume. Il n'y a point de pays où l'on se soit tant plaint des exactions de la Cour de Rome.

En Allemagne, les Empereurs ont résisté aux entreprises des Papes par d'autres entreprises, & par une conduite outrée & mal soutenue. Leur puissance est tombée dans les derniers temps : les Ecclésiastiques ont mêlé à leur vraie autorité le faste & la domination séculiere; la doctrine & les fonctions ecclésiastiques ont été presque abandonnées à des réguliers, dépendans particuliérement des Papes; & depuis Luther, les Catholiques voulant relever l'autorité du Saint-Siége, se sont souvent jetés dans des excès contraires. Il en est de même à proportion de la Pologne; le Christianisme n'y a commencé que vers le temps où les Papes s'accoutumoient à pousser le plus loin leurs prétentions.

Les maximes des Ultramontains, que nous rejetons en France, sont les suivantes :

1°. La Puissance temporelle est sous-ordonnée à la spirituelle, en sorte que les Rois & les Souverains sont soumis, au moins indirectement, au jugement de l'Eglise, en ce qui regarde leur souveraineté, & peuvent en être privés s'ils s'en rendent indignes.

2°. Toute l'autorité ecclésiastique réfide principalement dans le Pape, qui en eſt la ſource; en ſorte que lui ſeul tient immédiatement ſon pouvoir de Dieu; les Evêques le tiennent de lui, & ne ſont que ſes Vicaires; c'eſt lui qui donne l'autorité aux Conciles, même univerſels; lui ſeul a droit de décider les queſtions de foi, & tous les Fideles doivent ſe ſoumettre aveuglément à ſes déciſions, parce qu'elles ſont infaillibles; il peut lui ſeul faire telles Loix eccléſiaſtiques qu'il lui plaît, & diſpenſer, même ſans cauſe, de toutes celles qui ſont faites; il peut diſpoſer abſolument de tous les biens eccléſiaſtiques; il ne rend compte qu'à Dieu de ſa conduite; il juge tous les autres, & n'eſt jugé de perſonne.

De cette maxime, jointe à la premiere, les Ultramontains concluent que le Pape peut auſſi diſpoſer des couronnes, & que toute Puiſſance temporelle ou ſpirituelle ſe rapporte à lui ſeul......

C'eſt pour obvier à ces nouveautés, que le Clergé, aſſemblé à Paris le 19 Mars 1681, fit ſa déclaration, contenue en ces quatre articles.

I. La puiſſance de Dieu, donnée à Saint Pierre & à ſes ſucceſſeurs Vicaires de Jésus-Christ, & à l'Eglise même, n'est que des choses spirituelles & concernant le salut éternel, & non des choses civiles & temporelles ; donc, les Princes & les Rois, quant au temporel, ne sont soumis, par l'ordre de Dieu, à aucune Puissance Ecclésiastique, & ne peuvent, directement ni indirectement, être déposés par l'autorité des Chefs, ni leurs sujets être dispensés de l'obéissance, ou absous du serment de fidélité.

II. La pleine puissance des choses spirituelles, qui réside dans le Saint-Siége & les successeurs de Saint Pierre, n'empêche pas que les décrets du Concile de Constance ne subsistent, touchant l'autorité des Conciles généraux, exprimée dans les quatrieme & cinquieme sessions ; & l'Eglise Gallicane n'approuve point que l'on révoque en doute leur autorité, ou qu'on les réduise au seul cas de schisme.

III. Par conséquent l'usage de la Puissance apostolique doit être réglé par les Canons que tout le monde révere : on doit aussi conserver inviolablement les regles, les coutumes & les maximes reçues par le Royaume & l'Eglise de France, approuvées par le consentement du Saint-Siége & des Eglises.

IV. Dans les questions de foi, le Pape a la principale autorité, & ses décisions regardent toutes les Eglises, & chacune en particulier; mais son jugement peut être corrigé, si le consentement de l'Eglise n'y concourt.

Ces quatre articles se réduisent à deux principaux : que la Puissance temporelle est indépendante de la spirituelle : que la puissance du Pape n'est pas tellement souveraine dans l'Eglise, qu'il ne doive observer les Canons, que ses décisions ne puissent être examinées, & que lui-même ne puisse être jugé en certains cas.

Histoire du Vicomte de Turenne, par M. de Ramſay (1).

Tableau de la ſituation de l'Europe & des guerres de Religion en 1624.

LES ſuperſtitions introduites au mépris des regles, les vaines diſputes de quelques Scholaſtiques, la corruption des mœurs d'une partie du Clergé, avoient été les principales ſources de tous les ſcandales qui régnoient dans l'Egliſe. Ceux qui vouloient ſecouer ſon joug confondirent peu à peu les abus de la Religion avec ſes principes, les opinions avec

_____

(1) M. de Ramſay, Gentilhomme Ecoſſois, venu de bonne heure en France, où il eſt mort en 1743, étoit déjà connu par le Roman bien écrit, inſtructif & aſſez intéreſſant, des Voyages de Cyrus, lorſqu'il publia l'Hiſtoire de M. de Turenne, qui a eu un grand ſuccès, Ouvrage très-bien fait & très-bien écrit. Les Militaires lui ont reproché de n'avoir pas décrit ſes campagnes aſſez militairement; mais peu de gens ſont en état d'apprécier la valeur de ce reproche; & pour le plus grand nombre des Lecteurs, c'eſt un très-beau morceau que cette vie du Grand Turenne.

les dogmes, & ce qui est toléré avec ce qui est commandé. L'on se dégoûta bientôt de l'obéissance, qui seule peut réunir la multitude incapable de raisonner. Le Monde Protestant se partagea en trois sectes principales, dont Luther, Calvin & Socin furent les Chefs. Les enthousiastes & les Incrédules firent plusieurs divisions & subdivisions, & appelant du tribunal de l'autorité à celui de l'inspiration particuliere ou de la raison présomptueuse, le feu de la discorde passa rapidement des Ecoles jusque dans les Cours des Souverains, & chacun prit le parti qui convenoit le plus à son génie ou à sa politique. L'intérêt & l'ambition, l'amour de l'indépendance & l'envie de dominer, les passions grossieres & les vices raffinés se déguiserent sous les apparences de la Religion, exciterent la révolte entre les deux Puissances, & produisirent par-tout de grandes révolutions. Gustave Vasa, après avoir enlevé la couronne de Suede à Christierne II, indigné contre l'avarice & l'ambition de l'Archevêque d'Upsal, embrassa le Luthéranisme, pendant que Frédéric, Duc de Holstein, qui s'étoit emparé des Royaumes de Danemarck &

de Norwege, y introduisit la même secte. Henri VIII, Roi d'Angleterre, précipita ce Royaume dans le schisme, pour satisfaire son amour, & pour envahir les richesses excessives du Clergé. Les Ecossois chasserent la Reine Marie Stuard, qui, après avoir été la victime de ses foiblesses, fut martyre de sa Religion. Sous la minorité des enfans de Henri, le Calvinisme remplit la France de toutes les horreurs des guerres civiles. La jalousie des Princes d'Allemagne contre la Maison d'Autriche, engagea le Corps Germanique à se partager en deux factions, nommées *l'Union Evangélique* & la *Ligue Catholique*. Les Suisses imiterent la conduite de l'Allemagne, quoique leur simplicité mâle & leur sens droit eussent dû les mettre à l'abri des excès où entraîne la présomption. Les Protestans de Boheme secouerent le joug de leur Roi légitime Ferdinand II, & cette guerre, par un progrès sensible, embrasa toute l'Europe. Les Provinces-Unies, réduites au désespoir par l'inhumanité du Duc d'Albe, s'affranchirent de la domination Espagnole sous la conduite de Guillaume, Prince d'Orange Tant de maux étoient les fruits d'u faux zele de Religion, dont les suites funestes duroient encore quand le Vicomte de Turenne se préparoit à faire son apprentissage dans la guerre.

Les affaires des Hollandois étoient alors dans un état beaucoup plus florissant qu'elles n'avoient été sous le grand Prince Guillaume. Ils avoient lutté pendant plusieurs années contre la puissante Monarchie d'Espagne, rarement victorieux, & souvent poussés à de grandes extrémités. Cette guerre avoit déjà duré près de soixante ans, & avoit couté au Roi d'Espagne des sommes immenses, & près d'un million d'hommes. Toute l'Europe étoit dans l'étonnement de voir qu'un si grand Monarque, avec tous les trésors des Indes, n'eût pu réduire une petite République, qui, dans ses commencemens, étoit si foible, que, pour en représenter le pitoyable état, les Hollandois avoient fait mettre sur leur monnoie un vaisseau au milieu d'une mer orageuse, sans voiles, sans mâts, & prêt à faire naufrage. Les merveilleux exploits du Prince Maurice, oncle maternel du Vicomte de Turenne, avoient ranimé leur courage & relevé leurs forces abattues, quoiqu'il n'eût que seize ans quand on l'appela au commandement des armées ; il avoit établi la République sur un pied qui la rendit respectable à ses voisins, & formidable à ses ennemis. Il avoit forcé les Espagnols à reconnoître la Hollande comme un Etat libre & souverain ; il avoit conclu une treve de douze ans avec eux dès 1609. Cette treve expirée en 1621, on avoit recommencé les hostilités, & les Espagnols désespéroient du succès de la guerre pendant la vie de ce Héros. C'étoit un Prince d'un jugement admirable, d'une valeur extraordinaire, d'une prudence consommée : il avoit l'esprit insinuant, l'air majestueux, & toutes les qualités nées pour fonder une République, pour discipliner une armée, & pour policer un peuple.

Pendant le cours du dix-huitieme siecle, le style historique déjà formé, ne peut plus avoir acquis que quelques degrés de perfection. Pour mettre mes Lecteurs en état d'apprécier ces légers progrès, je vais tirer mes exemples de quatre Auteurs, distans les uns des autres de vingt années. Le dernier fera l'illustre Voltaire. Je me fais une loi de ne point parler des Auteurs vivans, & je déclare que c'est par la crainte de ne pas juger de leurs Ouvrages avec assez d'impartialité. Beaucoup d'entre eux sont mes Confreres, quelques-uns sont mes amis; je crains de m'aveugler sur ceux-ci, & je ne voudrois pas déplaire, même à ceux avec qui je n'ai aucune relation.

―――――――――――――

Histoire de la Ligue de Cambrai, contre la République de Venise, par l'Abbé Du Bos (1).

JAMAIS les Vénitiens ne crurent leur République plus solidement établie que dans le temps que la Ligue de Cambrai manqua de la renverser. La République de Venise n'avoit point été aussi florissante

―――――――――――――

(1) L'Abbé Du Bos étoit Secrétaire perpétuel de l'Académie Françoise, & passe pour un très-bon Ecrivain. Ses Réflexions critiques sur la Poésie & la Peinture sont regardées comme un Ouvrage de goût; & cette Histoire de la Ligue de Cambrai comme très-intéressante.

depuis sa fondation, qu'elle l'étoit alors; elle ne possède rien aujourd'hui, si l'on excepte la Morée, qu'elle ne possédât déjà (ceci est écrit avant l'année 1718); mais elle a perdu plusieurs Provinces, qui pour lors étoient soumises à son obéissance. Candie leur appartenoit toute entiere, & Chypre étoit encore de leur domaine. Les cinq meilleurs ports du Royaume de Naples, sur le golfe Adriatique, occupés par les garnisons de la République, & les places maritimes de la Romagne entre ses mains, lui assuroient l'empire de ces mers, dont elle fut toujours si jalouse d'être l'unique Souveraine. Non seulement elle possédoit déjà tout ce qu'elle tient aujourd'hui dans l'Etat de Milan; mais le Crémonois, & toute la partie de cet Etat, à la gauche de l'Adda, étoient encore réunis à ses autres provinces.

Les flottes qu'entretenoit la République, formoient, pour ainsi dire, un seul continent de tous ses domaines, quoiqu'ils fussent séparés par la mer. Ces flottes étoient nombreuses & bien armées. L'Arsenal de Venise, qui les équipoit, passoit alors avec justice pour une des merveilles du Monde. Les Charpentiers

Charpentiers de cet Arsenal savoient faire des bâtimens, dont la construction étoit un art ignoré des autres; & tout ce qui entre dans l'attirail de la navigation, s'y fabriquoit beaucoup plus parfait qu'ailleurs. Les gens de mer qui montoient ces bâtimens, étoient les plus expérimentés de la Chrétienté. Les chiourmes des galeres Vénitiennes, composées en grande partie de Candiots & d'Esclavons, Peuples nerveux & durs à la peine, étoient supérieures même aux chiourmes des galeres de la Religion. Ces flottes donnoient d'autant plus de confiance à la République, qu'elles n'avoient d'ennemis redoutables que les tempêtes. La puissance des Etats maritimes d'Italie, qui avoient envoyé autrefois leurs armées navales faire la guerre aux Vénitiens dans Venise même, étoit tombée en décadence. Les Turcs n'entendoient encore rien à la guerre de mer, & les Mammelus, dont l'Empire étoit sur son déclin & touchoit à sa ruine prochaine, avoient cessé d'être formidables sur cet élément.

Un commerce le plus florissant qui fût alors, & qui s'étendoit depuis les ports d'Angleterre jufqu'à ceux de la mer Noire & de l'Egypte, étoit une pépiniere inépuifable, qui fourniffoit toujours à l'Etat les équipages néceffaires pour armer fes flottes. Ce commerce avoit encore mis l'opulence dans un pays déjà riche par fa propre abondance; & les impôts, fans être à charge au Peuple, faifoient entrer des fommes immenfes dans le tréfor public.

Ces grands revenus mettoient la République en état de donner à fes troupes une folde plus haute que celle des autres Princes, & de la payer beaucoup plus réguliérement. C'eft ce qui attiroit au fervice de Saint-Marc les Chefs de Bandes (Condottieri) les plus accrédités. La cavalerie légere des Vénitiens, compofée d'Albanois & d'autres Peuples de la Grece, étoit d'autant plus vantée, qu'elle faifoit la guerre d'une maniere nouvelle, & que leurs ennemis ne pouvoient oppofer à cette cavalerie aucunes troupes de même efpece: enfin, l'artillerie la mieux fervie, & les meilleures compagnies d'hommes d'armes qui fuffent en Italie, fe trouvoient fous les étendards de Saint-Marc. Commander l'armée Vénitienne, c'étoit le plus haut degré de fortune où les Généraux Italiens pussent monter.

Toute cette dépense se faisoit sans endetter l'Etat; c'étoit uniquement par politique, qu'une légere partie de ses revenus étoit engagée à des particuliers. Il y avoit en réserve, dans l'épargne de la République, des sommes suffisantes pour les rembourser.

L'Etat étoit riche sans que les particuliers fussent pauvres; au contraire, ils étoient tous dans l'opulence, suivant leur condition. Les autres pays, & même la France, étoient pauvres, en comparaison de l'Italie, & la richesse de Venise étoit regardée avec envie par les autres villes d'Italie. La vaisselle d'argent, si rare dans toute l'Europe, quand le Mexique & le Pérou n'avoient pas encore été conquis par les Espagnols, étoit dès-lors d'un usage si commun parmi les Vénitiens, que leurs ennemis en faisoient un chef d'invectives contre eux. Le luxe des deux derniers siecles n'a guere fait élever de bâtimens plus somptueux que l'étoient déjà les palais de beaucoup de Nobles. Ces palais passoient de bien loin en bon goût & en magnificence ceux qu'habitoient dans ce temps-là les Monarques les plus puissans. Enfin, les Arts, qui ne subsistent que du superflu des riches, & qui ne sauroient fleurir qu'au milieu de l'opulence, inconnus en deçà des Alpes, se trouvoient à Venise dans leur plus haute splendeur. Cette magnificence ne venoit pas de la folle dissipation de quelques prodigues; & loin d'obliger les plus riches à faire des bassesses par besoin, elle n'incommodoit personne; elle étoit l'effet d'une dépense judicieuse, & le fruit d'une opulence solide, chez un Peuple qui ne songe à jouir qu'après avoir amassé, & que son caractere rend économe même dans les somptuosités.

La République avoit une ressource abondante & comme infaillible dans les richesses de ses sujets; ils étoient pleins d'affection & de confiance pour le Gouvernement. Cette confiance étoit bien fondée. Les Loix qu'il avoit établies étoient très-sages, & il n'en confioit l'exécution qu'à des personnes équitables & éclairées. Le Sénat, qui est l'ame de la République, étoit rempli de sujets d'un mérite éminent; & jusque-là ses vûes avoient été justes & ses entreprises heureufes. Le fujet regle affez volontiers l'opinion qu'il fe forme de fes Maîtres fur celle qu'en ont les Etrangers. Il fuppofe que la diftance de ces Maîtres où font les Etrangers, foit un point de vue d'où ils peuvent les voir mieux qu'on ne les peut voir de l'endroit où la condition de fujet le place. Aucun Gouvernement ne fut jamais plus eftimé des Etrangers, que l'étoit alors celui de Venife.....

Prétention des Empereurs contre les Papes.

Il fuffit d'être Pape pour ne rien appréhender autant que l'établiffement des Empereurs en Italie. Les prétentions des Empereurs contre les Papes font fans bornes; elles vont à réduire les Souverains Pontifes prefque aux fimples fonctions de l'épifcopat; & Guirchardin a raifon de dire, qu'*ils ne doivent pas moins fe garder des Empereurs que des Sultans des Turcs*. Non feulement les Allemands prétendent que le fouverain Domaine, fur-tout l'Etat Eccléfiaftique, appartient aux Empereurs; mais ils difputent même aux Papes & la fupériorité territoriale & les droits régaliens, c'eft-à-dire, le Domaine utile joint à l'exercice de la souveraineté, dans la plus grande partie de cet Etat. Sur-tout ils contestent aux Papes ce Domaine utile dans les provinces que l'Eglise tient des libéralités de la Comtesse Mathilde, ne voulant pas reconnoître la validité ni même l'authenticité des donations de cette Princesse. Les prétentions des Allemands vont encore jusqu'à soutenir que leurs Empereurs doivent rentrer dans l'exercice de l'autorité que les successeurs de Charlemagne peuvent avoir eue dans Rome quant à l'installation des Papes. On ne sauroit prescrire, suivant leur Jurisprudence, contre les droits de l'Empire. Il est vrai que la transaction de l'Empereur Othon III avec le Pape Grégoire V, dont le contenu est approuvé dans la Bulle de l'Empereur Frédéric II (année 1219), assure à l'Eglise de Rome une entiere indépendance de l'autorité Impériale quant au spirituel. La convention d'Innocent VI & de l'Empereur Charles IV affranchit pleinement les Papes quant au temporel ; elle rend même, en quelque maniere, l'autorité Impériale dépendante de l'autorité du Saint-Siége. Mais ces actes ne font une barriere assurée contre les prétentions des Allemands, que dans les temps où les Empereurs ne font ni armés ni établis en Italie. Ces actes, sujets à beaucoup d'interprétations, se trouvent encore caducs suivant la Jurisprudence Allemande. Elle veut que les Empereurs n'aient jamais pu aliéner les droits de leur Couronne que du consentement du Corps Germanique, qui les élit pour ses Chefs & non pour ses Maîtres, & ce consentement n'est pas intervenu dans les conventions qu'on a citées.

Vie de l'Empereur Julien, par l'Abbé de la Bléterie (1).

Arrivée de Julien à Paris.

CETTE ville, qui ne s'étendoit pas au delà de ce qu'on appelle la Cité, avoit pourtant, soit dans ses dehors, soit dans son enceinte, tous les accompagnemens nécessaires pour recevoir un Empereur avec sa suite. On y voyoit un palais, des bains publics, un amphithéatre, un champ

---

(1) Cette Histoire est une des mieux écrites de notre Siecle, & des plus intéressantes pour le fond.

de Mars, un fauxbourg confidérable du côté du midi. On croit communément que Julien bâtit le palais des Thermes, dont on montre encore les reftes fous le nom de *Bains de Julien*. Il étoit naturel que ce Prince laiffât quelque monument de fa magnificence & de fon féjour dans une ville qu'il chériffoit, & où il paffa au moins deux hivers. Dans fon *Mifopogon*, il l'appelle fa chere Lutece, & en parle avec une effufion de cœur qui fait fentir qu'il s'y étoit plu, & que le fouvenir lui en étoit précieux. En général il aima beaucoup les Gaulois, & n'en fut pas moins aimé. La fimplicité, la franchife & les mœurs aufteres de ces Peuples, fympathifoient extrêmement avec fon humeur affable, populaire, ennemie du fafte & des plaifirs.

En changeant d'habit il n'avoit point changé de caractere. A l'exemple de M. Aurele, il vivoit en Philofophe au milieu de fa Cour & à la tête de fes armées. Comme il avoit pour maxime ce mot du vieux Caton, qu'une ame occupée de la bonne chere s'occupe peu de fes devoirs, il enchérit encore fur les leçons de frugalité que l'Empereur lui avoit données, & bannit abfolument de fa table les faifans

& les autres mets délicats & recherchés. Il se contentoit de la nourriture de simple soldat; quelquefois il la prenoit debout, & même en si petite quantité, qu'on disoit qu'il vivoit d'air comme les cigales. Il rougissoit des besoins inséparables de l'humanité, jusqu'à dire qu'un Philosophe n'auroit pas dû respirer. Il dormoit peu, & s'éveiloit à l'heure qu'il vouloit: son lit étoit un tapis, & sa couverture une simple peau. Il se levoit toujours à minuit; & après avoir fait secrétement sa priere à Mercure, il travailloit aux affaires. Il alloit visiter les sentinelles; sa ronde finie, si les affaires le permettoient, il étudioit jusqu'au jour. Il s'appliquoit avec une ardeur infatigable à la Philosophie, dont il rapportoit l'étude principalement aux devoirs de son état. On ne peut douter qu'il ne se soit rendu très-habile dans cette science, ni qu'elle n'ait influé sur ses mœurs; mais elle ne le guérit jamais d'un fond de légéreté & de vanité, reconnu des Païens mêmes, qui gâta toutes ses actions les plus brillantes. C'est qu'il n'appartient qu'à la véritable Religion de produire de véritables vertus; il n'en faut point chercher dans ceux qui l'ignorent, beaucoup moins dans ceux qui l'ont abandonnée.

La Philosophie n'épuisoit pas tellement son application, qu'il ne donnât du temps aux autres sciences, sur-tout à l'Histoire, qu'il regardoit comme une méthode abrégée pour acquérir l'expérience, que l'âge ne nous donne qu'en détail à nos dépens, & quelquefois lorsqu'il n'est plus temps d'en faire usage. Dans toutes ses expéditions il portoit toujours avec lui, comme une provision nécessaire à un Général, quelques Historiens choisis. On sent, à la lecture de ses Ouvrages, qu'il possédoit l'Histoire des Romains & celle des autres Nations. Nous le compterions lui-même parmi les Historiens célebres, si ses Mémoires de la guerre des Gaules avoient passé jusqu'à nous. Mais revenons à sa maniere de vivre.

Quoique les Gaules fussent un pays froid en comparaison de l'Asie-Mineure & de la Grece, où il avoit toujours vécu, il s'obstinoit à lutter contre la rigueur de nos hivers. Voici ce qu'il raconte lui-même dans son *Misopogon*.

» J'étois, dit-il, en quartier d'hiver
» dans ma chere Lutece, c'est ainsi qu'on

» appelle dans les Gaules la petite Capi-
» tale des Parisiens. Elle occupe une isle
» peu considérable, environnée de mu-
» railles, dont la riviere baigne le pied :
» on y entre de deux côtés par des ponts
» de bois; il est rare que la riviere se res-
» sente beaucoup des pluies de l'hiver ou
» de la sécheresse de l'été : ses eaux pures
» sont agréables à la vue, & excellentes
» à boire ; les habitans auroient de la
» peine à en avoir d'autres, étant situés
» dans une isle. L'hiver y est assez doux......
» On y voit de bonnes vignes, & des
» figuiers même, depuis qu'on prend
» soin de les revêtir de paille, & de tout
» ce qui peut garantir les arbres des in-
» jures de l'air. Pendant le séjour que j'y
» fis, un froid extraordinaire couvrit la
» riviere de glaçons...... Je ne voulus point
» qu'on échauffât la chambre où je cou-
» chois, quoiqu'en ce pays-là on échauffe,
» par le moyen des fourneaux, la plupart
» des appartemens, & que tout fût disposé
» dans le mien pour me procurer cette
» commodité........ Le froid augmentoit
» tous les jours ; cependant ceux qui me
» servoient ne purent rien gagner sur moi...
» Je leur ordonnai seulement de porter
» dans ma chambre quelques charbons

» allumés. Le feu, tout médiocre qu'il
» étoit, fit exhaler des murailles une va-
» peur qui me donna dans la tête &
» m'endormit. Je pensai être étouffé : on
» m'emporta dehors ; & les Médecins
» m'ayant fait rendre le peu de nourriture
» que j'avois pris sur le soir, je me sentis
» soulagé. J'eus une nuit tranquille, &
» fus dès le lendemain en état d'agir «.
C'est ainsi que sa dureté pour lui-même
pensa lui couter la vie.

Lorsque Julien n'étoit pas à la guerre, il employoit la journée à rendre la justice & à s'exercer avec ses soldats, quoiqu'il eût peu de goût pour cette derniere occupation, & qu'il n'y apportât qu'un air emprunté. On l'entendoit alors regretter son cabinet & ses livres. Un jour qu'on lui montroit à danser, au son des fifres, une danse appelée la *Pyrrhique*, qui faisoit partie des exercices militaires chez les Grecs & chez les Romains : *Ah ! Platon, Platon*, s'écria-t-il, quel métier pour un Philosophe !........

Il se trouvoit moins déplacé sur son Tribunal, où il décidoit avec beaucoup de justice, penchant néanmoins du côté de la douceur. Avant que de se mettre en campagne, il renvoyoit les Parties devant les Gouverneurs des Provinces, pour y être jugées à la rigueur; mais ces Officiers avoient ordre de différer jusqu'à son retour l'exécution de leurs Sentences, qu'il réformoit suivant les principes de l'équité naturelle. Les parens d'une fille enlevée poursuivoient la mort du ravisseur. Julien ayant fait sans doute attention à quelques circonstances particulieres, qui diminuoient l'énormité du crime, se contenta de bannir le coupable. Les parens crioient que c'étoit une chose indigne, & que César étoit trop indulgent: *Oui, je le suis trop*, repartit Julien, *à ne considérer que la disposition des Loix; mais un Prince est une Loi vivante, qui doit tempérer par sa clémence ce que les Loix mortes ont de trop rigoureux.*

Avec de pareilles maximes, il étoit bien éloigné de condamner ceux qui n'étoient pas convaincus par des preuves juridiques. Numerius, qui avoit gouverné peu auparavant la Gaule Narbonnoise, étoit accusé de l'avoir pillée. Comme Numerius se tenoit sur la négative & déconcertoit ses accusateurs, Delphinius de Bordeaux, Avocat célebre & plein de feu, crut suppléer au défaut de preuves par une exclamation véhémente : *Céfar*, s'écria-t-il, *qui fera coupable, s'il fuffit de nier fes crimes ? Et s'il fuffit d'être accufé, qui fera innocent ?* répondit Julien. Il ne donnoit rien à la faveur ni au crédit. Une Province pillée par celui qui la gouvernoit, avoit porté fes plaintes à Florentius, Préfet du Prétoire, & jetoit dans un étrange embarras Florentius lui-même, qui, fe fentant complice des crimes du Gouverneur, fut quelque temps fans ofer ni le condamner ni l'abfoudre : enfin, la reconnoiffance & la crainte peut-être que le coupable ne le chargeât, l'emporterent dans l'efprit du Préfet fur toute autre confidération : il le déclara innocent ; & parce qu'on murmuroit de cette injuftice, il s'avifa de le renvoyer à Julien. Le Céfar avoit grand intérêt de ménager le Préfet, que fa charge mettoit à la tête de la Juftice & des Finances, & qui, dans cette double adminiftration, ne dépendoit prefque que de l'Empereur. Ainfi Florentius fe flattoit que Julien entreroit dans fes vûes ; il fe trompa : le jeune Prince, après avoir inutilement refufé de fe charger d'une affaire fi délicate, forcé d'en prendre connoiffance, déclara le Gouverneur convaincu de péculat.

Histoire de Louis XI, par M. Duclos (1).

Caractere du Roi Louis XI.

ON est accoutumé à regarder Louis XI comme un grand politique & comme un homme de mauvaise foi; qualités que l'on confond souvent, quoique très-différentes. On se le représente comme un Prince cruel, mauvais fils, mauvais pere, tyran de ses sujets, perfide à l'égard de ses ennemis; d'autres, en lui faisant les mêmes reproches, croient lui trouver une excuse dans la différence qu'ils supposent entre les qualités d'un Prince & celles d'un particulier; comme si les principes de la morale n'étoient pas les mêmes pour

―――――――――――――――――――

(1) M. Duclos est un des Auteurs de notre Siecle dont nous pouvons parler le plus sûrement, parce que nous l'avons mieux connu & le plus librement, puisqu'il s'est mis toute sa vie fort à son aise avec tout le monde, même avec le Public en corps : il est mort en 1772. Il avoit beaucoup d'esprit, & écrivoit naturellement bien, sans se donner aucune peine pour cela. Il avoit succédé à Voltaire dans le beau titre d'Historiographe de France. Il étoit incapable de complaisance dans le récit des faits qu'il croyoit savoir, mais très-capable de négligence dans la maniere dont il les rendoit.

tous les hommes. Je vais difcuter ces différens points.

Je ne craindrai point de dire que Louis XI n'a pas toujours été auffi grand politique qu'on le fuppofe. Si l'on entend par politique celui qui ne fait rien fans deffein, Louis fut un grand politique; mais fi l'on entend par ce terme, celui qui, faifant tout avec deffein, prend auffi les mefures les plus juftes, on auroit beaucoup de reproches à lui faire.

Les changemens qu'il fit à fon avénement à la couronne, dans toutes les charges, dont il dépouilla les anciens Officiers de fon pere, exciterent la guerre du bien public. Il fe laiffa tromper par le Pape Pie II, dans l'abolition de la Pragmatique. Il fit beaucoup d'imprudences ; l'aventure de Péronne ne peut s'excufer. Il manqua pour le Dauphin le mariage de Marie de Bourgogne, & négligea celui d'Anne de Bretagne. Il échoua dans plufieurs entreprifes & dans quelques négociations importantes. La politique n'eft juftifiée que par le fuccès ; c'eft en général l'art d'amener les événemens : ainfi, quoiqu'on doive mettre ce Prince au rang des politiques, on peut dire qu'il étoit moins habile à prévenir une faute qu'à la réparer.

Il

Il seroit difficile de l'excuser toujours du côté de la mauvaise foi. On l'a vu faire dans un même temps des Traités opposés, afin de se ménager des ressources pour éluder ceux qui seroient contraires à ses intérêts. On peut dire à la vérité que ses ennemis n'en usoient pas autrement; mais en récriminant, on ne le justifieroit jamais. Tous les Princes d'alors ne cherchoient qu'à se tromper mutuellement. Les manœuvres de ceux qui ne réussissoient pas, restoient ensevelies dans l'oubli : au lieu que les succès de Louis XI le faisoient regarder comme le plus artificieux, quoique souvent il ne fût que le plus habile. Si l'on s'est moins récrié contre les autres, c'est que n'ayant pas eu de grandes qualités d'ailleurs, on a fait moins d'attention à leurs vices.

La conduite de Louis XI avec son pere fut extrêmement criminelle, sans lui être utile. L'héritier de la couronne étoit errant & fugitif, quand il auroit dû servir son pere contre leurs ennemis communs, & raffermir un trône sur lequel il devoit monter. Si Louis a été fils ingrat, je ne crois pas qu'on puisse le taxer d'avoir été mauvais pere..... Il marqua toujours beaucoup de tendresse pour le Dauphin.

On reproche à Louis XI d'avoir vexé ses sujets; cet article mérite d'être examiné. Il faut convenir qu'il a mis plus d'impôts, que ses prédécesseurs ; il ne s'agit plus que de savoir quel en étoit l'emploi. Ce Prince fut toujours très-éloigné du faste ; il avoit quelquefois une économie trop singuliere pour n'être pas affectée. Sa grande dépense étoit la chasse, dont il étoit très-jaloux. Sa sévérité à cet égard ne contribua pas peu à lui aliéner la Noblesse, & faisoit dire alors qu'il étoit plus dangereux de tuer un cerf qu'un homme. Ses autres plaisirs n'ont pas dû lui couter beaucoup. Depuis qu'il fut monté sur le trône, il n'eut aucune maîtresse reconnue... Louis n'a jamais été gouverné par les femmes : ainsi elles n'étoient pas l'objet de ses dépenses; mais il dépensoit en dévotions des sommes prodigieuses, dans le temps que sa Maison étoit mal payée, & que les campagnes étoient désertes par les contraintes des Officiers des Tailles. Il devenoit prodigue dans des occasions peu importantes, sans faire attention que les Princes ne peuvent donner qu'aux dépens des Peuples. Il proportionnoit moins ses présens aux services qu'on lui rendoit, qu'à la passion dont il étoit agité : cependant, pour exciter l'émulation, les dons des Princes doivent prévenir les demandes, quelquefois même les espérances, & toujours le mérite.

Le principal objet des dépenses de Louis XI, fut l'Etat, dont les charges étoient augmentées. Ce Prince entretenoit des armées nécessaires, fortifioit ou rebâtissoit des villes, établissoit des manufactures, rendoit des rivieres navigables, faisoit construire des édifices, & gagnoit ses ennemis à force d'argent, pour épargner le sang humain : il ne se livra sous son regne que deux batailles ; celle de Montlhéri, & celle de Guinegate. Cependant il a fait plus de conquêtes par sa politique, que les autres Rois n'en font par leurs armes. Il accrut le Royaume du côté de Roussillon, des deux Bourgognes, de l'Artois, de la Picardie, de la Provence, de l'Anjou, & du Maine. Il abattit la Maison d'Armagnac, divisa celle de Foix, abaissa les Grands, réprima leurs violences, & finit par faire une paix glorieuse, laissant à sa mort une armée de soixante mille hommes en bon état, un train d'artillerie complet, & toutes les places fortifiées & munies......

La principale erreur où l'on tombe en voulant peindre les hommes, est de supposer qu'ils ont un caractere fixe, au lieu qu'il leur vie n'est qu'un tissu de contrariétés; plus on les approfondit, moins on ose les définir........ J'ai représenté Louis XI dévot & superstitieux, avare & prodigue, entreprenant & timide, clément & sévere, fidele & parjure, tel enfin que je l'ai trouvé suivant les différentes occasions...... Sa dissimulation dégénéroit quelquefois en une fausseté, dont elle n'est séparée que par un intervalle assez étroit; il introduisoit trop souvent dans la politique la finesse, qui la supplée rarement, & qui l'avilit toujours.

Louis avoit le cœur ferme & l'esprit timide. Il étoit prévoyant, mais inquiet; plus affable que confiant, il aimoit mieux se faire des alliés que des amis. Comme il n'avoit guere plus de ressentiment des injures que de reconnoissance des services, il punissoit ou récompensoit par intérêt. Lorsqu'il se déterminoit à punir, il le faisoit avec la derniere sévérité, parce que l'exemple doit être le premier objet du châtiment. La sévérité de ce Prince se tourna en cruauté sur la fin de sa vie; il soupçonnoit légérement, & l'on devenoit criminel dès qu'on étoit suspect.....

Louis, toujours défiant & souvent suspect, étoit timide dans ses desseins, irrésolu dans ses projets, indécis dans ses affaires, mais intrépide dans le danger. Le courage lui étoit naturel; il conservoit le sang-froid au milieu du péril; il affrontoit la mort, & ne craignoit les suites d'une bataille que pour l'Etat..... Il n'a commencé à redouter la mort que lorsque sa santé s'est altérée. Une noire mélancolie le saisit, & ne lui offrit plus que des images funestes. Son ame s'affoiblit avec ses organes.

A l'égard de la dévotion de Louis XI en général, elle étoit sincere, quoiqu'elle ait souvent servi de prétexte à couvrir ses desseins. La dévotion étoit le ton de son siecle: on la voyoit, sans être fausse, unie aux mœurs les plus dépravées. Plus commune qu'elle ne l'est de nos jours, elle étoit moins éclairée & moins pure. Louis avoit plus de dévotion que de vraie religion & de solide piété; il tomboit souvent dans la superstition, rarement dans l'hypocrisie.

Un Prince parfait n'est qu'une belle chimere qui peut se trouver dans un Panégyrique, & qui n'a jamais existé dans l'Histoire. Il s'en faut beaucoup que Louis XI soit sans reproches; peu de Princes en ont mérité d'auſſi graves; mais on peut dire qu'il fut également célebre par ſes vices & par ſes vertus, & que, tout mis en balance, c'étoit un Roi.

Œuvres de Voltaire (1).

Nouveau plan de l'Hiſtoire de l'eſprit humain.

Autant qu'il faut connoître les grandes actions des Souverains qui ont changé la face de la terre, & ſur-tout de ceux qui ont rendu leurs Peuples meilleurs & plus heureux, autant on doit négliger le vulgaire des Rois, qui ne ſeroit qu'un fardeau à la mémoire, comme ils l'ont été à leurs Peuples; ils ſervent d'époques dans les Regiſtres du temps; chacun peut les conſulter: mais un Voyageur ne cherche dans une ville que les principaux Citoyens qui repréſentent en quelque ſorte

_____

(1) Il ne faut que prononcer le nom de Voltaire pour faire ſon éloge, & peut-être attendre encore un peu pour faire une critique juſte & raiſonnable de ſes Ouvrages.

l'esprit de la Nation; c'est ainsi que j'en use dans ce vaste dénombrement des Maîtres de la terre. Je me propose de conduire mon étude par siecles; mais je sens qu'en ne représentant à mon esprit que ce qui s'est fait précisément dans le siecle que j'aurois sous les yeux, je serois obligé de trop diviser mon attention, de partager en trop de parties les idées suivies que je veux me faire, d'abandonner la recherche d'une Nation, ou d'un art, ou d'une révolution, pour ne la reprendre que trop long-temps après: je remonterai donc quelquefois à la source éloignée d'un art, d'une coutume importante, d'une loi, d'une révolution; j'anticiperai quelques faits; j'en réserverai d'autres à des temps postérieurs, mais le moins que je pourrai, & seulement pour éviter, autant que ma foiblesse le permettra, la confusion & la dispersion des idées; je tâcherai de présenter à mon esprit une peinture fidele de ce qui mérite d'être connu en bien & en mal, forcé de voir une foule de cruautés & de trahisons pour arriver à quelques vertus répandues çà & là dans les siecles, comme des abris dans des déserts immenses.

Portraits tirés des Œuvres de M. de Voltaire.

Louis IX.

Louis IX paroiſſoit un Prince deſtiné à réformer l'Europe, ſi elle avoit pu l'être, à rendre la France triomphante & policée, & à être en tout le modele des hommes. Sa piété, qui étoit celle d'un Anachorete, ne lui ôta aucune vertu de Roi ; ſa libéralité ne déroba rien à une ſage économie. Il ſut accorder une politique profonde avec une juſtice exacte ; & peut-être eſt-il le ſeul Souverain qui mérite cette louange : prudent & ferme dans le Conſeil, intrépide dans les combats ſans être emporté, compatiſſant, comme s'il n'avoit jamais été que malheureux. Il n'eſt pas donné à l'homme de porter la vertu plus loin..... Il expira à l'âge de cinquante-cinq ans, avec la piété d'un Religieux & le courage d'un grand homme.

Louis XI.

Louis XI devint le premier Roi absolu en Europe, depuis la décadence de l'Empire de Charlemagne. Il ne parvint à ce pouvoir tranquille que par des secousses violentes. Sa vie est un grand contraste. Faut-il, pour humilier & pour confondre la vertu, qu'il ait mérité d'être regardé comme un grand Roi, lui qu'on peint comme un fils dénaturé, un frere barbare, un mauvais pere, un voisin perfide ? Il remplit d'amertume les dernieres années de son pere, il causa sa mort..... Après avoir bien pesé la conduite de Louis XI, ne peut-on pas se le représenter comme un homme qui voulut souvent effacer ses violentes imprudences par des artifices, & soutenir ses fourberies par des cruautés ?..... Jusque dans son habileté il y eut de la foiblesse.......... Il se fait sans raison un irréconciliable ennemi de Charles, Duc de Bourgogne........ Il excite les Liégeois à faire une perfidie à ce Duc, & à prendre les armes contre lui. Il se remet en même temps entre ses mains à Péronne, croyant le mieux tromper. Quelle plus mauvaise politique !

Mais aussi étant découvert, il se voit prisonnier dans le château de Péronne, & forcé de marcher à la suite de son vassal, contre les mêmes Liégeois qu'il avoit armés. Quelle plus grande humiliation !

Il craint son frere le Duc de Berry, & ce Prince est empoisonné par un Moine......... Odet Daidie veut venger le mort...... Il conduit loin de Louis, en Bretagne, ce Moine empoisonneur. On lui fait son procès en liberté ; & le jour qu'on doit prononcer la sentence à ce Moine empoisonneur, on le trouve mort dans son lit. Louis XI, pour appaiser le cri public, se fait apporter les pieces du procès, & nomme des Commissaires ; mais ils ne décident rien, & le Roi les comble de bienfaits.

Le Roi d'Angleterre, Edouard IV, débarque en France pour tenter de rentrer dans les conquêtes de ses peres. Louis peut le combattre ; mais il aime mieux être son tributaire. Il gagne ses principaux Officiers Anglois ; il fait des présens de vin à toute l'armée ; il achete le retour de cette armée en Angleterre. N'eût-il pas été plus digne d'un Roi de France, d'employer à se mettre en état de résister & de vaincre, un argent qu'il mit à séduire celui qu'il craignoit, & qu'il ne devoit pas craindre?

Les grandes ames choisissent hardiment des Favoris illustres & des Ministres approuvés. Louis XI n'eut guere pour ses Confidens & ses Ministres, que des hommes nés dans la fange, & dont le cœur étoit au dessous de leur état.

Jamais il n'y eut moins d'honneur que sous ce regne. Sous Louis XI, pas un grand homme; il avilit la Nation: il n'y eut nulle vertu; l'obéissance tint lieu de tout; & le Peuple fut tranquille, comme les forçats le sont dans une galere.

Ce cœur artificieux & dur avoit pourtant deux penchans qui auroient dû mettre de l'humanité dans ses mœurs; c'étoient l'amour & la dévotion. Il eut des maîtresses; il eut trois bâtards; il fit des pélerinages. Mais son amour tenoit de son caractere, & sa dévotion n'étoit que la crainte superstitieuse d'une ame timide & égarée. Toujours couvert de reliques, & portant à son bonnet sa Notre-Dame de plomb, on prétend qu'il lui demanda pardon de ses assassinats avant de les commettre.

Sentant la mort approcher, renfermé au château de Plessis-lès-Tours, inaccessible à ses sujets, entouré de gardes, dévoré d'inquiétudes, il fait venir de Calabre François Martorillo, révéré depuis sous le nom de Saint François de Paule ; il se jette à ses pieds, il le supplie en pleurant d'intercéder auprès de Dieu, & de lui prolonger la vie......... Tandis qu'il demande ainsi la vie à cet Ermite, il croit en ranimer les restes en s'abreuvant du sang qu'on tire à des enfans, dans la fausse espérance de corriger l'âcreté du sien.

On ne peut éprouver un plus triste sort dans le sein des prospérités, n'ayant d'autre sentiment que l'ennui, les remords, la crainte, & la douleur d'être haï.

Il avoit du courage ; il savoit donner en Roi ; il connoissoit les hommes & les affaires ; il vouloit que la justice fût rendue, & qu'au moins lui seul fût injuste.

Le Cardinal de Fleuri.

S'il y a jamais eu quelqu'un d'heureux fur la terre, c'étoit fans doute le Cardinal de Fleuri. On le regarda comme un homme des plus aimables, & de la fociété la plus délicieufe jufqu'à l'âge de foixante-treize ans ; & lorfqu'à cet âge, où tant de vieillards quittent le monde, il eut pris en main le Gouvernement, il fut regardé comme un des plus fages. Depuis 1726 jufqu'en 1742, tout lui profpéra. Il conferva jufqu'à près de quatre-vingt-dix ans une tête faine, libre, & capable d'affaires.

Quand on fonge que de mille contemporains il y en a très-rarement un feul qui parvienne à cet âge, on eft obligé d'avouer que le Cardinal de Fleuri eut une deftinée unique. Si fa grandeur fut fingulière, en ce qu'ayant commencé fi tard elle dura fi long-temps fans aucun nuage, fa modération & la douceur de fes mœurs ne le furent pas moins. On fait quelles étoient les richeffes & la magnificence du Cardinal d'Amboife, qui afpiroit à la tiare, & la fimplicité arrogante de Ximenès, qui levoit des armées à ses dépens, & qui, vêtu en Moine, disoit qu'avec son cordon il conduisoit les Grands d'Espagne. On connoît le faste royal de Richelieu, les richesses prodigieuses accumulées par Mazarin. Il restoit au Cardinal de Fleuri la distinction de la modestie ; il fut simple & économe en tout, sans jamais se démentir. L'élévation manquoit à son caractere ; ce défaut tenoit à des vertus, qui sont la douceur, l'égalité, l'amour de l'ordre & de la paix. Il prouva que les esprits doux & concilians sont faits pour gouverner les autres.

Fin du Tome premier.

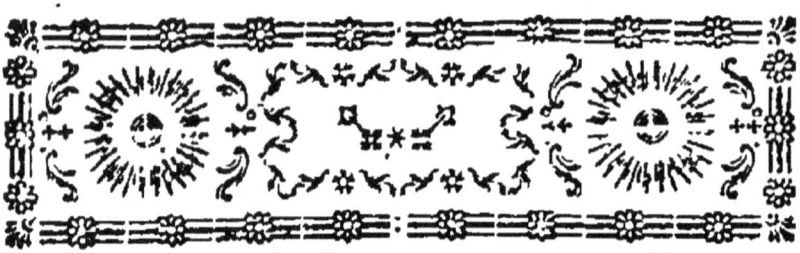

TABLE

Des Ouvrages historiques dont on trouve des passages dans ce Volume, rangés par ordre chronologique.

Villehardouin (Geoffroi de). Histoire de la Conquête de Constantinople, composée au treizieme siecle, & publiée par Du Cange. Paris, 1657, 1 vol. in-folio.

Joinville (le Sire de). La Vie de St. Louis, composée au commencement du quatorzieme siecle. Il y en a plusieurs éditions; la meilleure est de l'Imprimerie Royale, 1761, 1 vol. in-fol.

Froissard. Sa Chronique, composée au milieu du quatorzieme siecle, a été imprimée en 1559, in-fol.

Chroniques de Saint-Denis, rédigées d'abord par les ordres de l'Abbé Suger, & continuées jusqu'au seizieme siecle, imprimées sous le titre de Grandes Chroniques de France; Paris, 1493 & 1514, 3 vol in-fol.

Histoires de Charles VI & de Charles VII, écrites au quinzieme siecle, par Juvenel des Ursins, & autres, publiées par MM. le Laboureur & Godefroi, imprimées en 1661 & 1663, in-fol.

La Chronique (scandaleuse) de Louis XI, écrite au quinzieme siecle, & imprimée en 1620.

Vies & Eloges des Hommes & des Dames illustres, par le Seigneur de Brantome, écrits à la fin du seizieme siecle, & imprimés en plusieurs volumes aux dix-septieme & dix huitieme.

Mémoires de la Reine Marguerite, composés vers 1582, imprimés en 1713.

Histoire Universelle, par Théodore Agrippa d'Aubigné, imprimée à Maillé en 1612, 1618 & 1620.

Mémoires de Sully, composés au commencement

cement du dix-septieme siecle, rédigés & publiés par l'Abbé de l'Ecluse, 4 vol. in-4°. imprimés en 1747.

Mémoires du Maréchal de Bassompierre, composés de 1621 à 1631, pendant sa prison, & imprimés dans le courant du dix-septieme siecle.

Mémoires du Duc de Rohan, mort en 1638, composés par lui-même : la bonne édition est de 1757.

Histoire de Henry le Grand, par Péréfixe, mort en 1670, 1 vol. in-4°, ou 2 in-12.

Mémoires de la minorité de Louis XIV, par le Duc de la Rochefoucauld, mort en 1680. Ils ont été écrits par lui-même, & imprimés long-temps après sa mort.

Mémoires du Cardinal de Retz, composés au milieu du dix-septieme siecle, & imprimés pour la premiere fois en 1717.

Histoire de France, par Mézerai, imprimée en 1668, 3 vol. in 4°. réimprimée en 1673, 6 vol. in-12.

La Conjuration de Walstein, écrite par Sarasin, mort en 1654, imprimée dans les Œuvres de l'Auteur, 2 vol. in-12.

Histoire d'Henriette d'Angleterre, par Madame de la Fayette, morte en 1673, 1 vol in-12.

Histoire de Louis XIV, par Pélisson, mort en 1693, imprimée en 1749, 3 vol. in-12.

La Conjuration de Venise, par Saint-Réal, mort en 1692, dans ses Œuvres, 3 vol. in-8°. ou 6 vol. in-12.

Histoire du Grand-Maître d'Aubusson, par le Pere Bouhours, mort en 1702, imprimée en 1 vol. in-4°. ou 1 vol. in-12.

Histoire des Révolutions d'Angleterre, par le Pere d'Orléans, mort en 1698, imprimée en 4 vol. in-12.

Histoire de Théodose le Grand, par Fléchier, mort en 1710, 1 vol. in-12.

Histoire Universelle de Bossuet, mort en 1704, 1 vol. in-12.

Histoire de l'Église, par l'Abbé de Choisy, mort en 1721, 11 vol. in-12.

TABLE.

Histoire des Révolutions de la République Romaine, par l'Abbé de Vertot, mort en 1735, 3 vol. in-12.

Histoire ancienne, par Rollin, mort en 1741, 13 vol. in-12, imprimés depuis 1730 jusqu'en 1738.

Histoire du Traité de Westphalie, par le Pere Bougeant, mort en 1743, 4 vol in-12 (1744).

Les Mœurs des Israélites, par l'Abbé Fleury, mort en 1723, 1 vol. in-12.

Histoire du Vicomte de Turenne, par Ramsai, mort en 1743, 1 vol. in-4°.

Histoire de la Ligue de Cambrai, par l'Abbé Du Bos, mort en 1741, 2 vol. in-12 (1728).

Histoire de Julien l'Apostat, par l'Abbé de la Bletterie, mort en 1772.

Histoire de Louis XI, par Duclos, mort en 1772.

Œuvres de Voltaire, mort en 1778.

Fin de la Table.

www.ingramcontent.com/pod-product-compliance
Lightning Source LLC
Chambersburg PA
CBHW052337230426
43664CB00041B/1920